上海高校"美术学"高峰学科建设项目


上海高校"美术学"高峰学科建设项目

许根顺　主编

上海大学出版社

# 总 序

"上美 足迹"系列丛书记录了上海大学美术学院从1983年至2000年间的一段学院教育发展史。它真实客观地记录了美院这一段耐人寻味的重组、初创、成长的全过程，以及每一位亲自参与其中的学术骨干和学术带头人的亲身经历。

海上知名美术教育家刘海粟在1912年创办了上海美术专科学校，简称"上海美专"。后于1952年全国院系大调整时迁入南京，与苏州美术专科学校、山东大学艺术系合并成为现在的南京艺术学院。大部分人都不知道的是，上海大学美术学院与"上海美专"这所曾经享誉海内外的著名艺术院校有着密切的承传关系。1959年，为顺应当时上海城市建设以及文化发展的需要，上海又成立了一所美术专科学校，简称"上海美专"，创办时定为本科院校，即现在上海大学美术学院（以下简称上大美院）的前身。原"上海美专"的骨干教师唐云、吴大羽、张充仁等成为新成立的"上海美专"国画系、油画系、雕塑系的教学骨干。尽管刘海粟创办的"上海美专"迁离了上海，但其海派美术的精髓却经由颜文樑、周碧初、俞云阶、张隆基、李泳森、哈定、白蕉、胡问遂、潘伯萌、程十发、陈佩秋、江寒汀、涂克、吴大羽、唐云、张充仁、陆抑非、郑慕康、周方白、蔡上国、沈之瑜、丁浩等许多海派美术大师在新"上海美专"的教学中真正地传承了下来，发展至今培养了一批称雄于中国的上海艺术家，并为创立新时代的美术流派奠定了基础。"文化大革命"期间，"上海美专"又转为上海美术学校（中专）。1983年，为顺应改革开放的城市文化建设需求，上海市政府决定在上海美术学校的基础上成立上海大学美术学院，当时美院是独立法人办学机构。这意味着学院从传统美术教育向顺应城市发展需求的当代美术教育转型。

这套丛书较为完整地记录下了美院转型时期的学术观点、教学方法乃至价值观的冲突等。书中很多内容是以口述历史的方式呈现的，目的是如实、客观地记录相关的历史资料，以便后人在研究这段美院历史时有第一手的佐证资料。

改革开放经济率先，市场经济的逐渐建立，引发了人们多元的需求和活跃的思想，随之，人们的审美需求和价值判断也有了多元化的取向。在计划经济时代，人们的需求是按计划统一配给的，审美是没有选择的，价值判断标准也是唯一的。由于海纳百川的文化积淀，改革开放以来，国内没有一个城市能像上海这样，自然而然地接受和融合开放带来的新思想、新概念，其表现在经济上，是对西方科学理念的迅速接受与消化，表现在文化上则是善于洋为中用。上大美院就是在这样新的历史变革背景下重组成立的。

## 从"凯旋路"到"上大路"

凯旋路30号是上大美院1983年重组建院的地址，那里承载着上海改革开放后的百废待兴、城市发展的文化建设愿景和一代美院人的奋斗理想。

如所有院校一样，上大美院的创建初期是从选院长开始的。最初的院长人选是方增先。在宣布出任上大美院院长后，方增先教授因各种原因未到位。最终，邀请中央美院李天祥教授来担任上大美院院长。当时上海美术学校已经聚集了一批实力雄厚的美术创作和教育人才，在绘画方面有孟光、应野平、俞子才、乔木、陈家泠、王劼音、凌启宁、戴明德、周豹健等；在设计方面有张雪父、胡丹苓、曹有成、沈福根、陆光仪等；在专业基础教育方面有陈向、诸玉凤、乐蓓蒂、陆光仪等。在此师资基础上，又从上海出版界引进了李槐之、任意、顾炳鑫、韩和平、金纪发；从油雕院、上海戏剧学院、上海美协引进了章永浩、廖炯模、步欣农、张培础、施忠平等；从全国艺术院校引进了一批骨干教师和优秀毕业生，包括李游宇、周爱兵、张敏、王一先、唐锐鹤、杨剑平、徐建融、潘耀昌、周国斌、黄建平、李超、李晓峰、陈平等。这一批美术英才汇聚于凯旋路30号，成为上大美院的重要师资力量。由于美院多为引进人才，他们对美术教育有着各自不同的思路与方法：从艺术院校引进的教师，重视造型基础，坚持学院派的基础训练；从创作单位引进的教师，重视实践能力，坚持以创作带基础训练；而探索当代艺术的教师，则认为过多的传统基础训练束缚了创新。正因为他们在教学理念与艺术风格上都坚持己见，因此掀起了全院的教学讨论和教学改革实验。油画系廖炯模、凌启宁等老师坚守住了学院派的教学体系，培养了赵以夫、梅琳等一批在国际上享有美誉的艺术家。韩和平在艺术研究所结合社会需求以创作带教育，为上海农民画培养了一批传承人。学院与书画出版社合作整理出版中国古代文献，在卢辅圣、徐建融的指导下，带出了凌利忠、汤哲明、单钧等一批传统书画研究者，并为以后成立史论系打下良好的基础。国画系应野平、俞子才、乔木、顾炳鑫等老先生坚持传统教育，陈家泠则主张笔墨技法的创新和进行形式上的探索，而张培础坚持写生的学院派主张，让学生在掌握传统文化的同时开阔视野，独立思考，培养了丁乙、金江波、龚彦等一批在国际上享有盛誉的当代艺术家，还有在国内崭露头角的后起之秀白璎、丁蓓莉、毛冬华等。雕塑系在章永浩、唐锐鹤的率领下，结合上海城市人文环境品质提升，创作了大量城市雕塑，带出了一支基础扎实、勇于承担重大城市雕塑任务、作风过硬的创作、教学队伍。设计系的张雪父、任意在装潢设计、书籍装帧方面发挥了上海商业美术的重要作用，为上海电影、电视节等重大文化品牌活动以及大型企业的视觉形象设计（石化、电视台、东航等）做出了成绩。在张自申的组织和带领下，在国内率先教学改革，实行学分制探索并结合城市建设需要建立环艺、动画专业，为社会服务的同时培养了一批动手能力强、适应行业需求的应用型人才。

张坚作为当时美术学院的党委书记对校园文化建设做了大量工作，从废弃仓库里的上美沙龙，到丝绸之路万里行，再到自娱自乐的舞会、挥洒青春的篮球场、灯火通明的教学楼，凯旋路30号留给美院人太多美好的回忆。这是一个学术争鸣、多元发展、丰富多彩的艺术教育课堂。在那里，为上海改革开放、城市建设培养了一批服务社会的应用型人才，为上海城市文化建设培养了一批领军人才。

1994年，上大美院被并入新上海大学，2000年迁入上大路99号的新校区，成为综合大学中的二级学院。校址新了，离市区远了，规范化的管理也让本来就没时间概念的师生们到点就离校，渐渐的，本该属于艺术创造者的忘我创作热情被慢慢冲淡。上大路99号成为一个"上班"的地方，与凯旋路30号相比，少了一点融洽的人情和学术的氛围，而这些恰是艺术教育的生命力之所在。美院人在统一、规范、标准化管理下，从反感、麻木到顺应，在痛苦中发现了理性的智慧之光，学会和经历了从感性到理性、再从理性出发操控感性表现的认识提升过程，学会了战略思考，在学科布局、专业建设上抓住先机，实现了美术学博士点在上海零的突破，而设计学、艺术学理论博士点的申报成功，也奠定了艺术类研究型大学的基础。我们积极发挥上海大学综合大学的学科优势，开创了在美术院校办建筑系的先河，这是上大的首创，也改变了中国建筑专业只在工科院校办的历史。美术院校办玻璃艺术工作室也是我们的首创，它为各大美术院校培养了一批玻璃艺术专业的骨干教师，可谓是中国玻璃艺术教育的"黄埔军校"。上大美院的交互艺术专业在国内艺术院校中也是名列前茅的，这些全新专业的建立和领先地位的取得，是我们探索艺术与科技结合方面取得的成果。

2009年美院建院50周年之际，结合科学发展观的学习大讨论，对上大美院的历史和现状进行了梳理与总结，提出了"都市美院"的发展定位，提出了"平和包容，敢为人先，追求卓越"的学院精神，提出了"个人生存，事业发展，国家需求"三位一体的治学价值观。同时，还提出美院"形散神聚"的多元发展追求。这些理念与观点已逐渐形成上大美院的文化并被认同。

从凯旋路30号到上大路99号，上大美院经历了从重组、初创到发展、成熟的过程。回首三十余年，有太多的经验教训值得总结。

## 从"大美术"到"公共艺术"

1983年重组成立之初，上大美院只有绘画、设计两个专业和一个附中，发展至今已有九个专业、五个一级学科、三个一级学科博士点、一个博士后流动站、一个国家级教学实验中心。在三十余年的时间里将上大美院建设成为上海目前学科门类最齐全的美术类专科院校，顺应了上海改革开放30年来经济建设文化发展的需求，并从中抓住了其带给我们的发展机遇，形成了促进事业发展的动力，除此以外，更是依靠学院各专业的老师、学科带头人的不懈努力的结果。

上大美院建院时，李天祥院长提出了"大美术"的办学理念，让美术走出象牙塔为社会服务，在全国艺术院校中率先成立了产、学、研一体化的美术研究所。在这种办学理念的推动下，学院各学科开始探索如何服务社会，当时上海城市雕塑50%以上是由上大美院创作的，此外还承担了北京人民大会堂国宴厅、社会厅的装潢设计等国家重大任务，并与国际合作开发了陶瓷的服装配饰系列产品，远销美国、中东。"大美术"以社会服务需求为牵引，打破了学院与社会之墙、专业与专业之墙、教与学之墙、研究与应用之墙，融合专业、社会各方资源，共同合作，共同发展，形成了上大美院的办学特色。

到20世纪90年代后期，学院将"公共艺术"作为上大美院"211"工程重点学科建设并申报成功。这标志着把"大美术"办学理念形成的特色提升为学科体系建设，由学科特色转化为强势学科。经过了"211"工程的三个五年计划建设，"公共艺术"学科构架已成体系：为本科专业搭建了公共实验教学平台——公共艺术技术实验教学中心（国家级）；为各专业搭建了提升专业能力的学科平台——公共艺术创作中心（上海市艺术重点学科）；为学科服务社会搭建的平台——公共艺术协同创新中心（上海市2011项目）；为学科在公共艺术领域中扩大影响力和构建话语权搭建的国际平台——国际公共艺术奖和论坛（与国际公共艺术协会共同主办）；为学科的学术积累和引领搭建的学术平台——《公共艺术》杂志（国内公共艺术唯一的专业杂志）。五个平台有机地构成了一个以对接本科教育为基础，以服务社会提升学科能力为目的，以扩大影响力、建立学科学术导向，赢得话语权为目标的公共艺术学科建设体系。近年来，在本科教育、学科发展、服务社会、国际影响、学术积累方面发挥了积极的作用，也显著提升了上大美院整体办学能力。在2012年教育部学科评估全国排名中，美术学、设计学、艺术学理论上大美院均为第7名。相比上海的国际影响力和地位来看，我们美院还有很大的提升空间。

从"大美术"到"公共艺术"，是上大美院办学特色和理念的确立过程，是学科建设推进学院发展成长的方法和路径，是从发挥专业优势顺应社会发展需求到主动引领社会发展需求的转变过程，是从参与社会环境改造和经济建设的硬实力建设到深入社区文化建设、提升城市人的自我认同感和审美品质的软实力建设的转变过程。从"大美术"到"公共艺术"的学科发展思路和历程奠定了上大美院良好的学科基础，在改革开放初期和现在的社会转型期都具有现实的指导意义，为上大美院的学科发展指明了方向。

## 从"上海首届抽象画展"到"约翰·莫尔绘画奖（中国）及作品展"

上大美院从未间断过担当推进上海当代艺术发展历史责任的角色。上海美术界同样经历了中国当代艺术的"85新潮"运动，上大美院也曾经出现过模仿西方当代艺术形式来对当时美术教育提出质疑的作品，学生上街作行为艺术，周铁海、汤光明等中专学生初生牛犊不怕虎，在校园里自发地组织了针对当下时局不同看法的观念艺术、装置艺术展，引发了各界关注。好在很多老先生非常包容，在保护和引导下化解了矛盾冲突。"85新潮"过后的上海美术界不像内地其他地方的当代艺术那样趋于政治化，而是转向了艺术本体的探索和解决艺术语言当代性问题。上大美院从某种程度上说，参与和引领了这一探索艺术本体的潮流。在20世纪90年代初，上大美院聚集一批上海的当代艺术家，举办了上海首届抽象画展，开创了上海当代美术语言探索的先河。学院教师率先投入其中，陈家泠教授从中国传统绘画语言中探索当代语境下的审美表现；王劼音教授探索东、西方表现性语言与构成，结合传统笔墨章法，追求绘画语言在空间的张力；姜建忠教授在学院派的经典表现基础上结合现代表现主义的手法和形式构成，探索建立当代学院派绘画风格。杨剑平、张海平、宋海东、刘建华、夏阳、蒋铁骊等一批雕塑系的老师们代表了上海当代学院派雕塑创作的追求和探索。上大美院的学术创作骨干们的创作形式多样、题材丰富，在作品中渗透着一种浪漫中不乏理性、空灵中不失沉稳的上海特有的艺术气质，已逐步形成了上大美院的艺术风格。于此，也影响了上大美院的美术教育并培养了一批像丁乙、秦一峰、韩峰、王建国、马良、金江波等在当代艺术表现形式探索上取得国内外同行认可的、具有相当影响力的艺术家。

在国际当代艺术从观念、装置、影像又回归绘画表现的趋势转向时，上大美院于2010年与英国约翰·莫尔基金会合作，引进英国已有五十余年历史的约翰·莫尔绘画奖的赛制，在中国设立约翰·莫尔绘画奖，并举办获奖者作品展。希望通过该活动建立中国当代美术与西方当代美术的对话机制，把中国的当代绘画推向国际，让世界了解中国的当代绘画，更重要的是建立国际语境下的中国当代绘画评价标准。在第二届约翰·莫尔绘画奖（中国）举办的同时还创办了约翰·莫尔绘画评论奖。学院希望在这样一个国际平台上建立自身的评价体系，构建当代绘画的话语权，推动上大美院的当代美术教育发展。该奖项活动已成功举办了三届，第一届大奖获得者韩锋是我院的研究生，他的作品从3000余幅参赛作品中脱颖而出，终获大奖。这三届获奖作品与英国的获奖作品在英国利物浦双年展期间共同展出，引发了国际当代绘画界的关注和好评。韩锋、李周卫等的作品受英国美术馆画廊邀请办个展，并被国际藏家收藏。

从"上海首届抽象画展"到"约翰·莫尔绘画奖（中国）及作品展"是上大美院在当代艺术创作和教育上探索的过程，是将当代美术从上海地域视野拓展成为国际舞台上参演者立场的方法和目标转变过程，也是从当代美术创作、教育到建立当代美术评价体系，构建国际当代美术话语权的努力过程。经三十余年几代师生的共同努力，上大美院在中国当代艺术创作、教育的探索方面成绩斐然，有目共睹。

作为地处上海的美术学院，我们与上海在国际上的地位和影响力相比还有一定的距离，还需要付出更多努力。

当我们怀念凯旋路的学术氛围时，就应考虑什么样的教育体制、机制能适应师生的学术自主性，让师生成为教育真正的主人。当我们羡慕兄弟院校的发展时，就应更清醒地认清自身的定位，建好自身的学院文化，自信地发展自己的特色，走自己的路。当我们深感上海发展速度对学院学科建设的压力时，就应考虑学科建设如何能进一步引领社会发展，肩负起教育的历史责任。

我从1982年到上海美术学校，经历了天津路、凯旋路、上大路三次校址的搬迁，见证了上大美院的重组、创建、发展、成熟的过程。33年，对于一所学校的历史而言只是弹指一挥间，但对于个人而言却是将一生最美好的时光奉献给了这所学校。上大美院有今天，是有名字在这套丛书中被记载的，或是没有被记载的全体师生员工共同努力奋斗的结果。希望这套丛书能见证这段历史并献给在上大美院工作、学习过的全体师生员工。

汪大伟
2015年9月

# 目　录

第一章　艺术人生 ……………………………… 1

构建东方艺术新坐标／陈家泠 …………………… 3
我是这样走过来的／陈家泠 ……………………… 6
陈家泠罗马之行 …………………………………… 15
老师／许根顺 ……………………………………… 28

第二章　艺术教育 ……………………………… 33

海上雅集——中国画坛名家系列讲座（一）／
　　上海美院国画系供稿 ………………………… 35
海上雅集——中国画坛名家系列讲座（二）／
　　上海美院国画系供稿 ………………………… 55
教育琐谈／陈家泠 ………………………………… 65
不同时期，对写生有不同的理解／陈家泠 ……… 69
书法讲求心平气／陈家泠 ………………………… 74

第三章　艺术探讨 ……………………………… 77

中国国家博物馆陈家泠艺术大展研讨会 ………… 79
看陈家泠如何为G20峰会"化境"／陈履生 …… 101
"泠"空间的零距离对话
　　——与艺术家陈家泠的座谈摘要 …………… 104
陈家泠专访／胡建君　黄冰 ……………………… 113
和美・灵变・化境
　　——解读陈家泠的水墨艺术／袁龙海　陈家泠 … 118
谈"灵"／陈家泠 ………………………………… 124
灵变／陈家泠 ……………………………………… 128
谈化／陈家泠 ……………………………………… 130

第四章　艺术观点 ……………………………… 133

与时代同步不是随口说的
　　——吴冠中、陈家泠谈中国画变革 ………… 135
陈家泠——新时代中国艺术精神
　　与形貌创造的践行者／冯远 ………………… 140
澄明之境
　　——陈家泠的艺术追求／范迪安 …………… 142
流水明月向东方
　　——漫写陈家泠先生绘画／许江 …………… 145
"化衍天成"陈家泠／汪大伟 …………………… 147
家国情怀与东方灵韵
　　——陈家泠的新水墨艺术及其他／张晓凌 … 152
删繁就简　领异标新
　　——陈家泠的艺术创造／薛永年 …………… 163
变革・审视・升华
　　——略谈陈家泠的艺术探索／郎绍君 ……… 168
最后的移情
　　——陈家泠画作我见／李超 ………………… 171
从"灵变"到"化境"／钱晓鸣 ………………… 175
似与不似之间
　　——记陈家泠的艺术之路／宋颖 …………… 185

艺术年表 ………………………………………… 189

艺术作品图录 …………………………………… 199

书籍出版 ………………………………………… 318

后记 ……………………………………………… 327

本画册所有图片（除署名外）均由许根顺拍摄提供

陈家泠，1937年出生于浙江杭州。1963年，毕业于浙江美术学院中国画系，师从潘天寿。1963—1983年，任教于上海美术学院。70年代，师从陆俨少习山水画书法。1983年，任上海大学美术学院中国画系教授。1987年，美国ABRAMS出版科恩夫人（Joan Lebold Cohen）所著《新中国绘画（1949—1986）》，对陈家泠进行专文介绍并以其荷花作品《霞光》作该书封面。1989年，作品《不染》获第七届全国美展银奖。1986—2017年，分别在美国、德国、日本、法国、英国等20个国家地区的博物馆、美术馆、艺术中心及著名画廊举办画展和联展。2007—2017年国内个展有：上海中国画院、中国美术馆、上海美术馆、广东美术馆、陕西省博物馆、浙江美术馆、安徽省博物馆、中国国家博物馆大型个展博物馆举办的艺术大展。2014年10月—2015年11月，大型宽荧幕纪录片《陈家泠》分别在第9届罗马国际电影节、第11届中美电影节、第2届中澳电影节、夏威夷第35届国际电影节展映，并荣获3项最佳纪录片大奖，陈家泠被夏威夷第35届国际电影节授予文化大使奖。2016年9月4日，作品《西湖景色》成为2016中国杭州G20峰会中国国家主席习近平、夫人彭丽媛欢迎会见世界35个国家元首和地区领导人合影的背景画。2018年1月13日，上海玉佛禅寺陈家泠佛教艺术馆正式开馆。

# 第一章　艺术人生

1950年，毛泽东主席在安徽省博物馆视察时讲："一个省的主要城市，都应该有这样的博物馆，人民认识自己的历史和创造的力量是一件很要紧的事。"
2011年，陈家泠在安徽省博物馆举办新馆落成的第一个艺术大展"神游——三山五岳四圣"，图为陈家泠在安徽省博物馆门前刻有毛泽东语录的巨石前留影

# 构建东方艺术新坐标

陈家泠

2013年,我在中国国家博物馆举办"从'灵变'到'化境'——陈家泠国博艺术展"时,吕章申馆长向我邀约,请我2017年携带新作再来国博办展。能在民族的祖庙、国家的圣殿两度展示我的作品当然令我惊喜,这既是一种荣耀和幸运,同时又是巨大的挑战,四年时间要创作出可以布满国博四个展览大厅的作品绝非易事。吕馆长或许从我凝重的神情中看出了我的担忧,他告诉我:"有位书法家曾经给他创造了一次举办书法展的机会,结果没想到的是,他不仅书法展取得了成功,而且原本虚弱的体质也因为持续准备展品而焕发了青春的活力。"他接着又对我说:"您再过四年正好步入八十高寿,在国博再举办一次展览将充分展示您艺术和生命的双重价值。"吕馆长的一番话深深打动了我,让我领悟到艺术生命的雄强也将使生理生命绵长,而这又将促使艺术生命的升华,它们相互交织、相互扶持、相互递进,不断充实活力,奏响美妙动人的生命交响曲。于是我也就义无反顾地接受了吕馆长的邀约。

美国著名艺术评论家科恩夫人出版的《新中国绘画（1949—1986）》,集中展示了中国当代极具代表性的艺术大家,封面选用的是陈家泠作品《霞光》

我授课的学校上海美术学院大力支持我的展览,把我的展览列入高水平建设展览项目,这更加激励了我的创作热情。四年后的9月,国博的四个展览大厅展出了我以壮美祖国、优美家乡、和美世界、精美生活四个主题创作的百余件新作,既有绘画作品,也有大型瓷器（瓷缸）、日用家具、丝绸工艺服装等,其中许多作品都被国博收藏了。对于"陈家泠艺术大展"的成功举办,我要感恩伟大的时代对我的眷顾,感恩国博对我的厚爱,感恩亲友和企业家对我的鼓励支持。

美国著名艺术评论家科恩夫人在画册扉页为陈家泠签名留言

2007—2017年,十年间我的足迹遍布祖国大江南北,分别在上海、广州、合肥、杭州、西安、北京以"灵变""化境""神游""和美""四万""四美"为主题先后举办了九次个人展览。如今回望,我以为这一切都是享受时代、感恩时代、歌颂时代、珍惜时代的结晶。"古为今用,以今为主;洋为中用,以中为主"是我多年坚持的艺术方向,因而我的作品呈现的是中国气派、东方神韵,而审美则转型现代,中西合璧,融入生活,正如古人所云,"笔墨当随时代",进而以笔墨引领时代并跨越时代。

在创作上我素来遵循"外师造化,中得心源",主张深入生活。每画山必登顶,每涉水必细察,与自然的描绘对话,常常达到宗教式的虔诚。因履行了殉道者精神,于不知不觉中生活和自然赐予了我创作的灵感和力量。

我的审美思路迷恋于似与不似之间的妙处,得意忘形的开合,有意无意的自由,抱残守缺的天趣,以简约、灵空而引人入胜。

我崇尚的信条：仰望,以无招胜有招,圆融无碍,大化迁流。

我的艺术宗旨：坚守以书线型造型,以装饰性布局,以平面化设色,充分利用现代绘画材料,创造发挥新技法,有别于古人,有别于前辈,有别于同行。清、静、和、美的格调和气韵充盈着画面,从而构建出东方审美的新坐标。

艺术之道犹如马拉松比赛，要有坚韧的意志熬过生理的极限，艺术的瓶颈才有望冲破，达到既定的目标。艺术之道亦是"二万五千里长征"，要跨越千山万水，不畏艰险，不怕牺牲，才有可能看到胜利的曙光。艺术的灵魂在于创新，须知创新的背后就是失败，无数次的失败，无数次的坚持，才会有创新的诞生。艺术需要精品，精品的背后则是成堆成堆的废品，只有不断从废品中总结、磨砺，才有可能出现真正的精品。正所谓：失败乃成功之母。

在《陈家泠艺术》即将付梓之际，我要再次感谢国博。有谚云："活到老，学到老。"又有古文云："老骥伏枥，志在千里"，"世上无难事，只要肯登攀"，"欲穷千里目，更上一层楼"。仿佛时至今日，我才恍然从中感悟到，我每举办一次画展就是在兴建一层艺术宝塔，如此一层层叠加，于是我今天能站在艺术宝塔上，看到夕阳的美丽、璀璨，看到奔腾不息的艺术长河，最终汇入了江河和大海，掀起雄浑壮阔的波澜。

陈家泠
2018年春于上海

2017年，毛泽东、朱德、周恩来、刘少奇、任弼时的后代们来到中国国家博物馆在"陈家泠艺术大展"的展厅中，并在作品《延安晨韵》前合影留念

2013年，陈家泠在中国国家博物馆举办"化境"艺术大展，展览共分四个展厅，即"万水千山"厅、"万紫千红"厅、"万种风情"厅和"万法归宗"厅，集中展示陈家泠的山水、花鸟、人物和工艺衍生作品

2017年，陈家泠再次在中国国家博物馆举办"陈家泠艺术大展"，展览主题为"四美"。四个大厅分别为：壮美祖国、优美家乡、和美世界、精美生活

2014年，时任中国国家博物馆馆长吕章申与陈家泠在黄山约定2017年再次举办大展

2012年，陈家泠在台湾太鲁阁写生

2012年,陈家泠在西藏古格王朝遗址

2016年,陈家泠在江西八角楼后山写生

2012年,陈家泠在西藏海拔5千米高度接受人生挑战,写生美丽西藏。图为陈家泠在西藏"古格王朝"写生

# 我是这样走过来的

陈家泠

2010年，陈家泠在浙江省美术馆举办个人艺术大展，在开幕式中，陈家泠100岁的老母亲上台为自己儿子的开幕式剪彩

"浙江省立高级中学"的老校门（网上资料）

"省立杭高"早年的校徽（网上资料）

## 一、命运的转机

我从小就喜欢画画，经常吵着要画画。但是由于家里很苦，没办法学习，母亲就画一些牛、马之类的动物给我，我就学着画。母亲是一名小学老师，她在培养我对美术的持久兴趣上付出了很大的努力。我不算有大的才能，但从小就对美术的悟性比较高。其实，绘画的领悟力比技能更重要。单从绘画的技法角度看，很多人都比我画得好，但是技巧再好，整个画面没有一个好的意境和构思，是不行的。只有精湛的技术，没有好的意境，也只能算是精于制作的工匠罢了。

一次偶然的机会从报纸上得知，凡是家庭困难的上学可以有助学金。且那时正好公私合营，我做学徒的店倒闭了，我就马马虎虎考杭州第一中学。杭州第一中学前身就是浙江两级师范学堂，鲁迅、李叔同等人都曾任教于此，学生有潘天寿、丰子恺等，我觉得这个学校对我肯定能产生很大影响。发榜的时候，我看到前面没有我的名字，觉得可能没有希望了。那时候发榜是看文字的，钢板上用蜡纸刻出来，再印刷。我再去看了看，最后一个名字是我，这就是一个命运的转机。本来是做学徒，后来到学校去念书了。我们班有个同学考上了美院附中，可是我没考进。我是比他强的，在学校我的绰号就是画家，可是他考进了，我却没有考进。后来考大学，我考进了，但是那个附中的没有考进，这就是命运。

1958年，我到浙江美院学习人物画。那时学校里"反右"运动刚刚结束，处于一个相对稳定的环境，让像我一样的学生们能安心学习打好基础。艺术家想在艺术上有所成就，基本功是最重要的。当时潘天寿是浙江美院的院长，整个学院的教育体系非常注重传统。潘先生说，要学好中国画必须打好基础，打好基础的重要一条就是画好工笔，工笔是练好线条的基础；另外一个基础就是书法，但书法用笔跟绘画是远亲，工笔线条与绘画则是近亲，技术是相通的。

潘天寿院长在我们念书的时候就说："如果一个民族不能够有代表自己的文化，就不能立足于世界之林。而国画就是代表我们民族的一个文化符号，如果我们不把自己的文化符号搞好，怎么能立足于世界民族之林？"这段话使我印象深刻。因此，是潘天寿院长给我树立了人格的骨气，让我深刻地认识到国画的重要性以及工笔基础的重要性。

大学期间，我很用功，临摹了很多工笔作品，如阎立本的《步辇图》、吴道子的《八十七神仙卷》等。临陈老莲的作品让我体悟到线条的生命与节奏，我用线非常讲究节奏，有节奏的线条才有生命，用尺子画出来的线虽然直，但是没有生命。画工笔是练毛笔的笔尖部分，当时我很多工笔画写生作品都被学校收藏了，我的毕业创作就是由几张工笔写生绘成的长卷。

我一开始是学人物画的，后来又画花鸟，再后来又画山水，能够这样转型，都要感谢陆俨少，他是20世纪最后一位山水画大家。20世纪60年代初，陆俨少到浙江美院做老师。当时他教山水画班，并不教我们人物画班，但每个学生都希望能够得到他的指点。于是，每当陆俨少在办公室休息时，我和同学就会去找他学画。我们找了个借口，对陆老师说："虽然我们是学人物画的，但人物画创作需要画背景，背景离不开山水，希望您能示范作画给我们看看。"陆俨少非常大方，立刻就画了云、水、松、石给我们看。

我们在浙江美院读书时经常下乡，就是挑着羊角扁担到处跑。挑担有很多优越性，省力，还能换肩挑。上海学生从不挑担，可能就不习惯这一套。在浙江美院读书时，我是班里的班长，我的同班同学卞克智是上海去的，他就是我们"拔白旗"的对象。所谓"白旗"就是"白专"，就是手不能挑、肩不能扛的"资产阶级作风"。还有一位同学，也是上海人，他的床铺每天总是整理得干干净净、井井有条，我们那时就看不惯了，说这是"资产阶级生活方式"。到现在我们碰头时还经常开玩笑地讲起这些事情。

后来我怎么到上海来了呢？1963年，上海美专到我们浙江美院来挑人，那年正好我从国画系毕业。经学校推荐，认为我的业务能力比较全面，比较适合当老师，所以就选中了我。开始我并不知道这件事，有一天晚上我们系的党支部书记刘江找我，他是比我高几届的同学，毕业后留在我们系里工作。他对我说："上海美专需要一个搞现代人物画的中国画教师，学校打算叫你去，想征求一下你的意见。"当时我没有思想准备，因为我的家在杭州，完全应该分配在杭州工作，再说那个时候总认为上海是一个"资产阶级大染缸"，也不一定想去上海工作，但是那时的原则是"党指向哪里我们就奔向哪里"。比我高一级的一位同学，党叫他去新疆，他二话没说就去了新疆。还有去安徽、河南的，我们浙江美院的毕业生可以说五湖四海都有。现在党要我去上海，我能有什么二话呢？

那一年正是上海人口政策开放的一年，我们浙江美院有好多毕业生都被分配到上海。我的同班同学就有胡振郎、梁洪涛、汤起康、施烈骅等，有40多人，但只有我知道是分到上海美专，其他人都不知道自己的去向，只知道是到某一个局去报到。结果分得比较好的只有我和胡振郎，他被分到上海美协，其他同学不管是国画系还是油画系、版画系，大部分都被分到搪瓷厂、印染厂、丝绸厂、毛巾厂等各行各业搞美术设计。

是潘天寿院长给我树立了人格的骨气，让我深刻地认识到国画的重要性以及工笔基础的重要性

我一开始是学人物画，后来又画花鸟，再后来又画山水，能够这样转型，都要感谢陆俨少，他是20世纪最后一位山水画大家

## 二、任职上海美专

工作分配,一般先去劳动人事局报到,然后再分配具体单位。由于我已经知道了自己的去向,所以我的行李只托运到中山公园附近的上海西站,从那里到学校再方便不过了。

到学校之后,一切都感觉非常新鲜。学校在原来圣约翰大学内的"韬奋楼",西式的建筑、碧绿的草坪,还有一棵几个人才能合抱的大树,显得非常洋派。环境洋派,人也洋派。给我印象最深的是俞子才先生,西装笔挺、皮鞋锃亮,雪茄烟呼呼,吞云吐雾,风度翩翩。就连应野平先生也是西装革履。这种环境与氛围同浙江美院完全不是一回事。

到学校报到后不久,唐云先生从上海中国画院调到学校来担任国画系系主任,国画系还有乔木、应野平、俞子才等。油画系有吴大羽等,丁浩先生专任工艺美术系系主任。基础教学还有孟光等老师,可以说师资力量强大。

在教学体制和风格上,上海和浙江没有多大区别,都是所谓的"苏派"。有一度浙江流行用线条画那种尼古拉·费欣的素描风格,上海学生也在搞这一套,基本是同步的。实际上浙江美院的许多老师都是从上海去的,像全山石、赵宗藻、赵延年等都是上海人,国画系的陆抑非也是从上海调去的。即使像潘天寿院长,他早年的活动范围也是在上海,属于"海派"画家的范畴。当时,浙江美院有很多老师都是上海请去的,实际上浙江和上海有一脉相承的感觉。

在系里,郑慕康先生教古典人物画,主要是临摹陈老莲、李公麟等历代画家的传统作品。我被安排担任了国画系的系秘书,也教现代人物写生。

从杭州到上海,虽然我的身份从学生变成了老师,但是我自己的感觉依然是学生。特别是我所在的国画系,学生已经读到四年级,无论是年龄还是业务能力,都与我相差无几。那时严国基等同学的写生能力已经很强了。如果说我对这些学生有什么影响的话,那就是我身上的那种农村气息和实干作风。那时候不管是打篮球还是打排球,我都是"赤脚上阵",与同学们一起玩。早晨我还教同学们打太极拳,晚上则与同学们一起"开夜车"、画速写。我只觉得自己是学生中的一员。

那时候,我和学生们都混在一起,很多原来的学生,现在都是上大美院的老师。他们非常用功,晚上都会"开夜车"的。那个时候,他们的基本功非常好,像陈逸飞、邱瑞敏都非常用功,他们的水平在当时的情况下是不会比浙江美院差的,的确是蛮厉害的。但后来经过"文化大革命",学校一直风雨飘摇,极不稳定。20世纪80年代在凯旋路的时候还算稳定,后来扩招,搞综合性大学,专业不突出了,各个学校

1963年,陈家泠从浙江美术学院(现中国美院)毕业分配到上海,在上海美专当老师(陈家泠提供)

1972年,陈家泠为上海异型钢铁厂的工人写生作品

也都有了美术专业，再加上老师和学生两方面都有问题，差距就拉开了。

邱瑞敏这届本科生毕业后，上海美专就结束了，学校划到轻工业局，改成了上海市美术学校，校址也迁到了漕溪北路，不久就爆发了"文化大革命"。

现在回想起来，"文化大革命"是我一生中走向成熟的阶段，使我看清了自己，也看清了政治，对我后来下定决心追求艺术起了极为重要的作用。

如果说爱出风头是我的缺点，那么吃苦耐劳则是我的优点。举个简单的例子，我还有一张"文化大革命"时候的照片，我当时大概26岁，学生和老师年龄差不了多少。"文革"初流行步行串连，当时出发的时候有好多人，走到韶山只剩下我和楼上云老师等三个人。现在想想，从井冈山到韶山的那一段路，天雨路滑，又是山路，没有毅力真是走不下来。

在漕溪北路的几年中，基本上没有画什么画。在漕溪北路的后期，经常到工厂去劳动，到食品厂拆肉骨、洗鸭子，到钢管厂搬钢材，更多的是在糖果厂包糖果。记得最清楚的是在糖果厂我与高爱琴、张乃立、俞子才等老师一起劳动时，俞子才先生虽然身处逆境，但仍然很风趣，一边劳动，还一边给我们猜谜语。有一个谜语是："七个人八只眼，十个人一只眼，外国人八只眼，阿宝勒娘八只眼"，打一句四字常用语。大家绞尽脑汁，终于猜出是"货真價實"四个字，为我们枯燥的劳动增添了些许乐趣。

后来学校招收了一些工农兵学员，有时学校要派人带这些学员到外面去写生。这对我们这些画画的人来说，是一个极好的机会。开始我是用一张一张的纸画，这样容易散失，后来去得多了，干脆订成速写本，一本一本地画。在这段时间里我去过大洋山、小洋山、桐庐等许多海岛、农村，画了不少速写，积累了好多本速写册。

在浙江美院的时候，我就经常用功画画，到了上海美专后仍不改初衷，依然如故。这倒不是爱出风头，故意做作，这实在是我自己的天性。记得有一次我同凌启宁、曹有成、赖礼庠等老师一起到福建长汀去写生，画到后来他们吃不消了，不想再动了。我就觉得很奇怪，画图的人怎么能吃不消啊？这么好的风景怎么能不去看啊？而我喜欢每次写生把周围的景色看一遍，要把速写本画完再回家。

在桂林写生时，我常常天没亮就敲窗叫凌启宁起床一起出去画画。有一天正好在下雨，她对我说天在下雨怎么画，我说没有关系，我们走出去雨就会停的。下雨天景色更美，怎么能不画呢？上海的学生确实存在这方面的问题，我带学生到缙云、丽水写生，有时他们走累了就不愿意再跑了。我就对他们讲，你们这次来过后，将来什么时候再能来很难说。既然来了就要走下去，这样才不会留下遗憾，才能留下美好的回忆。我不知道我自己的行动对别人有没有影响，如果有的话，我想也是潜移默化的。

1980年，陈家泠在美校（龙泉园校址）的人物写生作品

2012年，陈家泠来到自己的母校浙江美院，现为中国美术学院的校门口留影

26岁左右的陈家泠（陈家泠提供）

1971年，陈家泠在上海异型钢管厂的人物写生作品

还有一次带赵以夫、梅琳、黄民华等78级学生到湖南张家界写生，画到后来这些学生也都吃不消了，最后只有黄民华陪我画完。每次写生我都要四面八方跑到底，速写本不画光是不肯罢休的。这完全是天性如此，对我来说这些都是很自然的，并不是刻意做出来的。

我对学生的要求也很严格，学校一定要像部队一样整理好，教育秩序是很重要的，学生应该在学校里面打好基础。我那时就要求他们早上提前一小时来，七点钟开始先练一个小时的书法，再画国画，这样手就不生硬了，一节课才能完成好的作品。在我看来，画画先是一门技术，要勤学苦练，才能熟能生巧，然后才能上升到艺术。

## 三、灵变的开始

本科毕业后的1963—1965年，我业务上并没有太多的成绩，就这样平平淡淡地过去了。后来的艺术转型得益于陆俨少先生的指点。

应野平、俞子才和陆俨少都是山水画的大家。应先生的画比较写实，俞先生的画比较传统，而陆先生的画则装饰性比较强，相比之下我比较喜爱陆先生的画。我觉得陆先生的画既有古意，又有陈老莲的味道。特别是他的长线条，不同于郑慕康先生那种只用中锋的线条，而是"四面出锋、八面玲珑"。因为画山水要皴，有拖笔、逆笔、刮、擦等各种笔法，毛笔的笔尖、笔肚、笔根都能用，这样一来线条的表现力就丰富了。

学校当时在天津路，我正巧碰到了陆老师，那时每天早晨我都要跑到复兴路上陆先生的住宅去看他画画，问他怎么画，向他学习用笔。晚上用他的技法来画画，用山水画的用笔方法画人物，使我的人物画笔墨技巧得到了极大的飞跃。

师从陆先生，我在绘画技巧上有两点提高：一是解放了笔墨，二是解放了手。陆老师是画山水画的，用笔四面出锋、八面玲珑，常用到笔肚、笔根。画山水画多中锋、偏锋用笔，点戳顿挫，毛笔要全部展开，甚至毛笔散开后一丝笔锋也可以画出精彩的线条。这太有趣了，毛笔完全解放出来，是随心所欲玩艺术的境界。要解放毛笔必须先解放手，画工笔的时候手是需要桌面支撑的，而画山水时手就灵活多了。通过陆老师的言传身教，我在绘画技巧和艺术思想上得到了顿悟，在技法的运用上有了很大提高。陆老师的绘画技巧非常高，学谁像谁，他喜欢画生宣，特别是薄的，效果很灵动，变化丰富。他画山水，我画人物，其实只要技法到家，画什么都可以。你看武侠小说里，有人弄刀，有人舞剑，每个方法用到极致就成了绝招，这个道理用在绘画上也讲得通，是一样的。

老师实在太重要了，就是把你带到了另外一个境界。艺术这个东西都是相通的，对线的理解很重要，跟了陆老师之后，我对用线技巧的理解上升到一定境界，这对我来说太重要了。

20世纪70年代中期，我的画有一半像陆俨少，因为陆先生是山水画家，我就用他山水画的线条画人物，这正是我的转型期。70年代末、80年代初，教育秩序恢复正常，大家非常用功，都不回家的，白天教学，晚上就在教室画画，打地铺，气氛是很好的。像我这种状态，相对来说比较特殊一点，不是常规化的。

我大学期间，在潘天寿的思想指引下，打好工笔基础，认识到国画的重要性，来上海后又得陆俨少写意线条与创作灵气，工笔与写意博采众长，得以探索不同画种的融会贯通，尝试艺术上的灵变。1979年，我的一幅水墨作品《鲁迅先生像》参加华东六省一市美术作品展，获得了大家的好评，这是对我将山水画的线条用于人物画创作探索的肯定。

## 四、从和美到化境

也许还是因为陆俨少的影响，我后来开始画花鸟，再之后是画山水。因为人物受到比例的限制，不如画花鸟自由，而画山水比画花鸟更写意、随性。从技巧来看，人物到底是比较拘谨，要有一个形，你不能一个人脸上画三个眼睛，或者说两个眼睛一高一低，肯定也不行。除非是另外一种画法，像毕加索是另外一种类型。在当时的情况，要求形准，这样才能让大多数人接受，尤其能为工农兵所接受。当时工农兵跟现在的工农兵是有区别的，当时工农兵文化水平相对较低，审美角度还需要普及。所以在当时的情况下，我觉得画人物相对难，画花鸟相对容易一点，花叶大一点小一点无所谓，花瓣多一片少一片也无所谓。

从20世纪80年代初开始，我在艺术创作上又有转型，这个时候已经不像陆老师了，如果说我画人物还有一半像陆老师，那么画花鸟就谁都不像了，因为我转型了。

选择向荷花题材转变，是因为受到道家思想和中国古代画论的影响。中国的六法，第一条就是气韵生动。对于东方的韵味，我总结了三点：清、静、和。我通过花鸟能很好地体现道家的哲学思想与审美趣味，这是我所追求的画面效果，也是我所追求的艺术境界。

需要补充说明的是，我向花鸟的转型，也是偶然的外部因素促成的。记得1985年的时候，我有一个画展，其中有一幅画西双版纳一个傣族少女在洗头，后面都是荷花，那个荷花已经接近于我现在的画了。老外到中国来收藏中青年画家的画，也

《鲁迅先生像》
中国画宣纸
100cm×100cm
1978年

20世纪70年代，
陈家泠跟随老师陆俨少

2017年，时任上海大学校长金东寒率校院领导一行亲赴江西景德镇望龙瓷厂看望陈家泠

2017年，陈家泠在江西景德镇望龙瓷厂为中国国家博物馆大展做"和美世界"的瓷艺作品准备

有油画等。他一看到我这张画很感兴趣，就收藏了，但是人物不要，就要我的荷花，通过美术家协会，买了两张去，还有一半他不要。那个时候是500美元，1985年的时候人家500美元买你画，已是很大的鼓励。因此，我想这种方法有前途，于是荷花题材就慢慢发展了。

1984年，《开放的荷花》入选第六届全国美展，并且获得佳作奖。小试牛刀成功后，从此一发不可收拾。同时，没有放弃人物画的创作。

为了更好地表现晕染效果。我尝试了各种作画材料，从各种纸张到丝、绢、皮纸，甚至是当时纤维厂刚发明的绝缘材料。不过，最后我发现只有宣纸，而且是放了20年以上的宣纸，才能更好地表达我的绘画语言。我经过不断试验和摸索，总结出"走、守、漏、透"的花鸟画技法。我笔下的莲花没有孤芳自赏的故作清高，没有愤世嫉俗、自以为是的孤傲。它们在气质上轻而不薄，轻柔的背后真气弥漫，"反虚入浑，积健为雄"，有着内在骨力的支撑，展现出东方神韵。

功夫不负有心人，1989年我的作品《不染》又在第七届全国美展中获得了银奖。那时候，花鸟画要得银奖难度很大，金奖一般来说是人物画。所以美展获银奖后，花鸟画中的荷花就成为我的代表作，"泠"品牌也初见端倪。

## 五、东方审美新坐标

20世纪70年代末80年代初，我从人物画转向花鸟画和山水画，并取得了一些成绩，赢得了同行和专家的认可。但我并没有放弃老本行——人物画的创作。近年来，我尝试用线条表现贯休作品中的罗汉，追求平面的、线条的、传统的、现代的、中国的、世界的艺术效果。

我相信不同艺术之间是相生相通的。跨界的求索，随心所欲不逾矩，且独具个人魅力。加上我对新生事物有很强的好奇心。我抱着"玩"的心态，开始瓷器的创作。瓷器与其他艺术品的最大不同就在于材料，这对于作品最后的成型有着极大的决定性。比如釉里红，这种颜料在烧制过程中会变红色、绿色甚至灰色。一件瓷器在没有出窑之前，有太多的偶然性。画一旦下笔，线条就成型了。但瓷器在烧制过程中，温度、位置、颜料等因素都会影响到最后呈现的效果。在瓷器出窑前，你永远不知道完成的瓷器是什么样子，它充满了神秘感。做一件瓷器的过程好像是做了一场梦，让人着迷。

我能够进行瓷器创作，有所成就，是因为赶上了好时代。从前瓷器艺术家搞创作都要去景德镇，因为那里的窑好，而艺术家没有条件自己建造一个窑。现在条件好了，我有自己的窑和创作室，让我有充足的时间和空间去掌握瓷器艺术。如果在以前，这是根本不可能的。因此我们要认识这个好时代、享受这个好时代、服务这个好时代。

可能是我在绘画、瓷器等方面取得了一些大家公认的、能够代表中国甚至东方艺术的成绩，一个偶然的机缘，使我跨界到了电影界。

2011年，上海电影制片厂想为我拍一部纪录片。因为我每次开画展，电影厂的厂长都来的，他熟悉我，所以有信心和胆量拍我这部片子。这部纪录片由上影集团青年导演叶田、顾宇高联合执导，贾樟柯做影片的监制。

贾樟柯了解上海，喜欢上海，所以他愿意接受这部纪录片的监制。我们都认为将中国的文化推向世界，这是一个新的题材，也是一次新的挑战。这部电影所展现的，不单是我一个人的回忆，更是几代中国人的共同记忆。

电影实际上是一种很大众的媒体，纪录片《陈家泠》正是用66分钟的电影艺术描述了我的人生、我的艺术、我的艺术之路以及我的艺术成果。这部电影记录了我的好多活动，记录下我的艺术创作过程，记录了我前往"三山五岳"和"佛教四圣地"等十二座高山采风写生的足迹，以及在此之后创作系列山水画作的过程。这里有绘画艺术，还有电影艺术。贾樟柯从电影的角度，想把中国的纪录片推向世界。在纪录片中，不时闪现我与他的对话，巧妙地呈现了我的艺术历程。

电影是集体的制作，而画画是个人的行动。我每一次开画展，基本上是我的个人行动。电影的拍摄要靠团队的协作，所以这部纪录片前后拍了三年。这三年间的素材太多，要浓缩成66分钟的影片剪辑。剪辑师先根据主题剪辑成很有趣的画面，不仅要完美、有节奏，艺术的感染力也很重要。本来这部纪录片要在2014年国庆节向国庆献礼，因为贾樟柯团队希望这部纪录片更加精益求精，想推向世界，使得这部纪录片没有来得及在国庆节放映。但这也许正是天意，我们恰巧赶上罗马电影节，所以就先在罗马放映了。这对中国人来说是一个悬念，其实对我来说也是。我们这部纪录片决定去罗马放映的时候还没有得到广电总局的批准，还没有拿到龙的标记。如果国家到时候批下来了，我们还没办签证也一样去不成，所以我们就决定先把签证办好，如果龙标没有出来，到时候不放纪录片到罗马去玩一下也是不错的。不过我们运气很好，龙的标记在罗马电影节放映的前几天批下来了，而且是批准国内外都可以放映。

2014年第9届罗马国际电影节上，由贾樟柯监制的彩色宽银幕纪录片《陈家泠》入选了"荣誉放映"单元。这是中国当代艺术家传记片首次在最高级别的国际影展上亮相，也是中国改革开放以来第一部以中国画家为主角的彩色宽银幕纪录片。

2014年第9届罗马国际电影节上，由贾樟柯监制的彩色宽银幕纪录片《陈家泠》入选了"荣誉放映"单元。2015年，《陈家泠》再获第35届夏威夷国际电影节纪录片成就奖，陈家泠也被授予第35届夏威夷国际电影节"文化大使"称号

陈家泠和上海美专师生

对于办画展我是很有经验的，但电影的开幕式我没经验。电影是另外一个圈子，我只在电视里看过明星走红毯，自己没有亲身经历过。经历过后发现其实还是很壮观的，广场上有几百架照相机集中在一个地方拍，好像我是他们的目标一样。这个与我开个人画展的情景不同，这是一种摄影艺术，我们画画都是用毛笔、宣纸，他们的毛笔就是镜头，所以他们用镜头来捕捉你的形象。

巧的是，我们的纪录片是在习主席讲话一个星期之后在国外放映的，习主席提出我们的文化艺术要跨出国门，与世界交流，正巧这部纪录片就为国家的文艺政策献了一个具体的成果，是习主席讲话后第一部跨出国门的纪录片。

2015年11月17日，由贾樟柯监制"具有人文精神和艺术创意"的彩色宽银幕纪录片《陈家泠》再获第35届夏威夷国际电影节纪录片成就奖，而我作为海派艺术大家也被授予第35届夏威夷国际电影节"文化大使"称号。这是继2014年在第9届罗马国际电影节荣誉放映、2015年第二届中澳电影节上最佳纪录片奖、第11届中美电影节最佳中国纪录片奖之后的又一重大荣誉。

纪录片在电影节主会场多乐电影城展映当天，夏威夷国际电影节主席罗伯主持放映会。他看到放映全场爆满，十分激动，直呼排队观众那么多，说明中国纪录片受欢迎，完全不亚于热门的故事片。

回想起来，我虽然生在1937年，历经抗日战争、解放战争、"文化大革命"及许多政治运动，但我的艺术人生还是挺幸运的。大学期间潘天寿院长给了我骨气，使我认识到国画的重要性。工作后到上海，陆俨少老师又给了我灵气，使我解放了手，解放了笔，能够一心一意创作，此外，唐云先生也给了我大气。身边师友的影响和熏陶，使我能在和谐的氛围中得到良好的教益，一路走来，道路渐趋平坦，走得愈发从容。从20世纪80年代初到现在艺术上逐步成熟并能取得一点成果，用差不多30年的时间逐步形成了我的清、静、和的艺术哲学和具有东方韵味的艺术风格与审美趣味。

我就是这样走过来的。

# 陈家泠罗马之行

时间：2014年12月18日（上午）
地点：上海大学图书馆报告厅

主持人：

尊敬的各位领导、各位老师、同学们，大家早上好！

我是东方讲坛的主办方，东方宣传教育服务中心的翁婷婷，很高兴再次来到上海大学，在这里举办东方讲坛经典艺术系列讲座。前不久影坛上有一件非常引人注目的喜事，在10月份刚刚举行的第9届罗马国际电影节上，由中国著名导演贾樟柯监制的彩色宽银幕纪录片《陈家泠》，首次在国际上最高级别的影展当中亮相，也是中国改革开放以来第一部以中国画家为主角的彩色宽银幕纪录片。说到这部纪录片的主角陈家泠老师，我想在座各位并不陌生，因为他是我们上海大学美术学院的教授，中国国家画院研究员，海派著名画家。陈家泠老师的人生可以说是跌宕起伏，因为他伴随了新中国的成长，前后经历了抗日战争、社会主义改造、"文革"和改革开放等几个我们国家非常重要的历史阶段，无论是城市的变迁，还是社会的发展，都对他的生活和创作产生了深远的影响，也促使了他对他的艺术和人生进行深刻的思考，并且也将这样的思考融入了他的艺术创作。

纪录片《陈家泠》就是以他的艺术创作为切入点，记录了他前往山川河岳和佛教四圣地等12座高山采风，以及他创作12幅系列画作的展示。这个展示不是陈家泠一个人的回忆，是我们几代人的回忆。今天把陈老师再次请到东方讲坛，结合他的同名纪录片，为我们大家聊聊他在罗马国际电影节的经历，也请他为我们畅谈一下他艺术之路的体悟，希望能对上海美院的师生们有所帮助。谢谢各位！

陈家泠：

各位领导、老师、同学们，早上好！

虽然我退休了，但是走到这里，还是非常亲切。美院是支持我搞所有活动的一股不可缺少的力量，是我团队中的井冈山部队。

刚才，主持人给我这次的演讲做了一个概括，我也很感叹。因为在2008年，我在美术馆搞了一个东方大讲坛的演讲，那个时候讲的是"灵变"，也就是我的艺术之路。这次过了八年之后，在上大图书馆又来讲"罗马之行"。2007年和2008年的时候是讲我的人生跟艺术，那么这一次实际上也是讲人生跟艺术，但是是有所发展的。2008年，其实是以北京我的一个展览为起点，来讲我的艺术怎么样从上海走到北京，来进行一个交流，通过那一次在北京的画展，与北方的一些同道、观众和同学进行了交流。因为过去我们上海画家到北京去办画展的很少，几乎没有什么个人画展，自

在第9届罗马国际电影节上，由中国著名导演贾樟柯监制的彩色宽银幕纪录片《陈家泠》，首次在国际上最高级别的影展当中亮相，这也是中国改革开放以来第一部以中国画家为主角的彩色宽银幕纪录片

第9届罗马国际电影节，特别展映的彩色宽银幕纪录片《陈家泠》海报

上海东方大讲坛主办的"《陈家泠》彩色宽银幕纪录片罗马国际电影节特别展映之行"报告会现场

2014年，陈家泠在上海美院演讲后，与相关校院系领导和同学们合影留念

2012年，《陈家泠》纪录片摄制组全体人员来到西藏高原。背景中的纪念碑上标注着上海人民广场距离合影地5000公里

从我去开了之后，教育局都重视起来了，打开了南方跟北方艺术交流之路。文化的交流实际上太重要了，是一个相互启发、相互学习、共同提高的重要手段。也是通过这个画展，我们南北画家相互得到补充，相互得到艺术的享受，这个是非常重要的。因为过去他们不了解南方的水墨，而且过去虽然他们也知道我，也知道我的艺术，但只知道印刷品，不知道原作怎么样。但是到北京一展出，上至领导，下至平民百姓，对我的绘画都很喜欢，包括那些评论家，都对我的绘画做出了各自的解释。东方讲坛也抓住了那次机会，邀请我做了一个讲座。

想不到这一次我的"罗马之行"从轰动变成震动的效果。为什么这一次的画展要比2007年在北京的"灵变"画展还要有影响力呢？

首先，我想关键是我的艺术积淀又比2007年发展了。2007年在北京办画展之后，我几乎一年半有一个画展：广东的"神游之山水"，浙江美术馆的"和美"，陕西美术博物馆的"神游"，国家博物馆的"化境"，安徽省博物馆的"三山五岳四圣"。我不断推出个人画展，而且每一个画展都有一个主题，在广东的基本上就是中国的山水，在杭州的基本上是西湖实景，在安徽省博物馆的就是"三山五岳四圣"，在国家博物馆四个厅则分四个主题：万紫千红（花鸟）、万水千山（山水）、万种风情（人物）、万法归宗（综合性，家具、陶瓷、服装等）。我的艺术积淀和艺术创作全部体现在这八年当中的六场大型画展中，不同的主题都是我身体力行的创作，也可以说是大作，因为场地比较大，我的作品都是大幅的。正因为有每个画展的历练跟作品的创造性，所以在拍我的纪录片的时候，就有东西，就有过程，就有故事。

其次，电影实际上是一种很大众的媒体，我开了这么多的画展，照理讲，每个画展都有创造性，都很轰动，但是没有这一次的纪录片这么震动，也就说明我的绘画通过电影的媒介发散了它的影响力。也就是说艺术通过电影起到了大众传播的效果，这种大众化，要比我个人开画展的影响力更大。纪录片通过电影艺术来描述我的人生，来描述我的艺术，来描述我的艺术之路，来描述我的艺术成果，用66分钟浓缩地反映这些。

再次，这一部纪录片很巧，是在罗马放映，如果首先在国内放映，也许影响力没有这么大。本来这部纪录片要在今年国庆节向国庆献礼，但是贾樟柯团队想精益求精，想把这部纪录片推向世界。这里讲的有两个艺术，一个绘画艺术，还有一个电影艺术，他从电影的角度，想把中国的纪录片推向世界。贾樟柯有很多片子都在国际上得奖，所以他在国际上很有影响力。确实，他的作品，尤其是纪录片，有他的独到的艺术功力，像描述上海的纪录片叫《海上传记》也是得奖的。由于有这样的渊源关系，他了解上海，喜欢上海，所以他愿意接受做这个纪录片的监制。他很忙，任务多，片子也多，他接受任务要先选，是不是值得他动手，是不是他愿意，是不是他喜欢。最后他对我说，跟我有缘，跟上海也有缘。他认为把中国文化推向世界是一个新题材，所以他接受了这个任务，也可以说接受了挑战。电影拍了三年，素材很多，要剪成国际规范的66分钟，要浓缩，因此剪辑很重要。后期贾樟柯很辛苦，最后纪录片制作是要团队来完成，他的团队很有经验，是世界上第一流的制作团队，根据主题剪辑好，要内容丰富，画面要很完美而且要有节奏，要有艺术的感染力。这部片子请的是法国剪辑师，贾樟柯很多得奖的作品都是他剪辑的。这部纪录片的音乐，是由中国台湾地区音乐家林强创作的，贾樟柯很多得奖影片的音乐也都是他的作品。因为想把这部片子拿到国际上介绍，所以非常强调精心制作，到国庆节纪录片没能完成。也许是天意，由于这样一拖，国庆节没有放，结果在制作的过程当中，第9届国际电影节的主席到北京，问贾樟柯在干什么，第9届罗马国际电影节有什么好片子可以参加。很可能贾樟柯给他介绍了我这部纪录片，那个主席叫马尔科·马勒（Marco Muller），他懂七国文字，普通话比我们还要标准。在我的概念当中，一个老外会讲中文的都是绝对聪明的，我碰到很多朋友都是外国人，他的中国话比我说得标准，这些人都很聪明。你想，中国的文字、中国的语言多难学，这么难还讲得这么好，没有一个好的头脑怎么行？

纪录片拍摄在杭州（外景地之一）

过去我们到国外放的电影，故事片很多，纪录片也很多，也有得奖，但是还没有一部介绍中国艺术或者介绍中国画家的纪录片。在国外，介绍画家的片子是很多的，像介绍毕加索的这类影片很多，但是中国就很缺少这类影片。

罗马国际电影节上"长枪短炮"云集的"记者阵地"

电影节主席一看片子，觉得很新鲜，马上把这个片子推荐给国际电影节审查委员会。经过团队一审，觉得很好，于是决定把这部片子拿到罗马国际电影节放映，我们上海话叫"半路里杀出程咬金了"。因为人家电影节的片子都安排了，这部片子不是拿去评奖的，叫"荣誉放映"。

当时纪录片决定到罗马去放的时候，我们还不能公开讲，因为到国外去放映，必须要得到广电总局的批准，电影在播放前都有一个龙的标记出来，要给你这个标记的。如果这个片子，我们在罗马放映，龙的标记不给你，导演就要四年没有工作，就好像球赛违反规定要禁赛一样。所以我们到罗马去，包括我家里人也不知道我要去罗马，我们去办护照的时候，龙的标记还没拿下来，但是我们护照要先申请，万一国家批下来，没签证就不能出去。如果龙的标记没有出来，我们罗马护照下来，我们不放纪录片到罗马去玩一下也可以，所以做好这个准备。运气很好，在罗马电影节放映前几天批下来了，而且是批准国内外都可以放映。非常感谢电影界的支持，感谢上海电影部门的支持，不批下来就不能放映。

著名导演贾樟柯监制《陈家泠》彩色宽银幕纪录片，贾樟柯与陈家泠在拍摄现场交流对话

陈家泠与第9届罗马国际电影节主席共同出现在红地毯上，接受记者们的采访

上影集团，上海电影厂厂长徐杰、著名导演贾樟柯与陈家泠在罗马国际电影节的红地毯上合影

罗马国际电影节《陈家泠》彩色纪录片荣誉首映入场券

由于这样一个惊喜给这部纪录片带来了传奇的色彩。这部纪录片在罗马放映后，还会在夏威夷放映。夏威夷电影节主席到我工作室来过，我们谈得很投机，那个时候这部纪录片已经在播，他说你到我夏威夷来，因为时间关系，我们没有赶上第一站的夏威夷电影节。由于没赶上，所以意外地赶上了罗马电影节。

巧的是，在习主席讲话一个星期之后，我们的纪录片在国外放映了。这部纪录片就是为国家的文艺政策献了一个具体的成果，我们国家的文艺政策就是要让我们的文化艺术进行世界的交流，要跨出国门。现在就出去了，所以习主席讲话后，第一个出去的就是这部纪录片。

这部纪录片出去是出去了，受不受欢迎也很重要，如果出去了他们不喜欢，出去也是白出去。这个情况也可以介绍一下。

搞画展我很有经验，但电影的开幕式我没经验，因为电影是另外一个圈子。我也不知道是怎么样的，只不过是电视里面看看，我也没有亲身经历，要走红地毯，整体感觉很壮观。

电影节的红地毯，也可以说是红广场，照相机有几百架，集中在一个地方。我们进去之后，叫我到一个指定的地方，他们要瞄准我拍照片，等于我是他们的目标一样。亏得是照相机，如果是子弹不得了了。这个不是我开个人画展的情景，电影是另外一个场景，这是一种摄影艺术。我们画画都是毛笔、宣纸，他们的毛笔就是镜头，所以他们用镜头来捕捉你的形象，蛮壮观的。

放纪录片的时候我们坐在前排，聚光灯就照到我们，我没想到电影一结束，掌声如雷，经久不息。这个说明他们喜欢，看得懂，很多年轻人还让我签名，我也体验了一下明星的感觉。

放映结束后，我们在一个中餐馆吃饭，电影节的主席也来了，还有他的团队，他们向我表示祝贺。吃饭的时候主席就讲，你们没有看到吗，这些意大利人都对这部纪录片感兴趣，他们都看得懂，而且都喜欢，也就是说这部片子使意大利人了解了中国的艺术，对他们来说是中国国画的一个启蒙。他确实很内行，他不讲水墨画，而且他说是一个启蒙，因为他"文革"的时候就到中国来过，在南京读过博士，还到过中国其他地方，所以中文很好，对中国也了解。听了他的信息反馈，我们这颗心就定了。他们能接受、看得懂就说明纪录片把中国的文化推向了世界，应该说这部纪录片在国外取得了成功！

我再来讲讲这部纪录片怎么拍的。我每次开画展，这个电影厂的厂长都来，他要熟悉我，才有信心或者胆量拍我这部片子，因为拍这部片子。拍个人的艺术片需要承担责任跟风险，他如果不了解我，怎么会有魄力和信心？我每个画展他都来参加、都来记录，而且他曾经在加拿大搞了一个活动，就是中国人眼中的加拿大，全程跟踪拍摄，这里面也有故事。

我们到加拿大组织画家，在加拿大写生，后来开画展。这个画展在北京开的时候，朱镕基总理来出席，而且他要翻出这个照片给我看。朱镕基跟加拿大的总理来看画展的时候，那个背景画就是我的画，所以蛮有影响的。

经过长时间跟踪了解，电影厂厂长就跟我聊天，说起已经开了这么多画展，是否要来点创新，尝试一下电影，他觉得可行。上海电影制片厂，有拍艺术家纪录片的传统，任伯年、徐悲鸿、潘天寿，后来又拍了刘海粟，以前是资料的汇集，刘海粟影片是真人去拍的。他说现在21世纪，改革开放之后，还没有拍一个这样的片子，他说我们可以尝试一下。他认为拍我这个片子容易，艺术资历丰富，艺术也具有多样性，会拍得比较好看。

电影厂为什么会选择我，可能也是我年龄适当的原因。如果年纪比我大的，当然成就也可能比我大，但是拍电影很辛苦的，一个镜头不行要再来一次的，再不行还要再来一次，有的时候要三五次。他们因为年龄关系，一次不行没有关系的，两次也不要紧，第三次开始吃不消了，第四、第五次跟你生气了，这么吃力，算了。比我年轻的很可能资历还不够，有些画人物的可能其他不会画，或者画花鸟的山水不会画，我比较多产，而且跑得动，又比较全面，陶瓷、服装等等都有涉及，可以穿插起来。

纪录片作为一个电影项目到北京去申请，结果批下来了。我记得当时我看了这个文件，批了两个项目，一个项目是法华寺纪录片，第二个项目就是海派水墨陈家泠，而且要求两年完成。电影项目是有时间段的，两年如果不能完成，就过期作废。但两年之后觉得这个还没有拍好，后来又去申请延期，结果国家同意三年拍完。

拍电影很烦，我不拍不知道，一拍之后才知道这是很辛苦的劳动。他们团队很辛苦，我当然也辛苦，但他们比我还辛苦。有一次他们要拍我在普陀山那里画画，我们租了一条船，他们要拍我画普陀山，我不是画《三山五岳四圣》吗？船停在海上，他们拍我写生。同学们是不是到舟山写生过，这个浪，五分钟不要紧，十分钟马马虎虎，半个小时之后就要考验你了。因为我经常去写生，有这个功底。他们坐不住，要吐了，但是他们还是坚持来拍我，有好几个已经晕在船上了。

还有我们拍西藏，厂长建议西藏一定要拍一拍。为什么要到西藏去拍？因为它是中国的特色，是世界的特色，你西藏一拍，世界其他地方你不去都不要紧了。西藏我也没去过，我也很想挑战一下，三山五岳四圣我都去过。"三山五岳四圣"刚刚创作出来的时候，大家很感兴趣，但是有很多人不相信，认为"三山五岳四圣"是

第9届罗马国际电影节上《陈家泠》彩色宽银幕纪录片荣誉放映

罗马街头上贴满了国际电影节的海报标牌

中国台湾地区著名音乐制作人林强与陈家泠谈电影音乐

罗马汽车站贴满了国际电影节的海报标牌

2014年，东方大讲坛"陈家泠罗马之行"报告会结束后，同学、老师们与陈家泠合影留念

凭照片画的，现在科技很多，照片看看可以画了，但是我画"三山五岳四圣"都登上了顶峰，我到山上去画画，不到山顶不罢休。所以我也有这个想法，我三山五岳都去过，西藏一定要去一去，不负我这一生，也对得起中国的名山大川，我要接受这个挑战，我就到西藏去拍了。去西藏是挑战，没有办法，到海拔五千米左右我们要吸氧气，不吸氧气你不行，我也不行，有好几个年轻的小伙子，气候干燥得流鼻血，而且有一个小伙子去定日的路上发热了。在西藏不能发热，你一发热就有生命危险，要马上叫他到医院去吊针。我也有一个经历，到定日路上翻过一座雪山，我走得太快了，到晚上也发热了，马上吊针，马上吸氧气，第二天要打针，要吸氧气。后来我经过这样一个折腾好了，小伙子也好了。所以到西藏去，有生命危险。

比方说我一个朋友刘国松也到西藏去了，他到西藏去回来，结果一只耳朵听不见了，是有这个情况的，还好我后来没什么，我很幸运。他们拍电影的，10天之后回来了，他们拍好了，我想好不容易适应了，现在急着回去很不合算，如果我下次来又要浪费10天，他们回来我不回来。我就租了两辆越野车，再把西藏兜了一遍。昨天在开会的时候我就在讲了，我说很可惜，那个摄影组，跟我这次待了10天，如果以后几天也跟我了，那就更精彩了。后来我把西藏古国王朝遗迹都兜了一遍，使我感受很深。所以到西藏去，你只要有这样一种信心，对自己确实是一个很大的锻炼。

到西藏爬山，就是要爬珠穆朗玛峰，世界最高峰一定要拍下来。导游介绍我们到定日那个地方去拍，不要去珠峰大本营，因为离得近反而看不出它的高，到定日看它的高才能凸显。因为我们去的时候是六七月份，正是雨季，云很多，很难看到珠峰。我们到那里时很冷，在上海可能还是穿短袖，到那里就是冲锋衣，我记得我上次也是穿的这个衣服。

那天，从下午3点我们开始在那里等，都是云，风很大，很冷。等到晚上七八点，云有一点散去了，有几座雪山出来了，我们很开心。这些雪山连成一条，云散去一点，一座雪山出来了。雪山太漂亮了，我猜是珠穆朗玛峰出来了，导游说这座不是的。到8点半，又一座雪山出来了，我想这座大概是的，导游说这座也不是。9点钟左右太阳下山一座雪山出来了，我想这座肯定是了，她说这座还不是。我想已经是差不多9点了，天快要黑了，他们那里9点半10点钟天黑，我们从下午3点等到下午9点，风吹得冷也冷死了。我跟他们讲，拍不到就算了，我们就把这雪山当珠穆朗玛峰，人家反正又没有来过，我们讲这座是珠穆朗玛峰他们都不知道，我们要自我安慰，就说我看到过珠穆朗玛峰了。

后来晚霞出来了，太阳落下，云很漂亮，天空红彤彤，有一个地方一山出来了，而且这座山像金字塔一样，金光锃亮，夕阳照在这座山上。导游说这座就是珠穆朗玛峰，大家都跳起来了，终于在9点半左右显灵了，仙女出来了。珠穆朗玛峰就是仙女，这是叫仙山。而且珠穆朗玛峰上有一小块云，像旗帜一样的白云，像帽子一样太漂亮了。西藏人叫这个云为彩旗云，通过这个云可以预测西藏的天气，他们就看这个云，这个他们懂我们不懂，但是我很兴奋，太壮丽了。我现在只不过讲讲，如果年轻人有机会去那里看到肯定会跳起来，这个山峰像金子一样，金黄色的。有的时候西藏人唱的歌，你不到现场去体会不到他的境界。到西藏去之后，我的运气也好，这一次珠穆朗玛峰终于让我们看到了。在西藏还有一个山，叫冈仁波齐峰，它没有珠穆朗玛峰这么高，珠穆朗玛峰是8 844米，冈仁波齐峰6 000多米，是神山，下面还有一湖圣水，是世界上海拔最高的淡水湖。一般雪山多有一点像金字塔，它很壮丽，它也被我们看到了，要看到这座山不容易。每年8月份印度、巴基斯坦和中国西藏的不少人都要在这座神山下面搭帐篷来朝拜这个神，地位最高、最漂亮、世界众山之神就是冈仁波齐峰。

到西藏我体会到了，我的老师陆俨少先生讲的，搞艺术的人需要有殉道者精神。没有这个精神，你艺术怎么学得好，学艺术不是一个技艺问题，而是一个精神境界的问题。这个道也可以讲道路，也可以讲是一个理想，也就是要为这个崇高的理想而奋斗。我过去没有这个体会，我到了西藏后才有切身体会。我三山五岳都去过了，是游山玩水对话写生的体会，还没体会到"殉"，为理想做出牺牲的精神。你要画西藏吗？你要去体味西藏的风景人物吗？要去吗？需要有牺牲精神，其他地方体会不出来的，到西藏就能体会到，因为有生命的危险。我们学画的人每个人都有这个道，每个人都有自己的理想，或者是说工作，工作就是你的道，你要给他做好。我们画画人的理想是什么呢？到西藏有体会，这条线就理出来了。我们古代的人对道讲得很清楚，人法地，地法天，天法道，道法自然。"道"就是自然。我们描写自然，跟自然对话，就是我们的道，你为了你的道要有殉的精神，为你的道要有牺牲精神，到其他地方没有这个感受，到西藏我才有这个感受。西藏是一个带宗教性质的地域，他们对神的态度五体投地，你们没有去过还没有亲身体会。你们听了我的话之后，每个人可以从不同的程度去体会一下。我们经常会看到在道路上那些人群的动作，他们对神就是这样五体投地，他们心很虔诚。联想到我们画画，我们的神就是自然，我们描写的对象就是神，就是这些伟大的山水，我们要画它，我们要崇敬它，我们要跟它对话。他们每年要对冈仁波齐峰朝拜，这个山就是他们的神，我们描写的对象就是我们的神，我们有这样的境界，才能从技巧上、感情上画好你的山水。我曾经跟西藏的活佛、转世灵童做了一次对话，他们对活佛对山川，对我们的国土，都有一种强烈的信仰跟保护意识。

2011年，纪录片拍摄已历三年，夏天的野外高温酷热，还有蚊虫叮咬，陈家泠在杭州拍摄地观看拍摄效果

2011年，纪录片在杭州西湖拍摄外景

2012年，摄制组在上海大世界顶楼冒着冬日的寒风，拍摄陈家泠作画的过程

2012年，陈家泠在西藏定日静了六个小时以后，珠峰在太阳即将下山的一瞬间露出了巍峨的"金字塔顶"

前往珠峰途中，海拔不断升高，空气越来越稀薄，陈家泠在车上持续吸氧

这种山水都是他们心中的神，要崇敬、保护、爱护。因为是这些大山大水抚育了我们人类，如果失去了这些山川，人的生命就无所依从，它们实际上就是我们的神。我们常讲要保护自然，要保护生态，从另外一个角度来讲，这只不过是一个语言的转换。我们尊敬自然，自然就是我们的神，神圣不可侵犯，但这个境界就更高了。

西藏的宗教信徒对神灵崇敬得五体投地，我们对神灵、对大自然也要"五体投地"。我们"五体投地"的行动就是画速写，我们要认真画速写、认真拍照片，认真观察，认真去对话、去体会，对山川要了解、崇敬和爱护。这是我去西藏拍纪录片的意外收获，现在拿出来跟同学们分享，让你们去思考。

今天都是同学，我也可以以老师的身份来讲述，所以在这方面我就多讲一点。而我能坐在这里讲，无非是我画了一些画，无非是我有这个成绩，我这个成就从哪里来？很重要的就是来自老师的教导，师承的关系，老一辈的传承，如果没有他们那么传承，我想我不可能达到这样的高度跟广度。将来有机会还可以跟同学在这方面进行交流。

目前来看，我们必须要解决一个学风问题，我今天讲的就是学风问题。我们对艺术必定要有殉道者的精神，如果你没有这个精神你学得好吗？如果老师在上面讲课，下面还在打瞌睡，我相信在打瞌睡的同学，将来肯定要后悔，他也不可能学得好，到最后只不过拿一个文凭而已，不可能有真才实学。当下是一个没有战争的年代，大家必须要有一个清醒的头脑，今后的世界，必定要凭你的真才实学才能生存。过去战争年代你不强大就被人消灭，肉体上的消灭。今天你没有真才实学，你在文化上被人家消灭。其实这是一个概念，所以和平年代有和平年代的难处，战争年代有战争年代的难处。当然我这部纪录片记录了我的人生，是用影像反映的形象。

过去我在大讲堂也讲过，那是一个文字的形式，这次有一个影像的表达。刚才主持人讲过，我出生于民族斗争时代。我1937年生，我就是在逃难的时候生下来的，日本人扔炸弹，我们没有办法所以逃到山区去，我就出生在山区临安。你们现在这个年代跟我那个年代是两样的，没有飞机没有炸弹，很可能我这部纪录片放出来，你们年轻人像看故事一样，少数跟我同年龄的人才有这个感受。还有很多老的资料，电影厂给我们从片库里面弄出来夹进纪录片里。比方说里面有潘天寿院长画画的照片，有陆俨少老师画画的照片，还有唐云老师活动的情况，这些都是老照片。我相信这些照片同学们看了也有一个回忆，但是离开你们生活的年代也很远了，可能这些我们同年龄的人比较感兴趣，但你们是不是感兴趣我不清楚，以后我们可以交流。

纪录片里还有一些上海的老照片，以及"文化大革命"的资料。这次电影厂是花功夫了。回想这部纪录片，从同学的角度来看，是做一个反思，也可以当故事看看，但是你们可以从中体会到现在的时代是多么幸福，你们要知道战争年代是多么辛苦。不是有好多人讲，现在这个时代太烦躁，压力太重，但是在我眼中这个时代太好了。相比较一下，是日本人来丢几个炸弹好，还是现在烦躁好，我看你们肯定选择现在的烦躁，也不需要打仗，打仗不是烦躁，是有生命危险。你们起码现在没有生命的危险，现在小青年得福不知福，这么好的环境，你们每个人都在享福。烦躁有什么可怕，打仗太可怕了，我们那个时候是经历过的。

那个时候三年困难时期饭也没得吃，你们这些同学不知道。我上次做报告的时候，有学生还在吃东西，上课还有东西吃，太幸福了，幸福得学习都不认真了。我认为是太幸福了，因为太幸福而不知福，就不用功了。

还有，再讲烦躁，有什么好烦躁的？"文化大革命"时期，我们每天都写大字报搞运动，不学习，差不多有10年光景，就是搞运动，你们现在有这么好的学习机会还不努力。我到意大利去，我到其他国家去，我不会讲英文，我到德国去，我不会讲德文，我跟他们讲，我只能讲一句德文。我到世界舞台上，却不能传播我的艺术，让我很后悔，我在"文化大革命"的时候，我跟他们写什么大字报，为什么不好好学英文。希望你们接受我的经验教训，今天形势大好，这么好的学习环境，老师在讲课绝对不可以打瞌睡。如果好好学英文，我现在在世界上会如鱼得水。我在这里可以讲，丁蓓莉老师，就听我的话，当时她是我学生的时候，只要家长来我就给他们讲，晚上就学英文，要把英文学好。当时他们很奇怪，学国画学英文干什么，但我就意识到，不管什么国画系、油画系、雕塑系都要学，英语、电脑、开汽车这三个当代工具都要掌握。丁蓓莉老师英文学得好，所以她就可以做大学老师。有几个画得很好的同学，英文没有抓上去，就不能做大学老师。

我今天谈这个是有针对性的，因为都是同学所以我才谈这个，这个里面涉及师生关系。过去我在浙江美术学院读书时院长是潘天寿，到上海来陆俨少是我技术上的老师，还有唐云。可以说是潘天寿院长给了我骨气，陆俨少老师给了我灵气，唐云老师则给了我大气。潘天寿院长在我们念书的时候，他就谈过这个观点：一个民族没有自己的代表文化，就不能立足于世界之林。我们入学的时候是1958年，还是小孩子，跟你们差不多大。当时的概念，老师就是父母，讲什么就是什么，所以潘院长讲这个话的时候，我就坚定了学国画的信念。因为国画就是代表我们民族的文化符号，如果我们自己的文化符号都不搞好，怎么立足于世界民族之林？

到上海工作之后，相当长一段时期，我每天都到陆俨少老师那里看他画画，看了之后，用他画山水的线条来画人物。他那种思想、用笔、艺术处理很有灵气，才气横溢，我受了他的影响，所以得到了他艺术上的灵气。唐云老师待人接物很大气，

2012年，陈家泠登临古格王朝

2012年，摄制组在拍摄陈家泠冰川之景的写生

陈家泠冒着烈日，穿过沙漠地带并沿着雅鲁藏布江前往著名的桑耶寺

2011年，陈家泠在山西五台山，不顾山高坡陡，寻找最佳角度

陈家泠在画速写

上至领导，下至群众，他都相处得很好，而且他交友广泛，社会朋友就是宝贵资源。农业社会可以单干，现在是工业化的社会，是集体行动，我很多画展就是靠朋友帮忙，其中之一就是"井冈山部队"，我有很多"部队"，大家的帮忙才让我把"战斗"打好了，靠我一个人怎么行？现在跨界更是这样了，电影又来给我"组合"了，所以不断地组合，不断地创造，不断地有新结构，就推动了你的人生，推动了你的艺术，推动了社会的发展。这些道理同学们今后可以慢慢地体会，老师的作用就是把自己的经历讲给你们听，使你们少走弯路。像我过去在学校里画画，后来碰到陆老师等于重新学习了画画，以前我的画就不要看了，那个画得这么差，没有灵气。如果我碰不到陆俨少老师，我今天没资格在这个台上跟你们谈什么经验，谈什么技巧，谈什么成果。就是因为碰到了一个好的老师，他赋予我艺术的品格和质量，所以老师太重要了。

一个学校好不好，关键就是你这个学校有没有好老师。将来这个纪录片里面可能有资料就是说我在念中学的时候，过去叫杭一中，浙江二级师范学堂。鲁迅、夏丏尊、李叔同等名家都曾任教于此，学生有潘天寿、丰子恺等，这就是我的中学。它是杭州很有名的学校，有很多科学院的院士，都是杭一中毕业的，上海市原市长徐匡迪也是。

在浙江美院读大学的时候，潘天寿是院长，年轻老师有周昌谷、方增先等，都是很好的老师。所以一个学校没有好的老师就不可能是一个好的学校，有好老师即使差的学校也会变好，所以老师是很重要的，要尊师重教。

我记得上次在讲课的时候，也讲过这个观点，这次我这部纪录片电影里面也有这一条线，就是我的师承关系。我想同学们看到这部纪录片会从中得到启发。我的纪录片首先在罗马放映，"条条道路通罗马"，我这条道路就能通罗马。

一个同学的成长道路是千变万化的，每条道路都适合成才，关键在于自身怎么努力，老师怎么引领，对时代怎么认识。当代是显示自己艺术才能的大好时代。陆俨少才气横溢，是搁浅的万吨轮，时代没有赋予他远行的机会。还有吴冠中、李可染等等，都是杰出的画家，但是他们还没有能记录他们的一部纪录片，因为时代还没有来。这并不是说我有多高的技术，只是这个时代正好给我一个机会，可以把我的经历分享给大家，尤其是给搞艺术、搞美术或者是搞国画的人一个参考。

最后总结一下，不管环境怎样，自身要努力，不要去抱怨人，不要埋怨天，不要埋怨地，关键在于你自己要准确地把握好自己的方向跟道路，然后不断地努力，这就是我这部纪录片最大的参考价值。对社会而言也可以这么说，在罗马放映我这部纪录片，不禁使人想起欧洲的文明，为什么能这么好地发展，就是在于文艺复兴使思想解放了，科学技术发展了，人权自由了，人的主动性被调动起来了，生产力解放了，使欧洲文明翻开了新的一页。而中国的今天，政治稳定、经济发展，国家也非常注重文化艺术的发展。中国的文化艺术将会推动中国人的思想进一步解放，促进生产力的解放、科技的创新。到时候，中国的文化科技将对世界再做新的贡献。

今天就讲到这里。谢谢大家！

主持人：

感谢陈教授为我们做了如此精彩的演讲，刚才说了那么多，我们很期待看一下这部纪录片。现在来放一下纪录片的片段，请大家观赏。

看完这个短片心情非常激动，我们为拥有这样一位国宝级画家感到骄傲，尤其是我们上大美院的师生们。今天非常感谢陈教授给我们做这样一场演讲，不管是他刚才讲到的，我们需要有一种殉道者的精神，来为理想而牺牲，还要崇敬自然，敬畏自然，与自然对话，还是后来讲到的传承之情，我想艺术的高度总是和生命的深度成正比，所以从陈教授的身上，不光要学习他对艺术的追求，更要学习他的人生感悟，他对人生的思考，以及他的哲学和精神。那么让我们再次把掌声献给陈教授。

陈教授一直很幽默地说，咱们上大美院是他的"井冈山部队"，我们今天这个讲座能举办，也得到了"井冈山部队"的大力支持。接下来邀请"井冈山部队"的掌门人，上大美院的院长汪大伟教授做最后总结性发言，有请！

汪院长：

谈一点体会，我相信陈老师的讲座和纪录片肯定把在座诸位同学和我给震动了。陈老师是我的师长辈，我在学校读书的时候，我的系主任顾生岳老师曾经把陈老师在校的画作为母本给我临摹，是一整张的柯桥的场景，人物风景，线条非常到位，给我很深的印象。当时没有看到他的人，但那时我就知道有一位叫陈家泠的老师。

今天陈老师把他的一生，他的中国画，通过纪录片的方式传播到世界，他的成功实际上印证了我们这个时代是一个开放的全球时代。陈老师再三来给大家叮嘱要把外语学好，在20世纪80年代初的时候，陈老师就提醒我们很多在校同学要把外语学好，为的就是迎接这个时代的来临。全球化的时代已经来临了，每个同学的英语也已经不是问题，现在需要我们掌握中国的文化，增进对中国文化的了解，然后用世界性的语言把中国文化介绍出去，这就成了我们当下的任务。

陈老师用他的一生给我们诠释了何为为师之道，我听了非常有启发。他对艺术的殉道精神是我们急需的，如果说没有这种殉道精神，我们中国文化走向世界，将是一句空话。

陈老师说的师承关系，实际上跟在座的同学和我们老师都有关，我们如何作表率，把优秀的传统文化传承下去？陈老师的成功，实际上是我们上大美院的骄傲，

陈家泠在西藏尼洋河写生

陈家泠有股老顽童精神，想方设法玩出新花样，创出新境界。这是他在江西景德镇画瓷

2012年，陈家泠在藏南雅鲁藏布江畔的雍布拉康山顶上写生

2014年，陈家泠与贾樟柯在罗马国际电影节上

也是中国绘画界的骄傲。因为在罗马，外国人看了这部纪录片都说这是一个中国文化的启蒙教育。

陈老师刚才讲到文艺复兴，实际上我们正面临着中国的文艺复兴，而我们中国的文艺复兴，就应该是从世界对中国文化的启蒙开始。陈老师已经率先做了这样一件事情。让我们再一次用热烈的掌声感谢陈老师的精彩讲座，并对他为艺术殉道的精神致以崇高的敬意！

上海市教委正在做高峰计划，学科高峰希望我们能够成为国际的美术学科，一个国际平台上的高峰。陈老师就是我们这座高峰的高峰人物，希望我们大家一起努力，让我们上大美院美术学科真正走向世界，成为我们国内的美术高峰，成为中国文化宣传启蒙的殉道者，这是我们在座诸位同学的任务！

接下来再次感谢主持人，给我们一个这么好的机会，聆听陈老师的心声，分享他的成功经验。我们再次用掌声感谢东方讲坛。

2012年，陈家泠在黄山

2015年，陈家泠在上海电影厂与摄制组全体人员合影

2012年，陈家泠在黄山写生，他讲日落时分光线最美

2015年，《陈家泠》彩色宽银幕纪录片在上海电影厂举行首映仪式

2014年,罗马国际电影节上《陈家泠》彩色宽银幕纪录片成功播映后,贾樟柯拿出家乡山西的汾酒庆功

2014年,罗马国际电影节主席抱拳致以中国式致谢礼,感谢上影厂把优秀的纪录片带到了罗马献给了国际电影节

2014年,陈家泠举杯向罗马国际电影节主席和上影厂徐杰厂长表示衷心的谢意

2011年,纪录片《陈家泠》首拍从杭州的西湖边拉开序幕

# 老师

许根顺

师生50年、朋友50年、合作伙伴50年。这是一种缘分,更是一个天意。时代让我们走到一起,因此,我们的看法更相同,我们的认知更相近,我们追求的样式虽然各异,但我们的目标却是一致的,摄画当下,记录当下。

画画一半是人在画,一半是天在画,这也许是画画到了一种境界。瓷器最后烧出来是什么样?谁也讲不清楚,釉里红、釉下彩、窑变更是如此,因为促使窑变的因素且多又很难掌控,即便最顶尖的炉工也不敢断言,有部电影叫《祭红》讲的就是烧窑的难度。自然是神奇的,自然是伟大的。所以,道法自然就成了陈家泠的信念。他几十年里坚持贴近生活、亲近自然,从自然中汲取养料、在自然里获取灵感的艺术之道。

陈家泠常讲:艺术家的成功,实际上是一生的努力奋斗。成功的背后实际上是无数次的失败并总结和探索出来的成果

50年前他能从上海一直步行到井冈山、韶山,近十年来又走过了三山五岳佛教名圣12座大山,红色圣地的一系列名山大川,无论是延安、韶山、井冈山、梁家河、太行山。还是娄山关,特别是四渡赤水的丙安古镇,他为了能找个好角度写生,来来回回用几天的时间八渡赤水,感悟红军当年生死关头突围北上的艰难岁月。感悟毛泽东"可上九天揽月,可下五洋捉鳖"的伟人气概,星星之火,可以燎原就是最精辟的画论。2016年春他腿摔断刚治愈不久,就攀登杭州的飞来峰、莲花峰,为杭州G20峰会绘就了中国国家主席习近平和夫人彭丽媛会见来自全世界35个国家地区领导人的背景作品《西湖景色》;近来,他又为"一带一路"的创作,三赴新疆和印度尼西亚、印度、斯里兰卡、泰国、澳洲、欧洲——画出了一本又一本写生。2011年2年22日在上海大学美术学院的一次演讲中,他就拖了一大箱写生本,用艺术的形式,十分明确地告诉学生们,美术学院的学生除了多画外还是要坚持不断地再多画,道理就这么简单。他在课堂上为同学们做人物写生,用最简单的道理给学生上了十分有意义的一课。

"精品的背后是无数的废品",陈家泠玩瓷三十多年,正是他不断地摸索,才有了对瓷艺(釉里红、釉下彩、窑变)作品的极品展示

2007—2018年,十年间他分别在上海中国画院、中国美术馆、上海美术馆、广东省美术馆、浙江省美术馆、陕西省美术博物馆、安徽省博物馆和中国国家博物馆举办陈家泠艺术大展,直到上海玉佛寺陈家泠佛教艺术馆的正式开馆,几乎做到了每年一个大型系列主题展,从而成为中国画坛艺术大展的主流人物。其作品包括了:山水系列、花鸟系列、佛教圣地、红色圣地、佛教人物、西域风情、优美家乡主题、和美世界主题、壮美祖国主题、精美生活主题,以及瓷器、家具、丝绸服装系列等等。回望他艺术的创作实践,我们不难发现他折射出来的时代追求、创新到化境为宗的升华过程。

如果说他的母亲是他最早的启蒙老师,其夫人则是他艺术道路上最坚定的支持者,而他艺术的"骨与魂""血脉"和"灵气"就是来自潘天寿和陆俨少的。潘天寿力倡中西文化的"拉开距离"论,林风眠坚守"中西融合论",而陈家泠正是在对前辈艺术的探寻中,在"两论"的基础上,创造性地探索出一条完全属于自己的陈氏图式叫作"泠风格"。中国画需要时代性,这个时代性强调的一个字就是一个字"新"。陈家泠的绘画代表着当代"新中国画"的一种新形态。他坚守"古为今用,以今为主,洋为中用,以中为主"的核心价值,也是他坚持新时代新水墨的一种精神。在近十年的十个大展中给我们所呈现出来的一系列充盈的、全新的、开放的画展就证明了这一点。2011年当他在安徽省博物馆举办画展的时候,博物馆门前矗立着一方巨石上刻着毛泽东在安徽省博物馆参观时留下的一句话,即"每个省都应该有这样的博物馆,让人民认识自己的历史和创造的力量是一件很要紧的事"。中国的文化应该了解、应该保护传承,但更需要发展,需要新的创造,这就是时代精神,艺术同样如此。

无论山多高,路多险,
陈家泠坚持与自然对话,体悟自然山水的神韵

求学时期陈家泠常说他的基础与中专上来的同学相差很多,但他唯一能选择的就是兢兢业业刻苦学习和加倍地努力。差距终于在勤奋中缩小,努力进取正是他学生时代的人生取向。他常说周昌谷老师给他艺术人生的发展烙下了一方深深的印记。老师讲:"世上有两种树,一种是杉树,一种是柏树。杉树长得很快便能成才,但质地很松。而柏树生长得很慢,几百年只能长一点点,但它的风姿身板却能傲立在高山之巅,你将来要做什么样的树啊?如果你要做柏树的话你就要耐得住寂寞啊。"至今他将此作为艺术人生的座右铭。千年古树的苍劲雄姿和一种旺盛向上的生命力,特别是古老的柏树他不知道画了多少,他非常希望举办一个画展,这个画展名字就叫"千年活一回"。

近年来,他还先后在中央美术学院、西安美术学院、清华大学艺术学院、北京大学艺术学院、中国美术学院、湖南岳麓书院、台湾师范学院、上海美术学院、东方大讲坛、上海理工学院、复旦传媒学院演讲。虽然他退休多年,但作为老师更广义的传道责任,就是他始终践行着时代教育的文化力量。

2017年,陈家泠在印度尼西亚写生

记得陈家泠与吴冠中的一场对话,主题是:笔墨当随时代,不是随便说说的。时至今日,陈家泠的"笔墨引领时代论"已经在他两次中国国家博物馆的大展后提到了又一个新的高度,而他人生真正的艺术追求和理想的最高境界是否能够实现"笔墨跨越时代"?日前,陈家泠玉佛寺佛教艺术馆的正式开馆,实现了他追求和跨越的第一个梦想,也许这正是他追求跨越的第一步。

"义无反顾,一路前行"是他的艺术人生的态度,更是他的一种不断创新的"艺术精神"。而"泠风格"是他在对潘天寿和陆俨少、林风眠和吴冠中几位前辈大师的艺术体悟中探索出来的一种陈氏图式。1984年,陈家泠以一幅《开放的荷花》轰

陈家泠在巴西伊瓜苏大瀑布写生

2017年，中国国家博物馆陈家泠艺术大展开幕式

2019年，上海玉佛寺陈家泠佛教艺术馆举行开馆仪式

动画坛，时值中国十年"文化大革命"结束不久和一个崭新时代的到来。1986年的《霞光》被美国学者科恩夫人所著《新中国绘画（1949–1986）》的学术专著选作封面，画册首页科恩夫人还书写道"为您杰出的艺术成就致以最热忱祝福"的极高评价。接下来他又创作了《清韵》和《不染》等以荷花为主题的系列画作，其中《不染》被第七届全国美展评为银奖。这些充满了中国诗情古意而又颇具东方诗韵的作品，内涵颇具，意蕴深藏，简约意赅，既拓展了新时期中国花鸟画的审美特色，又向世界传递了东方书画艺术的神韵文脉。从此他的"荷花三套车"开创了陈氏图式的新时代。

在拍摄《陈家泠》彩色宽荧幕纪录片以及十年间他为每一个大展的创作过程，经常会有一种对老师认识上的不断再刷新，以及由此萌发出更多新的人生感悟。作为师生50年，在他身上不时出现的新思想和新行为，表现在他不断迸发出来的创新的、大胆的、神奇的和一种不可思议的睿智言行和一种坚韧不拔的意志力量，我也由原先的相处记录型向系统课题研究型转变。时至今日，系统地解读陈家泠，毫无疑问数据会告诉我们一个十分有意义的、颇具当代性和极具历史价值的完整史料。在2012年7月份为拍摄《陈家泠》纪录片在西藏整整一个月的片段中，我们不难发现将近八十的陈家泠，无论从拉萨到一个个神湖、从林芝到扎达土林、从古格王朝到阿里无人区，还是从西夏巴马峰、冈仁波奇峰到珠穆朗玛峰脚下，我们每天用脚步不断丈量着上升的高度。在挑战生命极限的高原上，他把自然当作神，与高峰神湖进行对话，他不畏山高路远，缺氧了就吸上两口氧气，不管路途多么艰险遥远，摔倒了再爬起来，从日出到日落，他总是携带画本、画笔和相机一路写生一路拍照。而我尽可能集中地、完整地记录了他在这个时期的艺术行为和艺术探索过程中的每一个珍贵瞬间。由此形成的一套又一套完整的陈家泠艺术人生的美学形态，一个由无数张图片，无数部视频、无数段现场对话的录音组成的文化系例，既是当今一本难得的教课书，也是一部精彩的纪录大片。这些纪录片用最写实的手段、最真切的记录，原汁原味地讲述了一个"陈家泠"之所以成功的路径，让这个文化效应变为一个持续教育的推力，为实现文化艺术新时代的到来贡献力量。

附录：

**一个人要学会感恩，因为时代给了您一个千载难逢的机会，上帝给了您一个健康的身体，因此要珍惜机遇，潜心而为。**

我做了两件十分有意义的事情，虽然用去了几十年，但我觉得有价值。

第一件是用 30 多年的时间拍摄了全世界约 800 位国家元首、政府首脑和第一夫人，见证了中国改革发展的重大历史进程。我有幸能感受这个发展的时代，特别是亲见世界各国元首和政府首脑这个特殊群体，建立了一套属于自己的"元首文化"系列。

第二件就是用了十多年时间，以海量图片零距离地记录了我老师义无反顾的创新精神和艺术人生。以无数原始的视频、音频，真实的、全方位全高清数字化的系统记录，回放他那创作的过程和写生的一幕幕，再现陈家泠老师那殉道般的精神和对艺术的执着追求。我们有责任向世界和未来讲述一个真真切切的"陈家泠故事"。

有位哲人这样说道："世界上有一本最大的读本叫《中国》，它有 14 亿页，我们每个人是其中的一页。如果页页精彩，中国就精彩了。"无疑陈家泠先生是其中极精彩的一页，他这一页不仅是写给今天的，也是写给明天的，不仅是写给中国的，也是写给世界的。

许根顺<br>
2019 年新春

陈家泠与许根顺在贵州

陈家泠与许根顺在西藏

陈家泠在西藏马攸木拉山口（许根顺摄）

# 第二章 艺术教育

# 海上雅集
## ——中国画坛名家系列讲座（一）

时间：2011年12月22日
主讲人：陈家泠教授
地点：上海大学美术学院418室

韩　峰：

我介绍一下陈老师，每个人可能对陈老师了解不一样，那我简单说一下。我进学校1980年陈老师是我的老师，已经30多年了。我画中国画也是陈老师教我画的，当初美术学校是不分国画和油画的，我们一开始就画，到后来陈老师说让我画国画，所以我就慢慢画国画。如果不是陈老师这一句话，我今天可能就不坐在这里了，我现在非常感谢陈老师这么一句话。我的发展和取得的丁点成绩都和陈老师有很大的关系，以前一直没有机会谢陈老师，今天开场白的时候借这个机会谢谢陈老师。

陈老师在社会上的影响涉及全国乃至中国之外的地方，很多人称陈老师为大师，我们还是亲切一点叫陈老师比较好。

这个讲座请了几位称得上大师的艺术家，大师叫得太多，我们就不这样称呼。为什么我们要请这几位老师讲课？我想他们都是对中国近代美术史有贡献的艺术家，而不仅仅是一个好的画家。前段时间请来方增先老师，是因为他是对中国人物画有巨大贡献的老师，那么陈老师无疑对中国画的发展起到了推动作用，所以我想请陈老师给我们讲课。而且我已经很久没有这样坐下来听他讲课了，等一会儿陈老师讲完，当中休息的时候我可以稍微透露一些陈老师以前上课对我们特别严格的事情。

下面我们用热烈的掌声欢迎陈老师为我们作讲座。

陈家泠：

今天很高兴到学校讲课，我2002年退休到现在差不多10年了，10年后重回课堂讲课也蛮有意思的。跟同学讲课到底讲什么呢？因为大家都是学生，要讲的东西很多，我想还是讲技法方面、基础方面，可能对你们比较有用。如果要讲学识或者其他的东西，好也蛮好，听听也好，但是现在还用不到，可能以后用得到。因为这一次我到黄山拍纪录片，也有四位同学来参加活动，我就发现了一个很大的问题，同学对基础课的认识跟训练可能还没有到位，我觉得今天我就要讲这个东西。

我拿了这个箱子（陈老师展示一个大旅行箱），同学们能不能猜猜这里面是什么东西？老师最好的方法就是画给你们看，这比对你讲一千遍都重要。韩峰老师也没看过，你们比韩峰老师更幸福！这是我的基本功，我所有画的源泉就在这里，这一部分就是我的速写。你们要多画速写，因为这一次我到黄山去，有的是研究生，有的是大四本科生，但是我看，速写的技巧松散，已经到大四了，已经到研究生了，速

2011年，陈家泠在上海大学做讲座，汤宝玲负责放映陈家泠的写生作品（上、中、下）

画速写不是一天两天能锻炼出来的,要做到三点——眼到、心到、手到。首先你眼睛看,看了之后你要动脑筋怎么画,然后手到,你要给它画出来。为什么要画速写呢?速写就是你认识生活的一个过程,就是对生活赋予感情,你对它有感情,它才有回报,如果你对它视而不见,它也不给你回报

与著名画家孟光(左一)和陆俨少(右二)在桂林写生作画(陆亨提供)

2011年,陈家泠在安徽九华山写生

写水平怎么可以不上去呢?也许现在条件好了,我们可以拍照,但是你要知道,照相机对画画来讲没用的,你的速写能力不上去,只会用照相机,最后就变成了摄影家。每个人都有自己的理想,每个人都要为自己的理想而奋斗。这个理想是空的,要把理想变为现实,所以今天把我主要的速写给你们看就是为了说明这个问题。我每出去一次就要画速写,同学们也知道的,我主要是拍纪录片但是也画速写,后来我马上到景德镇去画了好多缸。

这张速写是1982年在张家界画的,那时候我们学校还在天津路,那边是有正规上课的,韩峰老师那个时候已经来了,正好是梅林和赵益夫这个班。这个班是一个很有才气的班,包括刚刚前两天看到的陈冲的哥哥陈川也是我的学生,梅林和赵益夫都画得很好,有很多学生都在国外。

你要知道上海的同学都是怕苦怕累的,到张家界画速写,他们想家了,有些可能是画油画的,看看这个山很难画都想要回来了。我就讲,我这本速写不画光不回家。谁跟我?其中有一个同学跟着我,这个同学叫王明华,他自始至终跟着我。我所有的速写都是这样,到一个地方去,一本速写不画光不回家。画一本速写就是一本画册,而且要求自己每一张画都要画好,你不能画差,有一张差的就不是一本画册,所以对自己要求就是这样,一本速写就是一本画册。

接下来是1978年左右的漓江,所以在70年代,我跟同学们一起出去,画了很多速写,我在山上也跟四位同学讲了:"我跟你们讲的这个东西,二十年可以用,现在你们都二十几岁,估计能用到四十几岁。"同样的,画速写不是一天两天能锻炼出来的,要做到三点——眼到、心到、手到。首先你眼睛看,看了之后你要动脑筋怎么画,然后手到,你要给它画出来。为什么要画速写呢?速写就是你认识生活的一个过程,就是对生活赋予感情,你对它有感情,它才有回报,如果你对它视而不见,它也不给你回报。所以画画本身就是一个建立感情的过程,我们画画的人都讲:画家是一个疯子、狂人!他为了这个东西要画好,像疯子一样去追求,看到这样东西好,就发狂地要去画,他需要有这种精神状态才能画好!

这一张是到桂林去画的,当时一些老师一起去的,其中就有凌启宁老师。画面上面的一些点点怎么出来的?我在画画的时候,刚下毛毛雨,这样就有一些点点出来了,正好是毛毛雨搞出来的。凌启宁老师有一个回忆录,包括我在很多回忆录当中也讲,有一次她还在睡觉,我就说:"快起来画画呀!"她说:"今天在下雨你怎么画画?"我说:"今天下雨才难得!"硬把她拖出来,她画了一张觉得太好了,这是她的一张杰作,这幅杰作大家之后都很喜欢。如果不是我敲门叫她去画,她这张杰作怎么出来呢?所以画画需要激情,没有这个激情你就画不好。我在浙江美院的

时候，李振坚老师就讲速写很重要，他也讲了三个过程，第一要"熟"——熟能生巧，巧则变，变则画。熟，你就要大量地画，大量地画，手就熟了。因为我们画画本来就是技巧性的，我们不是评论家，搞评论你要文字。我们不是摄影家，我们将来要做画家。画家就是手艺，要看你手上的功夫。第一步就是手要画得好，要对事物有敏感性，所以第一步就要熟。画熟了之后，就会产生技法了，就像我刚讲的，你对它好了，它就给你回报了。

你们别看这些山川，山川是很有灵气的，别人到黄山去看不到什么，我一到黄山去，云就散去了，山峰就出来了。我每次到黄山去，老天都赋予我很好的天气，所以黄山总对我很好。我相信黄山有灵气，我一到它就有好的风景给我看。你们现在还不能讲艺术家，艺术家对你们来说还是一个目标，或者一个梦想。我们可以这么说，先是艺术工作者，首先要工作，画要画得好，第二步才能是画家，第三步你可能争取成为大师、巨匠，这个相对来说比较少了。但是你第一步要做到。第一步就是基础要打好，所以千里之行始于"手"下，你要画得好必定要多画。

2012年，陈家泠在桂林写生，漓江山水

再加上中国画需要概括能力，需要线条。一方面在画，一方面也在动脑筋处理。我这些画你们不要以为是我回来之后再涂的颜色，我都是当场画好的。我对自己也没有一个明确目标，比如我将来一定要怎么样。我没有要变成大师的想法，我只是对绘画很感兴趣，我对绘画可以废寝忘食。比方说桂林山水有好多崇山峻岭，我早上就带个藤篮，把水壶、颜色、钢笔等都带上去，钢笔画好就填颜色，早上大饼油条吃完画好回来，回来差不多下午一两点，在画的时候完全忘记了时间。我的速写是很仔细的，当然也是处理过的，我需要的画上去，我不需要的就省掉。因为现实当中不可能很多都是完美的，要靠你组织，所以我在画速写的时候全神贯注，废寝忘食，这样才能有一本本的速写画出来。由于我速写画得比较多，所以之后搞创作相对来说就方便。

2011年，山西恒山写生

接下来一本，同学们看到我画的大批都是山水，人物相对比较少一点。因为到后来画人物条件没有像画山水那么方便，所以我以后山水画得比较多了，但是我在上课的时候，我都是教人物的，山水是我的业余。作为一个画家，没有人物、花鸟、山水之分，我们应该打通，这一点我现在讲讲，你们还没有到这个程度，你们知道一下就可以了。对你们来说很关键的就是踏踏实实做基本功。我的速写本有很多，每次出去就是一本，平常是小本随便画。小本也有很多，我们跟练武术一样的，要拳不离手，还要锻炼，在画速写当中不单是认识自然，认识风土人情，同时还要锻炼自己的意志。比如这个里面有一本速写描写婺江的，那是20世纪70年代的时候，学校还没有正规招学生，还是工农兵学员。有一个很好的画家叫仇德树，当时也是

上海黄浦区香粉街上的龙泉园路（上海美专旧址）

1970年期间，上海美校在天津路，当年陈家泠的办公室就在这条小路上，即龙泉园路的弄堂（图为《陈家泠》纪录片的部分场景）

学生。我们到江边画速写，尤其5、6月份时，风景很美，但是有蚊子，很小的跟芝麻一样，黑的，它专门咬人，而且专门要咬年纪轻的、皮肤白的。这个故事我在拍纪录片的时候跟同学也说，你皮肤白蚊子就要咬你，画速写画一遍要挠三下痒，等你画好，腿像赤豆粽子一样。但是仇德树画得很多，他现在就成为一名艺术家，画得很好。所以绘画必定要通过速写练自己的手，练自己的心，练自己的感情，练观察自然时敏锐的洞察力和组织能力。

这种思想我也受到陆俨少先生的影响。我到上海来的时候，每天到他家里看他，我佩服得不得了，他随便拿起笔都是一张好画。在学校里念书时，我记得那时学的是人物课，我佩服陆先生，趁他休息的时候就问陆老师：我们虽然画人物，但是搞创作的时候还要画石头、树，只画一个人不行的，要画背景的，你画给我们看看。他就拿笔画松树和云给我看，我羡慕得不得了，我认为这个才是艺术。艺术是什么？艺术就是好玩，就是随便弄弄就是好作品，这才是艺术！你要弄得很僵化，弄得很苦恼，这就不是艺术了。艺术就是好玩，你好玩弄出来的东西，人家也觉得好玩；如果你很紧张弄出来的东西人家也紧张。艺术品本来就是要很轻松愉快。

当时他的这幅画给我很大的启发，因为我到学校里念书的时候，我上面有好多高班的同学，像刘文西，我进去的时候他刚刚毕业，姚宇庆等等，都画得好得不得了。我们当时5年制，现在你们4年制。虽然你们现在4年制，但那个时候我们没有研究生，如果再读研究生是3年，4年加3年就7年，我们只有5年，我们比你们研究生少读2年。你们看起来是少，但是你们实际上加起来有7年。我们毕业的时候5年级，就不画画了，要到外面生活了。刘文西就要跑陕北，因为他喜欢那里的风土人情，回来之后搞创作，木炭稿打了4个月，正稿用毛笔画了1个月。有的地方搞得不好把宣纸剪掉再搞。潘院长就讲了，你们现在要训练毛笔。我当时不理解，但是现在觉得这个对我太重要了。现在我看有些国画家画出来的人物线条不是笔墨线条而是木炭条线条，这个是我碰到陆俨少之后得到的一个非常重要的启发，就是我们要练线条，我们不要去练木炭条，而要练书法，这个才是中国传统绘画，我们速写就是为这个做准备，这一点给我印象很深。

陆老师画画很自由。我有一次发现了陆老师的秘密，就好像今天发现我的秘密一样，我现在把秘密给你们看，韩峰老师都没有这个机会。我到新疆去的时候也画速写的，但是不在这里面，就说明我还有。后来陆老师抽屉里有一本速写，但没有我这么大的速写，里面画得精细得不得了，但是他没有我这样有颜色，他注箭头，这个是花青，这个是赭石，这个是黄色，这个是绿色，记录这个色彩，我恍然大悟，为什么陆老师画画这么自由，原来他功课做得很扎实，他都要速写，都记在心中，

陈家泠与陆俨少、陆亨等
一起在山顶合影（陆亨提供）

陆俨少

2010—2011年，陈家泠在黄山写生

2010—2011年，陈家泠在黄山写生

2011年，陈家泠在安徽九华山写生

他画的时候随便弄弄就记住了。这给我很大的启发，这么多速写就是从陆老师那里学来的。我本来以为做大画家，随便画画就出来了。其实做大画家不是这么容易的，你要下很多功夫才能达到玩的境界。玩不是这么好玩的，像走钢丝的人一样，看起来很开心，走来走去的，但如果你没有基本功，马上就让你头破血流、命也没有。所以现在我把陆老师的经验传授给你们。

我看到陆老师的那本速写，我就想陆老师速写这么精细啊！我就是受到陆老师的教育所以给你们看。我还要感谢这个学校，为了给学校一个报答，今天给你们看，本来不可以给你们看，因为我看你们不用功，给你们看干什么？但是我要感谢这个学校给我创造了很好的条件。大家都知道，在20世纪70年代的时候，我们的教育秩序不正常，"文化大革命"刚刚结束，正因为有这样的空隙，我才能到陆老师这里看他怎么画，跟他学怎么用笔，晚上我就邀请同学过来画。我在学校里的时候，美丽的小姑娘不知道画了多少！有一个同学现在在美国，我上次到美国去，她邀请我到她家里，她嫁给了外国人住在纽约的郊区，我到她那里作客，那个外国人说，"我天天看到我美丽的妻子那张画。今天终于看到画画的画家了！"我给她画的东西，就挂在她的卧室。

我画了很多，就是这样把技术练起来的。我当时练的地方在天津路旁边的一个弄堂里，这个弄堂叫龙泉园，对面一个弄堂叫香粉弄，蛮有意思的。当时条件很差，把一个仓库的二楼给我们国画系做办公室。那个时候汪院长刚刚分到国画系来，我的工作室在国画系办公室旁边。我有一个习惯，中午一定要睡一觉，因为我是夜猫子，要9点以后眼睛发亮，画画开始有灵感。午睡的桌子上面有一叠宣纸，印象很深的，这一叠宣纸上面有一张纸，书写着"不许动"。就是说你们不要翻，翻了要乱的。所以今天给你们看的目的就是这个，你要想画得好就要一叠叠，你要想做摄影家，那你胶片也要一叠叠。所以数量是太重要了，数量里面出技术，数量里面出精品，数量里面水平提高！数量太重要了，要量变才能达到一个质变，我觉得我就是一个比较明显的例子。

后来我们这个学校又搬到凯旋路，在我印象当中，从上海美专到上海市美术学校，再到上大美院。一开始校址在政法学院，后来搬到漕溪路，后来又搬到天津路，然后凯旋路，最后到上大路，我已经退休了。所以在我记忆当中，我们这个学校是动荡的，教育秩序不像其他学校那么稳定，但是对我们艺术家来说是不是妨碍我们成长呢？不是。这完全要靠自己，任何东西都有两面性，那个时候我在龙泉园的时候，我随便讲一句话他们都记住了，就好比我现在随便讲讲，你们再过20年可能你们要拷贝说陈老师当时讲过什么，但是我已经忘记了。

1980年,陈家泠在上海美术学校(龙泉园校址)的人物写生

2010年,陈家泠在黄山飞来峰写生

2012年冬天,陈家泠在黄山始信峰

在龙泉园的时候,领导不来管你,很松散的。有的时候学校严有严的好处,松有松的好处,没有人管我们怎么办?我就跟凌启宁老师说:"你不要看人家不管你,人家不管你就是给你自由,给你空间,我认为这样的空间,这样的自由,让我们能成为大画家。"我认为是这样,任何事情条件好坏是次要的,自己努力是非常重要的,这个观点你们要记住。

刚刚讲的重复一下,第一需要有数量有厚度!第二要靠自己努力。我经常讲要自力更生!画画就是要自强不息,要自力更生,不是靠人家的。这个观点谁教我们的,是伟大的党教我们的,你们不是天天在唱《国际歌》吗?"从来没有什么救世主!"就是要靠自己,画画就是要多画。

尽管我们这个学校这么动荡,但是上海大学美术学院,它的前身美术学校,再前身上海美专,应该说有这么一个传统,大家都是很用功的。我一进学校的时候学生都很用功,晚上都灯火很亮,班主任要催他们回去睡觉,这其中包括陈逸飞,还有原来的院长邱瑞敏,他们都很用功。你想搞艺术怎么可以不用功?当然这个东西可能刚刚开始的时候是比较苦,但是这个苦是我们自己喜欢的东西,画画是我们喜欢的东西,苦也是乐。但你多画的时候感觉来了,技术提高了,就会变成你的动力了。如果同学们画来画去画不好,我想你就早点打申请报告退学算了,你画不好你还在学干什么?如果你画来画去画好了,就会越来越开心,因为成果来了,我就是这个体会。越多画就越好,一好你感觉就出来了,兴趣就来了,就会废寝忘食了。所以你多画就会好,不画不可能好。

我们上海大学美术学院生命力很强的,我也很高兴今天有这么好的地方,过去我们住在大王庙,在凯旋路那个时候我们每个人工作室很小。但是对于一个搞美术的人,不管你条件是差或是好,实际上都一样的。条件好我们要争取把这个作品搞得更好,条件差根本无所谓,照样可以画得好。我想有好多话讲讲也是多余的,实实在在今天最大的刺激就是这个厚度,你们看了之后自己知道了。结束!

韩　峰:

陈老师这样说,我想起很多事情。我在美校时读了三年,后来第三年的时候学校变成上大美院。当初美校毕业不可以直接进美院,必须出去工作两年才可以考进来。我就毕业以后工作两年再考回来,变成国画系第一届学生,也就是美校的最后一届,上大美院第一届学生。

陈老师跟我们说的最多的还是用功!用功!当初因为条件很差,很小的教室,招生也是人很少,全上海只招8个画画学生,设计系当初是15个人。这8个人里面,我们上课是油画跟国画不分的,有国画课和油画课。所谓分就是指你自己的业余时间都放在哪里。有一次上课陈老师对我说："你就画国画。"我就变成8个人里面唯一从事中国画工作的学生。比如说有一次写生课，是陈老师教我们的人物课，人物课学生模特衣服穿得比较少比较冷，我们当初没有空调，就烧火炉。因为从烧起来到热需要时间，我们班烧火炉水平最高的是王建国，他现在是雕塑系主任，总是他来烧炉子。我们进来炉子要烧热，模特儿动作放好。因为8点钟到教室，我们一边烧炉子一边聊聊天，到9点钟左右房间热可以画画，陈老师就不高兴了。因为当初上课是半天的，一到星期六半天，下午不上课的，他说："9点钟画画，11点半吃饭，11点钟你们就准备吃饭了，你们画什么画？"第二天他说："7点半之前上课，最好7点来烧炉子写毛笔字。我6点半会到，你们7点到。练字练到8点钟，8点钟房间热了，练字手也活了，你们这个时候再画写生才有效果！"从此以后陈老师上课就是7点，8点上课变7点，确实效果不一样。陈老师当时说我们很懒惰，跟陈老师比，我们的这个懒惰确实非常明显。现在看到我们学生，我觉得你们比我更懒惰，越来越懒惰。当初他举了一个例子——你们怎么样改变这个懒惰？以前家里条件都很差，没有洗澡间，都是公共浴室大澡堂，澡堂的水是很烫的，脚放进去的时候会觉得很烫。他说你们不用功，就像进这个池子一样觉得很烫，但是你洗一段时间会觉得温度正好。你们现在用功觉得很不习惯，但是你用功一段时间以后，慢慢就会觉得舒服了，不会觉得用功有多么不能克服。陈老师当初教我们用功是很重要的。他从来不考勤，他6点半到了，你敢8点到吗？现在学生8点到了在吃饭，8点半可能还在吃。当时我们师道尊严还是有的，老师早到我们也要到。

还有教解剖的朱老师和另外一位他的老师，我们第一次上课是8点，我们提前10—15分钟到，一位老先生和中年老师在门口站着，搞得我们很不好意思，我们之后就7点半到。这种意识、这种感觉，现在同学都没有，老师门口一站，照样拿着东西吃，你站着你就站着，我照样吃我的、玩我的。还有，老师在给你示范的时候，玩手机的照样玩手机，照样给别人发短消息，这个确实是很可怕的。刚才陈老师讲的其实是根本，你不努力，不画画是不行的。

你们脑子里可能很努力，但是不动手，研究生开学到现在没有几张画，陈老师却是一叠。陈老师当时写生，我至今记忆犹新，他带过我们几次写生，画得最多的还是他，我们算是卖力，跟他不能比的。有一次雁荡山写生，整个美术学院历史上，没有陈老师这样带写生的老师，到现在为止也没有，我们没有这个勇气带学生这样写生，没有陈老师这样带法。去雁荡山一个风景区，你能参观的一些寺庙、风景围绕着这个山群周围，开车、走路都在周围。有一次早晨他带我们去了一个小的寺庙，然后看了那个地图，地图当中有一座野山，他说我们就从对面上野山，上去然后再

2012年，陈家泠在上海大学美术学院"上海雅集"名家系列讲座上作演讲

2012年，上海大学美术学院老师同学们认真听陈家泠的主题演讲

2012年，上海大学美术学院老师同学们认真听陈家泠的主题演讲

2011年，陈家泠在浙江天台山拍摄素材

从地图那边下来。他说这样上我们就上了，8位同学还有1位老师，就这样上去了。

我们现在出去总归跟老师说好安全第一，出了事赔不起，野山你怎么敢进？他敢进我们就跟他一起进，这是我唯一进野山的经历，之后他不带我也不敢进，我也不敢带学生进去。当时我说没有路的，他说山总归有路，总归能走的，然后就跟着他慢慢走，天很晚感觉下不来了有些女同学哭了，碰到岔路的时候到底走哪一条，那么大家集体表决走一条路，走得通就走，走不通就拉倒，有同学哭的时候陈老师就笑笑。一辈子最有意思的就是那天，以后再也不可能这样爬山，一路爬到顶上画，我们看他画。

那天爬到雁荡山第二高峰，我也不知道他怎么研究出来这是第二高峰，到天黑才看到下山的路，远远看去星星点点的，夜路爬下去。下去了大家很愉快，然后他说明天还要爬，说昨天去的是第二高峰，我还要上第一高峰。我们都不行了，说算了，只有一个同学跟他去的。第二天他们很早出发上第一高峰，5点多就回来了，可能是路熟了。这种勇气和用功我们没得比，真的没得比！所以艺术成就跟这种勇气和用功程度都有关系，陈老师今天讲的这个太重要了。当初我们在学校里画画的时候也是，给他看画，最后他看老半天，搞得我们很紧张，最后什么都不说，只说"多画"，永远是这样两个字，但是很管用。我之后也算是卖力的，我晚上不画画，画工笔晚上眼睛不好，早晨一大早从家里赶到工作室画到天黑，天天就是这样。工笔画得很慢，但是时间一长还是有积累的。看看同学你们一天画多少，每天算算时间，你一天有多少时间在画画，上课之外，你自己要求自己画多长时间的画，而不是说你画几张画，你就坐在那儿画，画完了再说。先把时间保证下来，这个太重要了。

还有关于陈老师的一段事情。我学陈老师的画可能他也不知道，写生的时候他画速写我看过他画，画得很精彩。平时他画我们也不好意思看他画，但是有一段时间，他最早个人风格刚出来的时候，偶尔到他家，他会把一叠作品翻给我们一张张看，我们看了就很感动。但是这种机会比较少，也不太好意思经常打扰。当初有一个好处，陈老师画室边上有裱画的工作室，我们上课常常去裱画间，跟裱画老师比较好。陈老师常常画一批，整个裱画间铺天盖地都是他的画。我跟裱画的师傅说，只要陈老师来裱画你就通知我。他每一张画我都是草图勾下来的，当初为什么一张张勾他的草图呢？因为毕业以后我常常很困惑，怎么样去画？我有一次去找他，我说我画不出来东西，不知道画什么好，他告诉我画要不断弄才出来。然后看看别人怎么样找到个人的主题、个人的东西，不断地去琢磨。当初陈老师个人风格刚出来，对我冲击是很大的，我又觉得很多传统的东西就是你要出来，你要变化，但你要找自己的东西确实很难，我觉得他找到了一个让我很羡慕的。一个艺术家要找到一种语言，

2011年，陈家泠在南岳衡山写生

2011年，陈家泠在南岳衡山写生

2011年，陈家泠在上海美术学院做演讲

2011年，陈家泠在山西五台山写生

2012年，陈家泠在浙江舟山海边写生

2011年，陈家泠在泰山写生

找得好真的让人很羡慕。后来我说你这个语言找得太好了,他就说每个人命不一样,就像挖矿,有些人挖到了煤矿,有些人什么都没有挖到,他说自己是挖到金矿,这个挖是每个人长期的经验积累的过程。

  我为什么去裱画间把陈老师每一张画勾勒出来?因为当初没有数码相机,相机也比较贵,也不会弄这个东西,所以我是草图勾下来的。我琢磨他又是一个新面貌新风格,但是里面所隐藏的架构全是中国画。他的突变是从花鸟开始的,画人物是给我们上课。他的创作起头是山水,后来突破是花鸟,然后再扩展到所有领域的突破。我感觉花鸟一开始的突破,在画面效果上是全新的,这种画面的结构很传统,但很传统的结构里面又不是纯粹模仿传统的结构,而是把传统结构消化掉以后,重新架构自己的方式。前一段时间,我跟朋友也在聊,他们说吴冠中画价卖得很高,他们说吴冠中好在哪里,自然就跟陈家泠老师进行比较,我说吴冠中的成功在于他个人风格跟个人语言很明确,一个大艺术家个人思想跟个人语言是极为重要的。但跟陈老师相比,我觉得吴冠中用的是西方的画面构成,是把西方的画面语言节奏用在宣纸上,而陈老师完全不同,根子里面根本的架构和思想方式完全是中国当代的东西。我觉得吴冠中还是从西方到西方,是跟中国没有什么关系的中国画,只是用了中国画的材料,表达他个人的语言。我更钦佩的是陈老师这个语言里面有中国本身的很深很深的东西。我们现在国画系、油画系的同学,你们第一是要用功,未来的方向、材料其实都不重要,最终艺术家都可以是跨界的。总体上画种之间或者门类之间越来越相互影响跟渗透,最终的目标大家是一致的。怎么样往一个艺术家的方向去做,你的梦想在哪里,你文化的东西在哪里,我想这个最后是相通的,只是看上去入手不一样。像油画系学油画,国画系学国画,其实它只是入门的途径,最后还是完全相通的。现在出去看画,不会说你是画油画或者画国画的。画有高低区分,当初我就是把陈老师的小草图用在我第一批个人创作工笔画里面,借用了很多陈老师的结构。我现在说一些故事,比如美校毕业以后有两年时间工作,我运气也比较好分到财大,当初还不叫财大,叫上海财经学院,一个大家没有听过的学校。正好听到大家说,财经学院要一个人,你去吗?我说去的。我正好到宣传部,宣传部领导特别好,觉得我是画画的,让我大量的时间可以画画。他们给了我很小的广播室,中午跟下午有学生来广播,广播之前这个房间我来用,大概四五个平方,有一张桌子。我一上班8点写字,写到吃中饭,中饭以后画陆俨少的山水,一叠宣纸叠好画到下班,回去再画画。上班上午是写字,下午山水临摹,临摹好一叠,陈老师帮我改,我以前在学校上课请他教人物,两年一直画陆俨少的山水,陈老师变成我私人老师了。到后来大学毕业的创作,有点不太敢画写意了,因为我对陆俨少的落笔太迷恋了,一

《悠然》（一、二、三、四）
宣纸 中国画
55cm×55cm×4
2007年

《花鸟册页》（一）
宣纸 中国画
50cm×50cm
2004年

《花鸟册页》（二）
宣纸 中国画
50cm×50cm
2004年

落笔我觉得这个才好看，如果不这样落笔我就觉得不好看。这样一来搞得我反而不能创作了，一创作这个腔调就很像。后来我就试试用工笔画来弄，工笔画创作框架就来自陈老师。我去研究他那个框架，他这个构图怎么弄的。原来中国画不是四面进来的，我就琢磨他的穿插和安排，一张纸上如果能够安排好很难，我觉得陈老师安排得太好。一张纸一根线上去，边上两边对称的，两瓣叶子当中一根线，边上一根小草三根线，把一个画面安排得很好，我觉得他安排画面的能力太厉害了。裱画间一有陈老师的画就通知我，我就琢磨。那个时候画册也少，陈老师当初画册也出得很少，这个画也刚刚出来。我就是利用裱画间去学，因为不可能陈老师画好一张画就去学，太打扰了，我就是用这种偷学的方式学习的。

今天陈老师讲的，是我们平时最为担心的——不只是国画系不用功，你看走廊、教室里没有多少人画画，下课以后都是空空荡荡的，感觉这个气氛少。因为现在我们看展览，一般的展览也不看，看的都是一些朋友的展览，那些朋友也就是当今在上海重要的一些艺术家。展览会里面我看不到我们的学生，这个也很危险，你想教室里没有你人，你就不在动手，重要的展览里看不到你的人头，那你没有在动脑子，没有在观察社会动向，那我就不知道你们在干嘛，所以希望你们以后多在教室里待待，有好的展览能看到你们的人头。前些年看展览的时候，看到有上师大两位优秀的老师带着他的学生。后来这几个学生常常在展览会出现，后来有个别老师去了复旦视觉，复旦视觉一帮学生在各大展览会出现，而我们美院的同学不知道哪里去了！我想根本在于两个方面，后一点对你们来说也是需要的，但是更重要的是前面的用功。

陈老师今天太厉害了，他其实明白今天应该来干什么，因为一个大师，一个大画家，可能会谈得比较虚，但是他一叠东西拿出来就讲好了，这个非常直观。

许根顺：

借这个机会跟同学讲几句，我是20世纪70年代初跟陈老师学画的，没有学好不务正业，走了10年歪门，但是学了陈老师的精神，摄影总算有一点成就。跟陈老师40年，我发现天才出于勤奋。不讲很多，陈老师大概花了4个月时间走了13座大山，平均每座山爬2次，那就是26次，还有3座山爬3次。今年4个月不到的时间就爬了近30次山。他非常执着，非常有灵气，他的气场来自于自然。我跟陈老师40年，不管在五台山还是天台山，不管在峨眉山、泰山或者是衡山，在赤日炎炎之下，他画画丝毫没有一点松懈，你看他75岁的人，我跟不上他，很惭愧，但是我找到了自己的突破口做了摄影，我想勤奋出天才，天才出于勤奋。

这次拍纪录片上大就有四个同学跟着，我也在其中。这几年陈老师每一个画展我都在其中，我人生的感悟也很多。现在我们条件非常好，我们同学条件也非常优越,但是任何社会发展都有两重性,好的条件是鞭策你们,推进你们前进的动力,艰苦的条件也是让你有进取心,非常重要的。今年花4个月时间,走了三山五岳四圣。陈老师3个月不到就把12幅大画(高2米、宽5米)画出来了。他观察山、写山、爬山,但对山的气场、山的灵感,对山的深厚文化内涵是怎么把握的,实际上他在今天的课堂上没有讲,今天他只是讲怎么画速写。总之同学们在学习当中还是要勤奋勤奋再勤奋,韩老师刚才也说了这点。把更多的时间奉献给我们手里的这支笔,因为我们选了这个专业,那你应该对得起它!

陈家泠:

我今天讲是有针对性的,今天讲的就是针对你们同学,其他有好多东西是理论性的。趁这个机会我再讲一点,怎么对待老师? 我认为在当前也是蛮重要的,我们要有一个好的风气,好的风气一个是实、一个是虚。我的思想来源于老庄哲学,就讲阴阳平衡,讲气,这是中国的哲学。对于这个问题以后我们可以讨论,这个比较理论性,因为我现在发现你们当务之急就是要多读书。我有一个体会告诉大家,虚实关系,画画艺术本身就是一个虚实关系,你掌握虚实关系,也就是说,力要分几种:

《花鸟册页》(三)
宣纸 中国画
50cm×50cm
2004 年

第一种实力。就是你画得非常好,手非常好,我们讲艺术不是讲举重,举重这个力跟我们画画的力两样,你要画得好就要有实力。

第二种虚力。我这里基本上都是实力,但是我的创作三山五岳四圣,有好多山好多云就是虚的,虚中见实就是虚力。画线条也是一样,线条你要有力量要实力,但是真正好的线条是虚力,你是不是练到虚境,这个虚太重要了。这个比较高层次了,现在要解决的速写是实的,但是你怎么处理就是虚的,中国画线条书法等等,还有虚力,不知道你们能不能体会到。我先讲了再说,这个以后要看东西才能知道什么是虚实。

第三种玄力、神力。神给你的力,这个就是更高的境界了。我们美学当中有一种是神来之笔,这个不是你画的,是神画的。什么叫天才? 是天给你的,不是你有的。那么还有一种力,这一种力我们以后再讨论。你们自己去思考。

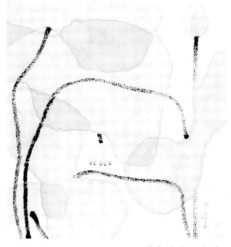

《花鸟册页》(四)
宣纸 中国画
60cm×60cm
2007 年

但是还有一点,就是怎么对待老师? 这里牵涉到老师的一个问题,老师说我是勤奋的,但是我的勤奋来源于我从小喜欢这个画。我中学里就喜欢画画,那时办墙报等等都是我,而且我是美术小组的组长。我那个时候签名,中学同学还记得,我现在签一个字"泠",那个时候我签名也很好玩的,"陈"变成加减乘除的"乘",就签"×+0"。还有一个同学叫"陆加零"就不稀奇了,"乘加零"很虚,"陆加零"很实。乘是什么东西,加也不知道,零也不知道,所以这个很有趣的。其实我是喜欢,但是我在绘画上才气不大,我进浙江美院的时候,是很侥幸进浙江美院的。我在初中

2011年，陈家泠在黄山写生

2010年，陈家泠在黄山写生

2010年，陈家泠在黄山写生

2010年，陈家泠在黄山

的时候，本来要进，当时家里很苦，想到附中念书，因为奖学金可以多一点，负担轻一点，但是考不进。我班里还有一个同学考进了，这个对我刺激很大，我自己认为我比他画得好，怎么他考进我考不进？

后来我念高中。小的时候我很皮的，到宝叔山上去抓鸟蛋，老鹰在我头上飞，西湖里游泳，打弹子等等。但是到高中我很用功了，就是得益于老师，语文老师说："陈家泠你不要灰心丧气，还有一个机会，美术学院都是先考，你考不进还可以考其他学校，所以你再努力还有机会。"画画老师赖老师说："你篮球不要打了。"我打篮球很花的，而且很想表现自己，抓了一个篮球不肯拍给人家，属于这种类型的。到高中我就比较努力了，毕业时篮球、所有功课都比较全面。所以我的最大特点就是全面发展，我现在的艺术道路也可以这么说，我要画人物就是人物，画花鸟就是花鸟，画山水就是山水，我要打通。

这个速写本已经透露给你们了，第二个透露是接下去我有一批人物要出来，这个别人还不知道呢。老师对我的鼓励教育，我到现在也不会忘记。大学我考进了，但那个进附中的同学上不去了，这个就是命运。人都是跟命运有关，这个怎么会是命运，我们以后再谈，命运论。

我考进了他考不进，他就分到农村里当文化干事了。浙江所有农村美术馆或者文化单位都有浙江美院的学生，所以浙江文化底蕴是很深的。到了大学为什么我这么用功啊？现在实际上大家都明确的，我不是画得非常好的，但是又想画好，我喜欢画画，那怎么办？人家附中上来的，我们普通中学出来。他们学了三年，怎么比得过他们？那就是用功。他们也用功的，他们跟我们同样用功的，这些都是天才，天才本身素质之一就是用功，凡是天才的都是用功的，不是天才也要用功，你不用功就赶不上。天才一画就好，兴趣来了，他就很用功。如果一个人画画不好，画画没有信心就不要画了。所以怎么比得过他们，怎么用功？他们用功之外我们再用功，用功加上用功，有的时候他们回去睡觉了，我们再加班加两个小时，时间比他们多一点。所以现在我跟你们讲，我为什么是夜猫子，善于开夜车，就是从那个时候开始养成的这个习惯。

我所有画差不多都是晚上画出来，人家不知道我怎么画出来的。所以很多人讲，陈家泠一天到晚玩，一天到晚跟人家打麻将怎么会画出来。我在上海搞展览的时候，是2007年，策展人就是肖小兰，我要开画展她很担心，一天到晚在玩怎么会拿得出来，她说弄得不好丢脸的。林明杰说你放心，到时候就出来了。他们很惊奇，这么多的画，我不可能变戏法一样出来，我要一笔笔画出来的。

所以我的玩是为了调节，调节我的生活，就好像你们坐在那里，给你坐两天好的，坐着是很舒服的，但是坐两天就不舒服了，睡是很舒服，但是给你睡两天你要生病了，所以这个是个调节，睡、坐、站、走都是一个节奏，你要掌握好这个节奏，节奏掌握好身体就健康了。

在学校里当然是很用功，我到毕业的时候为什么到上海来呢，就是我的全面。我各方面都很全面，上海美专要老师就推荐我来了，这也是个机会。那个时候是计划经济，不像现在，现在你们到哪里很自由的。本来这个位置是比我高一班的同学吴永良的，他是上海的，那个时候基本原则是你是上海人就分到上海，他比我画得好，上海美专要他但是上海不开放。1963年开放了就选中我到上海美专当老师。那个时候我们有四十几个同学分到上海，第二批又开放了，所以张桂铭等等都是第二批。第三批又不开放了，所以这个就是命运，这种命运以后有机会再给你们谈。

现在谈老师对我的作用，比方说院长，因为当时我们这个学校阵营很强大，院长潘天寿，国画系主任吴茀之，搞人物的周昌谷、方增先、李震坚等等。当时还有一个比较好的条件，我1958年进去1963年到上海，那个时候没有政治运动，就一门心思画画，所以在那个时候打好了基础，但是不能说我比他们画得好，应该说比较全面。画得最好的就是留在学校，杜英信，他比我画得好，但是我就比较全面，上海领导觉得我比较合适我就到上海了。

我在学校里老师给打基础，尤其是潘天寿院长。到现在为止我为什么还要记住他，他没有直接教我们，但是我看到过他几幅画，这个理念非常重要，我把这个理念再趁这个机会谈谈。

潘院长讲，一个民族如果没有自己的文化立足于世界就不是一个好的民族。这一点我记住了，我考国画系就是听了这一句话，我们是中国人，中国画是我们自己民族的绘画，随着国家的振兴，你必定要有自己的文化，油画毕竟是外来的，你画得再好你比得过人家吗？在当代中国，油画界画得最好的能跟外国比吗？在中国是很厉害，但到外国不是很厉害的。国画，外国画得再好，跟中国可以比吗？不可以比，只有中国画前途无量。现在慢慢有这种趋势了，我们国家经济、政治强大了，不是要发展文化，还原文化吗？国画是自己生的儿子，油画是领来的儿子。你想想一个是自己生的儿子，一个是领来的儿子，怎么可以自己生的儿子不搞好？自己的儿子搞不好人家不要批评你？你自己的儿子都教育不好，你有何脸面见人啊？我想到这一点，领导早就想到了。

我给你们信心，你们已经是研究生、大学生了，年龄也已经很大了，应该要想到这一点。所以要坚定不移，中华民族自己的文化肯定要大发展，不发展不对了，这就是潘天寿教育的结果。一个伟大的民族肯定有属于自己的伟大的文化，而且中国跟

2012年，陈家泠在纪录片拍摄中的空隙时间，抓紧写生

2011年，陈家泠在山西晋祠写生

陈家泠享受自然山水（陈家泠提供）

2011年，时年75岁的陈家泠在登安徽九华山

世界上其他地方所不同的是什么？古罗马、埃及等等，他们文化都断层，只有中华民族的文化没有断层，源远流长，再加上现在形势对我们这么有利，所以大家更加要努力。现在碰到大好机会。大好时间，你们真的要很努力才可以，不然将来就要后悔。

我不像政治家有一个伟大目标，我不过喜欢画画，有成绩了回过头来一看，原来我做的东西都对，这就是天命。再加上我自己的才气也不一定怎么好，后来碰到陆老师看到他的画，心情突然开朗，原来画画可以这样画，我就得到很大启发。实际上在浙江美院时打好了基础，在碰到陆老师之后，才让我艺术的能量启发出来，所以老师太重要了。实际上我们这个年代老师等于父母。中学、大学老师对我们教育，对我们成长帮助很大，我看现在老师也非常辛苦。我已经20年没有来上课了，这路太远了，我如果这么早来上课，到这里就精疲力尽了。每天这样来上课，路又堵又长，老师多么辛苦。所以我们要尊师重道，我认为这一点蛮重要，成长过程也是老师教育的结果。

我再说一个老师教育我的话，是我内心的信仰。在学校里的时候，周昌谷老师在一次散步的时候，他看看我对他还是蛮尊重的（我对老师都很尊重），我这个小孩还是蛮努力的，他就说了："陈家泠你去看有两种树，一种叫杉树，一种叫柏树，这种杉树长得很快，柏树几百年只长一点点，你要做哪一种树？你要做杉树马上可以成才，但是马上就消亡。你要做柏树成才慢，但是树的质地密，档次高，结实，你自己考虑。"我就突然感受到了，我不管顺利还是不顺利，这都是我的思想支柱。

你想做柏树这样的材料，你就要有忍耐力，你就要坚韧不拔，你就要不被一时的荣誉或者挫折左右，你慢慢就会成长。我速写里面你看到了吗？有没有杉树？没有的，几千年的古树就是柏树，我要给你们看几棵柏树。

嵩山的柏树几千年，只有柏树留下来了，其他树没有留下来。所以今天就是这样，你们想要做柏树就要不屈不挠好好努力，你要做杉树会很快成才的。你们自己考虑。谢谢！

韩　峰：

我刚才讲得太多了，夏阳老师给我们最后总结一下！

夏　阳：

总结不敢当，的确是我个人的一份敬意。我是1992年到上海大学美术学院，那个时候对陈老师的东西看得不多，各位同学真的非常有幸，我也非常有幸。韩峰老师请我来，我作为陈家泠老师的仰慕者，我看到陈老师压箱子的东西拿来以后，真的非常感动。我以前有几本速写本不好意思给大家看，今天看到陈老师的一部分东西，非常敬佩。我想对我以后的艺术发展也有一个新的启迪，陈老师这些对艺术

陈家泠学生时代（胡振郎提供）　　20世纪70年代，陈家泠在黄山（陈家泠提供）

2010年，陈家泠在黄山写生　　2013年，陈家泠在江西井冈山八角楼山坡上写生

的总结，包括对画论浅显的表述都是值得自己去思考去体会的。

韩峰老师把影像和文字都记下来了，这无论是对美术界国画界都是非常丰厚的财富。我想我会慢慢学习，不管读十遍还是五十遍我都会读下去，谢谢陈家泠老师的演讲！

韩　峰：

今天这个讲座有几个特别的，同学今天听得比较认真，这对我们学校同学来说蛮难得的，因为我们上海同学上课基本是上面讲下面也讲，基本上半途都要走掉的。今天大家没走，说明还是老师有魅力。另外从来没有一位老师在这种课堂上是站着讲的，陈老师70多岁，今年爬了那么多山，三山五岳四圣，不是在旁边风景区看看，都是爬到顶上去看，而且还要作画，前一段时间安徽博物馆展览就有他的个展。他站着给大家讲，我们也没有经历过这样讲课的，所以我想今天可能会对大家将来回想起来有作用，大家十分谢谢陈老师！谢谢！

2012年，陈家泠在上海美术学院做"上海雅集——中国画名家讲座"主讲

上海大学上海美术学院国画系供稿

# 海上雅集
## ——中国画坛名家系列讲座（二）

时间：2012年3月28日
地点：上海大学美术学院418室

各位同学大家好！记得在2011年岁末的时候，陈老师第一次来我们418会议室，给大家进行了一次非常震撼的讲座，讲座之后很多同学都反映说得到很多激励。所以今天我们迎来陈老师第二次讲座，相信会有更多精彩的内容，今天汪大伟院长也亲自来到现场，现在请汪院长讲几句话！

汪院长：

各位同学，今天我们非常高兴请到了陈老师，给大家做第二次演讲！陈老师是我们国画系的开创人之一，也是我们师长辈的老师。实际上我是在没看到陈老师之前先知道了他的名字。当时1978年，我在现在的中国美院上第一堂白描课，顾生岳拿示范画给我们看，是工笔白描，画绍兴柯桥的长卷。当时一直追问是谁的画，那时我才知道这幅画是陈家泠老师的留校作品，我们对他白描线功力的掌握和造型的精致都感叹不已。

陈家泠在美院举办第二次讲座

没想到1982年分配到上海，非常有幸和陈老师在一个办公室共事，我说你就是陈家泠啊！当时白描课的第一课就看到陈老师的白描，但我到上海后看到陈老师的画完全不是白描，完全画得不一样。当时我一直在纳闷，你当时的功底怎么没用，现在又探索出了全新泼墨的笔墨视觉效果来？陈老师每一次跟同学上课，我都有机会在边上听，经过一段时间对陈老师的了解发现，他一生的转变，他的追求，实际上都有他自己的人生哲理，有他对中国传统的理解。今天我们有幸能够把陈老师再次请来，再次聆听陈老师讲述其人生的奋斗历程以及他的艺术追求，包括他如何从传统中走向当代。可以说陈老师对传统的理解，包括他现在自身的艺术成就，正是我们改革开放之后整个时代的发展脉络，从他的追求、努力和成果上看到他的发展轨迹。

今天请陈老师把他的人生体验、艺术追求，包括他自己对于艺术的认识和探索，能够给我们同学亲自来讲一讲。对我们每个同学来讲，课堂里面学三年五载还不如听陈老师一两句话，这都是他的人生真谛和探索结晶，我在这儿代表全体师生对陈老师的到来，对他给我们做的讲座表示衷心地感谢！

上次陈老师拿来了两大箱速写，他对生活的热爱，以及对艺术追求的态度和精神打动了我们，今天我们更多地想听听陈老师的艺术实践过程和自己的体会，把他的经验传给我们。我们在座的诸位不光是学国画的，还有相关其他专业的同学和老师，希望今天陈老师的讲座能让大家在今后的学习生活中有所回味，并组织一些小型讨论消化一下。特别是在听过陈老师的讲座之后,对学院的教学有什么样新的想法,或者有什么新的建议,也给我们的系主任或者给我直接提出来,我们一定能够把我们美院的教学搞出我们自身的特色。身处上海这个改革开放的最前沿,信息最多的一个地方,坚守我们的传统,坚守我们民族的文化,需要在座诸位同学的共同努力,把这个事情做好以回报陈老师对我们的关怀和关心。

下面以热烈掌声请陈老师做精彩讲座!

陈家泠:

今天很高兴跟同学们讲课,上次这个箱子的打开,说明你们"看的课"已经结束了。其实已经够了,其他讲的都是虚的。为什么上次我要把速写拿过来?我觉得同学们对艺术这门东西的理解和认识很重要。因为我们画画,将来可能要有一个目标和理想,我们的目标和理想是什么?就是要做普通的美术工作者,再上去一点要做画家,再上去一点就要做大师,就是要向这个方面去努力。我想一个人的生命是很短暂的,但是肯定每个人都在想,人这一生当中必定要有一个追求。开始的时候可能是不自觉的,到最后可能是自觉的。我们希望自觉最好早一点来临,等到你自觉了,年纪很大了,那已经来不及了,所以老师的作用就是这个,他把自己的经验传授给年轻人,传授给后辈,让他提前自觉,我认为这个太重要了。

上次讲实的,现在讲虚的了。

前瞻性对于一个人来说太重要了。你是否取得成功,前瞻性起很大的作用。比如很多人做股票,看到人家在赚,上升一点你便去买,然后股票就跌了,因为这不是前瞻性。人生当中是不是成功就在于前瞻性的思维方式。这个前瞻性怎么来的呢?很大程度上需要前辈、父母、老师的指引,这个很重要。

首先我谈谈我的体会。大家为什么现在叫我来上课?退休的老师很多了,退休就叫你休息。既然休息还要叫我来劳动,这个不是不对了吗?一方面要叫你退休,一方面又重新叫你劳动,这不是太矛盾了吗?这就说明我还有值得大家用的地方,也许我现在的成就对你们很有用,也许我是你们的榜样,也许我就是你们奋斗的目标,也许就是你们心目当中的偶像(以后你们想像我这样)。但是有一个思路,齐白石讲过一句话"学我者生,似我者死",如果你模仿我形似肯定要死,因为你们不可能跟我一样,不可能重新走我这条道路,再有一个陈家泠出来,肯定要走另外一条路。"学我者生",学我的话肯定是学我的精神,我的成功也是学老师的精神。

我不像我的老师,我是浙江美院出来的,我的画风像潘天寿吗?不像。像周昌谷老师?不像。教我工笔的老师宋宗元、顾生岳,我都不像。我浙江美院出来,没有这块影子。我像陆俨少老师吗?不像。以前像,汪院长刚刚到上海来的时候,那

潘天寿诞辰120周年纪念大展在浙江美术馆举行

陈家泠在潘天寿画展中

个时候还在天津路,那时候的校址叫大王庙,汪院长刚刚分来的时候,看我的画有一半像,因为陆俨少老师是山水画家,我就用他山水画的线条画人物,这正是我的转型期,所以一半像老师。20世纪80年代初(汪院长来的时候是20世纪70年代中)又有转型,这个时候已经不太像老师了,画人物还有一半像老师,画花鸟画都不像了。从80年代初到现在,从开始成熟到现在有一点成果,差不多花了30年的时间。

除了靠老师来给我树立一个前瞻性跟技巧性外,还要加上自己的努力。前瞻性在什么地方?老师讲的东西太多了,我们只要抓住要点就可以了,这是一个学习方法。太多东西了,但是你只要记住两三句话就够了。那么潘天寿院长给我印象很深的两句话,其中一句话是:"一个民族如果没有自己的文化何以立足于世界之林?"这个就是一个前瞻性。我们那个时候进学校跟你们年龄差不多,我1958年进去,1963年毕业。这句话含义是什么?就是对中国画未来的认识,这就是个前瞻性。

当时有一片舆论,认为中国画不科学,没有西洋画科学。有明暗人家看得懂,而中国画是平面画,有装饰性的,甚至有的时候看不懂。实际上那个时候我进学校也是一样的,我也不大看得懂。几根线条,一片荷叶,太简单了。潘天寿画一粒石头就是一条线,你会感觉这个石头就是一条线很简单,我也会画。颜文樑的画画得太好了,尤其那张,猪肉用钩子钩起来,旁边有砧板,上面还有一把刀。就感觉这个画太好了,木头的质感,一把刀的质感,猪肉的质感,皮、精肉,包括肋条都很像。我对颜文樑的画崇拜得五体投地,对八大和陈老莲的画还是不大理解。但是我们既然进国画系,我们要听老师的话,那时候很听老师的话的,老师就是父母。

现在我发现有好多同学对老师不是很尊重(可能上大美院不是这样),老师有成就了,见面就说"老师你好你好",老师没有成就了,他背后就议论这个人画得不好。一样是他的老师,但是态度就不一样。如果按照这样的态度,我现在比过去有些老师画得好,那我就说:"某某老师你怎么画得这么不好?"比如有些父母以前也是画画的,你现在比父母好了,你就说:"你画得太差了,我现在画得比你好了。"可以这样吗?我们一定要对老师和前辈有感恩和崇敬的思想,这太重要了。如果学生有像我讲的那种思想,必须要回去反省,要重新端正态度。

再说潘天寿院长讲的这句话,意义是什么?就是前瞻性。因为在当时的情况之下,对国画不大重视的,但是潘院长讲出这个话,我现在越想越觉得他伟大,有前瞻性。"一个民族没有自己的文化,何以立足于世界之林。"现在我体会出来了,我们国家经济发展了,政治地位提高了。如果经济和政治地位还没有现在这么高,人家就看不起国画,觉得油画了不起。当人家看不起你,没有达到应有认识的情况下,他站出来谈这个画,他就是一个英雄。如果都是好的,再讲这个已经是没有前瞻性了。

陈家泠在潘天寿画展中

作为教育家,潘天寿先生是中国画和书法现代教育的奠基者,在西风东渐中力挽狂澜,以宏博的视野、坚定的毅力,建构起中国传统艺术在现代艺术教育体系中得以教习与传承的人文系统。

选自潘天寿画展

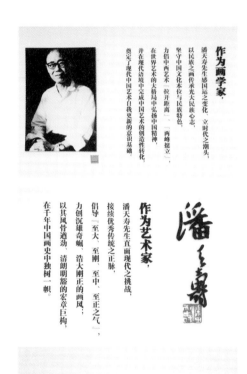

选自潘天寿画展

因为中国画是中国自己的文化，中国画是代表中国自己民族的一个艺术形式，自己的艺术不搞好，怎么立足于世界之林啊？

我经常举这样一个例子：油画是领来的儿子。我讲这个话不是排斥其他的艺术样式，因为我们需要多样性，要丰富性，尤其是现代社会，需要中西融合，我们需要吸收世界上任何有益于我们的文化。我们不是眼光短浅、思想保守，我们不是这样的民族，我们是开放的。像胡琴不是中国的，但是一旦开放，就变成中国的了。我们要把人家的东西变成我们自己的东西，这是我们所需要的。所以我反复讲这一点，要说明误区，我们思想一定要正确。

另外一点，对自己民族的文化一定要有充分的认识，要认识它的重要性，因为它是代表本民族的一个品牌。比方说我举一个例子，如果我们到国外去，跟世界交流或者送一个礼品，我们去送一张油画给他，他不是要笑了吗？他会想：油画是我们的，你送一张油画给我们，就说明你们没有自己的文化，没有自己的品牌。人家不是也笑你吗？所以立足于世界之林看问题，中国画太重要了，因为这个是中国的代表。油画是自己的儿子，但是这个儿子不是亲生的，是领来的，中国画是自己亲生的儿子。如果自己亲生的儿子教育不好，人家就要问了："你自己的儿子都教育不好，你还有何颜面来立足于世界之林啊？自己儿子都教育不好还要去教育别人吗？还要发扬光大吗？"

你们到法国去有这样的经历吗？我就有这个感觉。我到法国去，这个感觉太强烈了，如果你用美式的英文跟法国人问路，他用英文跟你讲"我不懂英文"，他很拽的。为什么？他们认为美国你虽然经济强大，但是没有文化，你看我法国，这么多美术馆、博物馆。我们到法国巴黎去干什么？就是去看他们的艺术，去看他们的博物馆，我太感动了。我上次到法国去了25天，其他地方没有去，就跑博物馆和美术馆，看了以后太激动了。法国人的这句话就说明，本民族的文化艺术太重要了，自己在自己的国家你感觉不到，但是一到国外去就感觉到了。一个民族的自豪感来源于自己的文化，来源于自己的艺术。所以潘天寿院长讲的这句话越来越显出他的威力，尤其是现在的前瞻性。我就学了老师的前瞻性，使我看问题相对来说稍微超前一点。

我举几个例子：我到国外去了之后有这个感觉，英文对我们太重要了。我们到国外去不懂英文，没有办法行动。我那个时候就号召学生一定要学英文，丁老师有体会，那个时候他们这个班级里面都是功课好，画得也很好。我叫他们家长来说："你们马上让孩子好好学英文。"因为我已经不行了，20世纪80年代初我也想学英文，但是后来我脑子不行了，我的丈母娘去世之后，有一个星期没去念忘记了，脑子不行没记住，只好算了，不学了。

我不学不要紧,但经验我是有的。我让陈亮、丁蓓莉把英文学好。丁蓓莉是好小孩,本来她基础也好,英文也好,再加上努力。还有几个学生他们也许听,也许没有听,我也不知道,我要看实际行动。我讲了这个话一两年之后,教育部马上来一个文件,说不是研究生毕业,不能当大学老师,好像我发出的命令一样,教育部听我的一样。丁蓓莉听我话,她英文好,考上了研究生。那个时候考研究生英文太重要了,研究生毕业后就可以做大学老师。还有一个同学英文不好,只能做中专老师,他本来也想做大学老师,我就对他说:"你想做大学老师也可以,把英文弄好,再去考研究生再来做大学老师。"到那个时候他可能后悔了,说:"早知道这样子,我就好好听陈老师的话了。"陈亮的英文就是我给他搞好的,我对他说:"你英文好可以直升大学部和直升研究生。"有人说,你爸爸是美术学院教授开后门的吧,照顾照顾就去做研究生。人家举报以后上面来调查,调查以后知道他英文蛮好的,没有问题。这就是前瞻性。老师对同学进行思想教育,就是前瞻性。

还有一个例子,一年之前,我说毛泽东使中国人民站起来,邓小平使中国人民富起来,这两个都是里程碑似的伟大人物,还有哪一个领导能够跳出他们的里程碑吗?没有。我说:"第三个里程碑要开始了,中国文化复兴就是里程碑的开始。"我说了没多久,中共中央发文件要实行文化大发展。有一个企业家对我很佩服:"怎么你说了没多久,中共中央都发文件了。"这就是前瞻性。

潘天寿当院长的时候,自觉与不自觉地使我坚定了学中国画的思想跟立场。首先小孩子是不大懂的,我们小的时候哪有这种自觉性?开始的时候肯定有一部分是惯续性,比如电脑里没有东西,你要输入程序进去,我们头脑里的东西都是老师慢慢输成的东西。潘天寿院长就是给我输入进去信息,到现在越来越能发挥作用,我今天跟你们讲的,尤其是国画系的,一定要坚定学国画的理想。搞雕塑与搞油画其实是平等的,但是平等当中肯定有不平等,不平等当中有平等,肯定是这样的观念。

第二点前瞻性就是要想学好国画一定要打好工笔的基础。我那时候也听老师的话,虽然也不知道工笔基础有什么用场,但是老师怎么说我就怎么去做,所以这个时候我就画工笔,我临摹了很多,我很努力的。

我印象比较深的就是陈老莲的蜘蛛网,把蜘蛛网的线条画出来,这个线条不但要细,而且要把那种质感画出来。蜘蛛网的质感是什么?很细、有黏性、有韧性,要把这个感觉画出来就有难度了。细是一个形式,但是有韧性、有黏性是质地,要把这个质地的感觉画出来就有难度了,在这个当中我花了很多精力。

汪院长讲了,他到学校里看到我的一张毕业创作,就是一个工笔画、一个长卷,当时学校里还留了我好几幅工笔画写生。我记得我画的一个农民拿了一把锄头,后

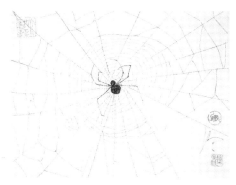

蜘蛛网的质感是什么?
很细、有黏性、有韧性,要把这个感觉画出来就有难度了。细是一个形式,但是有韧性、有黏性是质地,在这个当中我花了很多精力

2011年,陈家泠在泰山写生

陆俨少山水（选自陆俨少画册）

陆俨少山水（选自陆俨少画册）

陆俨少作品（选自陆俨少画册）

面披着蓑衣和斗笠。蓑衣很有形式感，要想把线条质感和形式感画出来就要把工笔画的基础学好，把毛笔的功力学到。我们那时候学五年，现在是四年制。

第二个老师是陆俨少老师，对我有什么前瞻性的影响？也是两点，我刚才讲的潘院长就是一虚一实，虚的就是对中国画的认识，实的就是工笔基础要打好。陆俨少老师也是两点，第一点就是我们学画要有殉道精神，要一心一意，要心无旁骛，要努力。因为你全心全意对待这个事情，它会对你有回报的，如果你全心全意对一个人好，他会对你有回报的，如果你对他三心二意，这个人会感觉到你对他假惺惺。你对他假惺惺，他也会对你假惺惺的。要有不怕牺牲的精神。我如果想做这件事情就要全心全意、不怕牺牲，这个精神一直都是贯穿的。比方说这一次画的三山五岳就是靠这个精神，有好些朋友对我画三山五岳还是抱怀疑态度，我有好几个朋友都讲：陈家泠的画都根据照片上面画的，他难道什么地方都去走过啊？年纪这么大跑得动啊？我们小青年都跑不动。但是事实上，我每座山都爬过了，而且爬到顶上，不是在下面看看。这需要有杜甫诗意里面的精神，"会当凌绝顶，一览众山小"，我也是这个观点。爬山一定要爬到顶，不爬到顶，好风景看不到，所以就需要有一往无前的精神，要有殉道的精神。

陆俨少先生给我的第二个很大的启发是在实的方面，就是解放了手，解放了笔，这一点对同学们来说是具有前瞻性的。可能你们现在先要记住潘天寿的讲话，工笔要打好底子。正因为我工笔的功底打得好，到了陆俨少这里有所提升，解放了笔，解放了手。这个是技巧性的，工笔画要画得粗细一样，所以这个手提起来很难，肯定要靠在画板上面画才能画，现在让我手提起来把线画得一模一样粗细我也不行，最好能有这个功夫。我现在已经没有功夫了，这个要童子功，我们那个时候也算童子功，但是练得还不够厉害。因为我的父母不是画家，不是从小练习的。这个有难度的。陈亮我也没教育好，他也没这个功夫。

由于工笔画手离不开桌子，自由度就缺少了，再画山水这个笔就自由了。而且工笔画用在笔尖上，山水画笔尖、笔肚、笔根都要用。因为工笔画方向就是中锋，山水画要偏锋、触锋、顿锋、四面出锋，八面玲珑，毛笔所有的部分都用上去了，所以很写意，表现力丰富。我从陆俨少那里学到了技巧，受到了很大的启发，所以这个手也解放了，可以拎起来，笔也解放了，四面很自由了，我的技巧得到了很大的提高。

20世纪70年代末的时候，上午凡是有空不上课，我都到陆俨少家里去看他画。那时候还没有结婚，都是住校的，每天晚上找一个同学过来当模特画画。现在好多同学都是画家，有的很有名的，他们都是我的学生。我有一次到美国纽约，一个同学的丈夫是设计师，他们住在郊区，后面都是松林，一栋别墅，条件可想而知非常好。

国外不像中国，中国住在城市里是有钱，国外是住在郊区才是有钱。这个女同学的父母跟我是朋友，女同学长得也很美，我差不多画了她三四张肖像。她在美国就把她这个肖像画挂在卧室里，她丈夫说天天看着她的肖像，今天终于看到画肖像的这个老师了。我20世纪80年代画了很多女同学，有好多挂在寝室里。我也给赵老师画了一张，那时候也是80年代，给她画还比较迟，我舍不得给她，后来她要去就算了，那个时候画了很多。

可想而知在那个时候，我是活学活用，白天看老师画，晚上去实践，其实也是很勤奋努力的。把山水画的线条写意多变地、灵动地弄到人物上去。80年代初我有一张肖像画叫《鲁迅先生肖像》，在华东六省一市展览会上影响很深，我就用这个线条画的，很简练。

陆老师给我两点，潘老师也是两点。我今天要抓住要点跟同学们讲，我讲来讲去很多，就是两点，一阴一阳一虚一实，一个理论一个实践。我们画画最重要的还是实践，我们又不是搞理论的，理论学很多，那就变成理论家了。有很多理论家讲得很好自己画不好，就说明画画是靠实践的，不是靠你嘴巴里讲出来的，也不是靠你文字写出来的，我们画画就是靠东西拿出来。所以同学们应该要抓住要点，对任何事物都要有前瞻性，同时需要掌握虚实的关系。这个虚实关系是一个哲学概念，是画论，你画得好就要掌握得好虚实，你掌握不好虚实就画不好。做人也是一样，要掌握好虚实。虚实掌握得好，你就有灵气，虚实掌握不好就没灵气。

那时候我每天早上到老师家里画画，我认为陆老师的学生有很多，可以说从陆老师画画的技巧来看，我还是得到了陆老师的真传。除了自己用功之外，还有一个最重要的原因就是在学校里打好了工笔的基础，如果没有工笔的基础，线条就体会不到这么深刻。因为陆老师的山水画最大的特点就是用长线条，你看陆老师的水、云装饰性很强，而且都是长线条，长线条就要靠工笔的基础。如果没有工笔基础，你就不能体悟得这么深。所以有好多陆老师学生，包括研究生等等，学不到陆老师的精彩部分，是因为他们工笔的基础没有打好。画画本来就是技巧性的，有好多东西只能意会不能言传，而且是随机应变凭感觉的，很即兴的。我再把这个过程讲一下，加强你们的理解。

第一点，我画这个速写充分利用笔墨。两个水缸没有什么墨色，还是很清爽，说明我所有的墨都画在纸上，没有浪费在水里。你们画画要注意，不要一边画一边洗。这支笔到纸上要充分把笔上的颜料、水墨都用上去，这个变化就出来了，这个就是技巧。我们老师也是这样，凡是画得好的，水缸都不脏的，这是老师传下来的。所以惜墨如金就是这个意思，很实际的。

2010年，陈家泠在黄山始信峰写生

2010年，陈家泠在黄山排云亭写生

此图当年陈家泠在人物写生时，给人物的辫子上加了个红色蝴蝶结，后来工宣队就批评他这是资产阶级情调

陈家泠在上海美校（天津路）龙泉园期间画的人物画

还有线条的变化。今天用了两支笔,其实最好用一支笔画,大的粗线条也是这支笔,细线条也是这支笔。粗笔可以画细线条,粗线条可以用细笔,这可以很丰富的,要发挥笔的最大特点。我刚才讲的都是理论,从陆老师这里怎么解放手,怎么解放笔,这个就是实际。解放笔就是所有的部分都用上去,随便弄效果就出来了,开叉也不要紧,开叉很丰富,浓淡都是一支笔,所以一支笔就可以有很丰富的表现力。浓中有淡,淡中有浓,枯中有湿,湿中有枯,这样画面里面就很丰富。感觉像吃红烧肉一样,红烧肉怎么样才好吃?油肉和精肉交叉在一起才好吃。这就是视觉的美餐,也可以说是一个视觉的享受,就像吃东西一样要很鲜,画画也要有很鲜的感觉。水墨加也要加得好,减也要减得好,一根线里面要很丰富。

一根线,干湿浓淡都在里面了,为什么一根线可以这么丰富?就是这一支笔解决的,简单里面不简单,复杂里面很平凡。里面很复杂地融合在一起,很复杂的里面又很简单,很简单的里面实际上却很复杂,这样的简单才有用。很复杂的里面实际上很简单,很爽快,不腻味,才能达到艺术的境界。所以什么叫鲜?就是这个意思,一根线也很鲜,很多东西也很鲜不腻。我今天画过了让你们有一个初步的感觉,希望你们努力,今天就到这里。

**王建国:**

我1977年就跟随陈老师学画,我的转折点也是陈老师给我的,所以说陈老师刚才讲的前瞻性等等这些东西,我非常有体会。也感谢国画系能够为学生、为学院、为国画系的发展着想,又把陈老师请来做这样一个高质量的讲座。

1977年到今天已经是三十几年了,今天讲座的时间非常有限,但今天是一个非常浓缩精彩的版本。陈老师应该是桃李满天下,有各个年龄层的学生,我也是其中之一。今天陈老师以他自己学习的体会来言传身教,我听了感觉意犹未尽。各人有各个角度的理解,这肯定不是这段时间里能够解释清楚的。

今天精彩在什么地方呢?除了讲到了精神、文化和技巧,还有一个更精彩的、实践的魅力展示。三十几年来,我基本上看不到这样一种展示,尤其像陈老师这个年龄,一支笔、一根线,能够留下这样一幅美丽的画。我在讲话的时候有自己的图像和想象,可能这个魅力和深度不一样,因为我现在有工作,在做雕塑,我感觉艺术是通的。老师对我们一辈子的影响甚于父母。我也是陈老师的粉丝,陈老师在西安、北京、广州、浙江办展览,我作为粉丝,只要有可能我会冲过去看,去充电。有好几次当天去当天回来,天还没亮就赶机场,展览一看完就飞回来。同时我也领略到,陈老师非常注重教学的内容,陈老师主要从事教学,对教学一直情有独钟。他在各个地方办展览,每次讲座、每次跟学生交流的话,都非常认真,而且非常有内容,这一点我非常佩服。

2012年,陈家泠现场为学生们做人物画写生示范

2010年,王建国在陈家泠报告会上发言

我也非常羡慕你们能够在这个环境里面有这样的机会，从事我们中国文化的传承专业学习。有这样强大的文化背景在支撑着我们，也希望你们不要辜负此重任，能够承上启下，从各个方面潜移默化地悟到、做到。

上次因为有其他事情没有赶过来，我非常遗憾。听说陈老师用一个拉杆箱拉了满满一箱的速写，我非常感动。过去三十几年了，我非常有体会。从实际操作来说，陈老师说的"熟能生巧，潜移默化"这八个字对我们影响非常大，我今天也非常激动，能有这样的机会，跟大家一起重新倾听陈老师讲课。

让我们全体学生用掌声感谢陈老师的精彩演讲！谢谢！

韩　峰：

陈老师讲得很充分，演示得很充分，我代表个人、代表国画系、代表同学，向陈老师表示感谢！

2012年，陈家泠在上海大学美术学院为学生做人物写生示范

上海大学上海美术学院国画系　供稿

# 教育琐谈

陈家泠

陈家泠1963年从浙江美院中国画系毕业后，一直在上海美术学校、上海大学美术学院任教，退休后经常回校给学生做讲座传授自己教学与创作的心得体会。以下是从陈家泠的部分讲座及回忆录中摘录的有关教师与教学的感想。

## （一）教师的重要性

现在开始我有名气了，中国画院的兼职画师、中国国家画院的研究员，但是我对这方面比较看淡。我正规的称号就是老师，其他头衔对我来说都无所谓，真正正确的是上海大学美术学院教授。为什么呢？他们给我发工资呢！其实我这是最正确的，其他都是可有可无的。别人说什么我不一定会完全听，因为我有自己的主张。后来当院长，我也不愿意，如果我当院长，我也有新思维，哪能去听上大的安排呢？我肯定有自己的思想的。现在要到大学里，怎么使教育更好呢？一个学校要搞好，最重要的是什么？最根本的是老师要好，我自己就有体会。我有幸碰到了陆俨少老师，从思想和技巧上得到了提高。他是道家思想，可以自己去种地，他搞艺术很有殉道者的精神。他的艺术思想影响了包括我在内的很多人，否则我在学校上一般的基础课都是差不多的，而且别的学校给我更好的条件，我为什么不留浙江美院呢？有两种信仰，一种是技巧性，一种是创造性。有的时候，太优越反而不好，例如中国国家画院就太优越了，没有创造性，觉得人家都不行。学校里也是这样，技巧上没有创造性是不行的。他到社会上，接触到社会生活，是要有进步性的，人要有进步性，才能有创造性。

你要通过信仰，通过提高，把这种骄傲变成自信，把骄傲变成努力，这就叫修养。中国人说，要有内涵，这从哪儿来呢？要靠老师。好老师真的非常重要。现在你们要做这个工作，就要发掘老师的作用，这才是应该要做的工作。在做这个工作的同时，增加自己的能力。现在条件好了，大家都可以接触社会，今天就有机会听我说。学生们就像美院自己的孩子，当孩子在思想上、技术上成熟的时候，学校就不要我了，对于学校来说是个重大的损失。但美院没有办法从体制上超越，这是一个社会现象。对于个人，是欢天喜地，对于社会是一个重大损失，这是一个课题。我年轻的时候就不成熟，我现在所有好的成就，都是退休以后出现的，你们说我变成了大师，也是六十岁以后。退休给了我时间、空间，爆发还要等到七十岁以后。另外，你们要尊重真才实学，虽然你们看起来是博士生，但是水平像高中生。我有一个体会，那次拍纪录片，我要带同学一起去，一个就是研究生，一个是大四，我跟他们讲课，

2011年，陈家泠在黄山写生

2017年，陈家泠在斯里兰卡写生大菩树

2017年，陈家泠在斯里兰卡的写生稿

2017年，陈家泠在斯里兰卡的写生稿

叫他们画，一画才发现，怎么研究生、大四的画得这么差？这基本功不行，速写就是基本功，他们看起来就是高中生的水平。

学校里我讲了两次讲座，很简单，我拿着皮箱，问他们，我这个箱子里面是什么？他们说，是书。确实是书，但是是什么书呢？他们不知道，箱子一打开，一箱子速写。怎么画得好？我给他们看这一箱子速写，跟他们说，我的课上完了。画画不用说，你先画一箱子速写，画得不好也会变好的，这就是我的教学方法，我想他们印象应该很深。

我一箱子速写到过什么地方？黄山、桂林等各种名山大川，都是古迹。所以，这就是我的教学，我的思想方法就是要多画。你们作为学生，肯定要多看书，多接触社会，我相信你们不是画家，就是搞理论的。搞理论肯定要多看书，多实践，实践思路重要得不得了。过去讲要三出，第一要出思想，第二要出成果，第三要出人才。好的大学肯定可以做到，好的大学也要有好的思想，要为之努力。习近平不是说了吗，第一要有道路，道路不正确，再努力都白费了，你们一定要找准目标。茫茫大海，目标不正确，就找不到出路了。道路怎么能够正确呢？就在于老师。大海当中，你们怎么知道哪儿是正确的道路呢？老师是知道的。老师是经过前人的努力和牺牲而得来的，所有的东西都是前人牺牲得来的。为什么有的学生可以青出于蓝呢？都是吸取了前人的经验。不然茫茫大海当中，你们怎么知道哪儿有道路呢？所以说，大学要搞好，肯定要好的老师，才能有好的质量，才能出成绩。有很多老师是很有才能的，他们的才能都建立在前人的基础上，因此我们对老师一定要尊重。年纪轻的时候不知道，但是老了就明白了。老师一开始说的，你们不明白，可是年龄到一定程度，这些东西都发挥作用了。思想正确，道路正确，就不用走弯路。

我看武侠小说，实际上也是一种画论，中国文化都是相通的。老师实在是太重要了。过去，我们是当父母一样尊重老师。现在，大家都是娇生惯养的独生子女，这有好有坏。好处是现在的孩子营养丰富，身体比过去健康；坏处是他们思想不够成熟，怕吃苦。这有两种，一种是父母有前瞻性的，条件优越的，从小就培养他们搞音乐美术，因为他们知道将来文艺肯定会被重视，尤其是女孩子。说实在话，女孩子从传统思想来看，最重要的是嫁一个好的老公，这要有品味气质才能找到，而不是刻意培养出艺术家来。但是这是有两面性的，艺术的东西从提高修养来说，是好玩的，但是要玩好，作为一种职业，这是很辛苦的，要有殉道者的精神，这是很残酷的。不知道你们喜不喜欢体育，体育精神就是这样。奥运会分为两头，一头是要破世界纪录，另一头是重在参与，这就是普及与提高的问题。如果你重在参与，这就是普及的问题，锻炼身体而已，但是你要破世界纪录，这就是艰苦而残酷的。领奖台一、二、三名，只有三个人，即使十个人破了纪录，奖牌也只有三枚。第三名笑嘻嘻的，第一、第二名都要流眼泪的，第一名很难过，我这么辛苦、努力，终于得到冠军了。第二名也会哭，我这么努力，离冠军都还有一步之差。这两种是不同的哭。第三名就无所谓了，不会哭。要出色，肯定要努力的，你们心里也要有想法。如果要有好的修养、好的品味，那就无所谓了，但是如果你要跻身前三名，就要好好努力了。画画也是这样，你要好好努力，达到某个目的，要有自己的方向。你如果要强求，往往是心态不好,硬去争取,身体会搞坏,就不合算了。另外一种,就是明明有机会,却失去了,也很可惜,所以到最后,就是练心态了。我这方面也很有幸,可以碰到陆俨少老师,让我心态保持得很好。过去我经历了很多挫折,心态就好了。我也不是说一定要弄名气,也不是这样的。

## (二)对学生教育要严格

我都经历了那些动荡的阶段,教育秩序肯定是不正常的,从教育的角度来看肯定是有问题的。学校一定要整理好,像部队一样,肯定要这样。我自己的体会就是这样,我们都应该好好在学校里面打好基础。其实我上课很认真的,你们不要误解我这么松散,可能会刁难他们,不是这样的。这个学生老是迟到,其实我要求很严格,例如早上8点上课,最好7点钟来。为什么?一个小时要练书法,再画国画。老师上课,他迟到了,会有各种理由为自己解脱。学生该骂就要骂,儿子该打就要打。骂你,算是爱护你,如果你没有才气,我看都不要看你,还要骂你干嘛呢?骂你其实是对你宠爱。

2010年,陈家泠在黄山写生

在飞行途中,看武侠小说是陈家泠的最佳选择,一个行程他可以看完一本书,有些书他甚至会看上两三遍

早在20世纪80年代,我就有敏感性,国画系一定要学英文,当时他们很有疑义,认为只要古文搞得好就可以了,英文无所谓的,评职称的时候也免了这一条。我也是因为英文免了,才评上教授,现在估计不行了。但是那个时候我就意识到一定要学英文,丁蓓莉比较听我的话,英文很好,所以能够在上大美院一直做老师到现在。还有几个不听话的,没有努力的,我叫他们家长来开会,叫家长一定要让小孩子好好学英语。丁蓓莉的父亲丁荣魁是我的学生,我都教了好几代了。我要他们晚上学英文,听我话的,马上就有进步了。我口碑好原因在哪儿?我也犯过错误,接受教训就好了。年轻人一定要受教才能够改过的。年轻人都是自以为是的,而且,搞画画的人,骨子里面是骄傲的,都是以为我是画得最好的,别人画得不行,名利思想很重。但这也有两面性,如果你这个人不骄傲,怎么干得出大事?一方面要有自信,要把骄傲变成自信;另一方面,什么叫作修养?修养就是要胜不骄,败不馁。

2009年,陈家泠在广东美术馆举办画展期间,为当地小朋友们举办了一次艺术讲座

这种所谓自信,肯定是有自己的想法,如果别人说什么就是什么,是无法干好事情的,否则你不可能有创造性以及自己独特的敏感性。如果你没有这种敏感性,就不可能有创作和新的思维,所以不能人云亦云。但是,人的一生,就是修炼的过程,要不断有挫折,实际上我的挫折有很多。一般画得好的人(我算不算画得好,我也不清楚),一般社会上凡是画得好的,名片肯定是政协委员,系主任、院长,都有头衔的,但是我没有,这很奇怪。所以我自己怀疑我是画得不好的,否则我早就是政协委员了。理论上不需要头衔,但是你作为一个人,你忍得住吗?他们都有头衔。这样,我们就必须要有锻炼、挫折,我的挫折就有很多。一开始,像我们这种人,肯定想做官,因为年轻人如果没有这种愿望,你怎么进步呢?在我们这个社会就是这样,所有画得好的画家都要有头衔的。那个时候我要头衔,他们给我也是会要的。正是因为我性格太冲了,别人都不给我头衔,但是如果去拍人家马屁,那会是很容易的。

2011年，陈家泠在黄山写生

2014年，陈家泠在台湾太鲁阁写生

# 不同时期，对写生有不同的理解

陈家泠

我是中学毕业之后考入浙江美术学院中国画系本科的，班级里有6个同学是直接从美院附中升上来的。当时他们的素描、写生基本功非常扎实，真是令我羡慕不已。我们班的杜英信，素描画得好极了，他画的铝锅可以敲出"蹦蹦"的响声，还有梁洪涛的水彩画，他观察敏锐，才气横溢。从上海考进来的施立骅，从小师从谢稚柳、张大壮，基本功了得。班里有这么多的高材生，给了我刺激，给我树立了榜样，也给了我帮助。所以那个时候应该说我在学校里很努力。但是努力归努力，技巧这东西只能慢慢来，必须熟能生巧，没有捷径。而当时的学院教育，写生是根本，学的就是练手、练眼、练心，手、眼、心三者结合。写生的内容是反映当下的生活，生活是艺术的源泉，当时一直持着这种观念。1963年毕业到20世纪70年代初，这段时期的写生习作只是"劳其心志"。从技巧的角度来看，还是不成熟的。1973年画的那些画，感觉有，气氛也有，但是组织与处理方面还不够成熟，只是练到一个"外师造化"的层次。"文革"期间，浪费了5年，搞运动，没机会画画。我还算好，也就是浪费了5年，人家有的浪费了10年！

其实现在想想，人是不同的，境遇也各种各样，不管成功失败，命运不一定由你自己掌握，个人的努力只是其中一个因素，不是你自己想怎么样就可以怎么样的。比如，如果现在我是30岁，会非常充满激情，而且会说"人定胜天"。到50岁、60岁时就不会说"人定胜天"了，而是"五十知天命"这样的话了。成功有相当一部分是"天助"，这是没有办法的事情，不是光靠努力就能成功的，当然不努力就谈也不要谈了。我明白这些道理，已经是后来的事了。

1973年的这批画都是带学生到外面去写生所画。开始画的时候都是单张单张的，后来发现单张的都没了，因为我们学校经常搬家，不太稳定，搬一次家就少一部分。画单张无法保存，后来就画在本子上，一方面不会丢，另一方面是要绝对的认真。因为每张不能拆下来，等一本画完，给人看的时候，张张都要画好。我的速写本都是当时的学生制作的，他们是工农兵学员，到美校来进修的，其中有几个刚好是印刷厂的，就给我做了不少速写本。现在想来这在当时也算是一个好条件。每次出去我都能画上满满一本。

记得那时候，我喜欢带学生外出写生，带了好几期工农兵学员去外地，走了很多地方，画了很多画，许多作品都散失了。记忆中，那些画桐庐的写生全没有了。不过这也无所谓，那个时候技巧还不纯熟，也不觉得有多么珍贵，丢了不怎么可惜。因为这些原因，才说有的人损失了10年，而我只损失了5年。

印象里有一个留校的女老师，现在是油画系教授，最近她办了一个画展，其中有些她早期的写生作品，有一张水粉是画漓江风景的。说起这张画，她就特别感谢我，

2011年，
陈家泠在湖南衡山写生（右为陈亮陪同）

2016年，陈家泠在太行山写生

2011年，陈家泠在安徽九华山写生

2014年，陈家泠在台湾太鲁阁写生

2011年，陈家泠在九华山写生

2011年，陈家泠在普陀山写生

说："这张画是以前你敲窗门叫我起来画的！"那时候我们同去桂林写生，有一天早晨下着雨，我仍像往常一样去敲大伙儿的窗户，"快起来，画画啦！"她老大不情愿地说："外头下雨了怎么画？"我说："下雨好啊，下雨有下雨的味道，这种感觉不常碰得上的，快起来！"没想到她现在仍记忆犹新。其实在那时我总是对学生、老师、同行和我自己说，没去过的地方一定要去，不去肯定会后悔，因为以后很可能没有机会再来。就算下次再来，也不知要到何年何月。他们总是非常惊讶，问我为什么不怕苦要到乡下去。他们，尤其是上海人怕吃苦，我不断鼓励和提醒他们和自己不要怕苦，要多画！不断地画！现在想来，要画得好，不仅是画上的问题，更是一个意志的问题。我去张家界写生，也是带学生一起去的，那已不再是工农兵学员而是正规学生了。有几个现在生活在国外，已经画得非常好了。到最后，上海学生最怕苦，想家了，先回了。只有一个学生跟了我十几天，等我们把厚厚一本速写本全部画完，才一起回到上海。当时我每次外出写生总有一个信念：这一本速写本不画完绝不回来。

画写生非常重要的是坚持精神。在浙美的时候，李震坚等老师都这样说过：所谓坚持精神，即学艺术都是"熟能生巧"，"巧则变，变则化"。首先要熟，但是如何达到熟呢？只有多画，没有其他办法。因此，那个时候我受到这种影响，不管画得好坏，首先得多画。第一个层次是练意志，就是所谓的"熟"；第二个层次便要"熟能生巧"了。我这第二个层次是在碰到陆老师之后达到的。

我刚开始时的写生作品，落款题字是学潘天寿的，画的方法也是"浙派"，用木炭条。后来发现木炭条在本子上很容易磨掉，于是只好在上面盖一张纸，或者再涂一层颜色，但还是会磨掉。当我在20世纪70年代末80年代初用钢笔来画写生的时候，上面的题字已是学陆俨少先生的了。我对陆老师很崇拜，一支毛笔在他手上出神入化。虽然过去自己也很努力，但说实话，我用毛笔在宣纸上画，纸就欺负我。因为墨在宣纸上是要化开来的，没有办法驾驭它，尤其是那种生宣纸，它很薄、很灵敏，越薄味道越好，就好像一匹烈马，烈马跑得快就是好马，但你征服不了它，它就要欺负你。我看陆老师画画，哎呀！笔听他话，纸听他话，一张张好画就这样出来了，随便怎么画都是一张好画，这真的使我羡慕不已。

我们过去画画，只用毛笔笔尖。李公麟啊，八十七神仙卷啊，陈老莲啊，都是工笔。粗细都差不多的，什么高古游丝描、铁线描、钉头鼠尾描，都是基本功，这种功夫只用笔尖，而且手也离不开台面。一看到陆老师画画，就知道他的用笔，不光是用笔尖，还要用笔肚、用笔根，"四面出锋、八面玲珑"，顺拖、逆进、横劈，左右开弓，上下劈砍，还有顿挫。他的笔每个部位都用到，表现力就强了，有时候甚至把笔轧开，散出来的一点点笔锋也可以找到很好的线条，效果很漂亮。这令我顿开茅塞，原来用笔可以如此丰富。

从陆老师那里，我理解了用笔要不拘一格，其他工具也是一样的，使所有工具为你所用。这是一条很重要的思路，就好像有人讲的"你是要真理，还是要得到真理的真理"，当然需要的是取得真理的真理。这个就是"学道"而不是"学技"了。画画就是要动脑筋，要"灵变"，不能僵化，这样才能"放笔又放手"。陆老师画画从来不要稿子，随手画来。画桐庐，就是富春江韵味；画井冈山，就有老区的精神；画雁荡山，就是一番雁荡气派。我对这个佩服得不得了，怎么我们到外面去才能看到的山水，他画里都有？不知道这是怎么画出来的？他是怎么想出来的？他想象出来的东西现实生活中都有啊！而且高于现实生活！这个让我太崇拜了。

我认识陆先生的时候，从未见他有写生这回事。据说有一次组织画家到外地写生，人家都在很认真地写生。陆先生却不画，而是东看看西望望。别的画家不习惯，问他："陆俨少，你怎么不写生？"他说："我是看山的精神啊！"但一次偶然之间，看到陆老师抽屉里有一本很小的像日记本一样的本子，里面都是钢笔写生，细致得很。而且上面还标注了色彩，注一个箭头，写上"赭石"，一个箭头是"绿颜色"，一个箭头是"花青"，他连颜色也要记录。我豁然开朗，这就是所谓的"道"。陆老师不是光画，而是记录得很详细，因为他放在抽屉里一般人见不到，因此很少有人知道。要不要稿子？起初是要的。想要画好，先得老老实实地、好好儿地、仔细地把山川结构记录下来。本身我自己是这样认为，看到陆老师这个小本子后，更加坚定了信念，更何况我的才能不如陆老师，就需要加倍努力。

另外，写生中组织能力很重要。为何一起去写生，有人画得有味道，有人画得索然无味，这就是画面组织能力的不同，我们不是完全照搬自然，而是需要提炼、概括、增加、减少，对自然进行组织。好看的、需要的，画下来，不好的，就取消掉。如此一来，写生作品里有自然天成的，也有属于你个人的，这是我理解的"天人合一"。有好多人以为写生就是必定要写得跟它一模一样。不跟它一样写什么生啊？其实，在艺术上，所有东西都是为我服务的！这种意识是在碰到陆老师之后才有的。陆老师的作品最妙之处在于空白，空得好就是组织得好，这就从第一层的"技"进入到第二层的"法"了，要讲究"方法"。所谓方法就是要取舍、组织、处理。其实画面上留白的地方，在现实场景里并不是空白的，都是有形态和物体的，只是在画面上不画而已。这就需要每个人自己处理，处理好了就更有味道。比如，线条是整张画的骨架，一定要构建好，其他的东西就可以根据需要和感觉。实际上山川也是一样的，山的骨架不会变的，山的轮廓也不会变的，但是它的细节或者气氛会变。变与不变看你怎么去认识，不变的东西要抓住，变的东西也要抓，它变你不变。说白了就是

2011年，陈家泠在九华山脚下写生

2011年，陈家泠在安徽新安江渡船上写生

2011年，陈家泠在九华山写生

2012年，陈家泠在去往桂林的途中写生

2011年，陈家泠在陕西晋祠为千年古树写生

山川河流、花草树木为你服务，而不是你为它们服务。你甚至可以把秋天变成春天，为什么一定要拘于所见？你可以想象，也可以根据自己的需要而变化。1973年之前，我的写生作品里这一意识还很勉强，以后就渐渐开窍了，注意构图了，注意空白了，注意节奏了，而这些都是从陆老师那里学到的。

还有个有趣现象，如今回过头再来看我这些写生，有不少浑厚的效果，其实这不是当时故意追求的，完全是自然而然形成的。那时，见调色盒里还有点留存的干墨汁，放点水进去就成了宿墨，颜色也来不及挤新的，宿的颜色加宿的墨汁看上去脏，但实际效果却很丰富，感觉有点像"黄宾虹"。这不是我要它变成"黄宾虹"的，是它自己来的！再加上还没有全干的时候就把本子合上了，产生的效果更是混浊一气。当时有好多作品都是这样出来的，并非刻意所求，全是无意之作。因此，画写生有很多是临场的效果和感觉，有时随随便便地涂抹，恰有一种奥妙存在，太拘泥了反而没有灵气。这是根据每人的学养而来。任何一张作品画到最好的境界，都是要经过处理的，都不可能是完全按照现实之样。

这些都是为了到最后，像陆老师一样丢掉写生。因为写生毕竟不是创造，需要被"化"掉，最终不要它。这是写生的第三个层次"道"。画到最后的境界是自由自在地"玩"，只有"丢掉"，才能达到这个境界。因此，写生的最终目的是为了丢掉写生。像陆老师那样不被对象所束缚，自由自在地画一直是我所追求的。写生毕竟是依照对象，是练习状态，不是创作状态。画画是反映生活、改变生活和创造生活，只有创造生活才是艺术的最高阶段。要改变和创造，不能只表现，"移山倒海""散点透视""迁想妙得"，说的就是需要丰富的想象力，这才是中国画的传统的精神。这些画论古人早已讲过，我们要在不同时期不断地温故而知新。

1980 年，陈家泠在龙泉园的微人物写生　　　　1980 年，陈家泠在龙泉园的微人物写生　　　　2007 年，陈家泠在半岛艺术中心的人物写生

# 书法讲求心平气和

陈家泠

陈家泠的学生时代（胡振郎提供）

陈家泠挥毫展书法，他说他的字是画出来的，而他的画则是写出来的

2016年，为在上海贵都大饭店举办"道法自然"书法展，陈家泠在大厅过道中挥毫书写

我是1958年进入浙江美术学院学习中国画的，那时候教我们书法的老师是陆维钊老师，他不仅教我们书法，还教我们文学，比如作诗等。陆老师国学功底深厚，在浙江大学是非常有名的老师，后来调到浙江美院教书。他让我们临李北海的《云麾将军碑》，李北海的书法用笔比较有力，感觉很正气，学他的字既有变化又不会学花学油，没有习气，适合于画画的人学。当时受老师的影响，我们大家都临这本帖。也许是当时潘天寿先生做院长的关系，所以美院的中国画教育，十分注重对传统文化的传承。当时对书法、文学、诗词的教育都比较重视，老师重视教，学生自然也很认真地学，当时的师资力量也很强，老的有吴荼之、诸乐三、顾坤伯等，年轻的有周昌谷、方增先、李云坚等都写得一手好字，也都是十分有水平的老师，我们很受他们的影响。

大学时代我学习十分认真，现在老同学就记得我两件事情，一是我赤脚打篮球，再一个就是我晚上开夜车画画，练书法。因为我当时的基础比较差，不像附中升上来的同学，他们基础比较扎实，我是高中毕业考上美院，所以基础比较差，像书法、绘画感觉都不是很好，而且当时悟性也不高，所以就以勤补拙。我记得在美院时每天早上要练一个小时的书法，这样坚持了好几年，我的书法也算有一点功底了。练书法对我绘画影响很大，看画家绘画也要看其书法，书法比绘画在艺术表现上更难。一个学画的首先看他的个性好坏，个性的好坏往往是决定他能否成为大器的先决条件。鉴赏家看画的真伪首先看画家的字。有时画的真伪难辨，但字的真伪很容易看出。可见学书法比学画画更难。当然学画画还看一个画家的灵气怎么样，写书法就是靠苦练。大学里陆维钊教我们学书法，打基础，并要求我们中锋运笔，还要求我们悬笔书写。这样就好像在"练肌肉"，所谓"劳其筋骨"，写书法的人，手腕靠在台子上书写一般都是写不好字的。现在我画画，写字，大多数时候都是悬笔的，这种功夫也是那个时候练出来的。悬笔写字有好处，拉线条可以比较得心应手，画写意画最注重线条，所以线条的功夫还要以练书法来打基础。

尽管我在大学里学习比较用功，但在书法和绘画上的进步不是很大。因为在读大学的时候认识了陆俨少老师，陆老师书法、绘画、文章都很好，所以潘天寿就请他来教我们书法绘画，潘天寿是很有眼光的。大学毕业以后我回上海，陆俨少也回上海，所以我每个星期都要到他家里去请教绘画与书法，那时候我比较喜欢陈老莲和米芾的字，还学过一段陆俨少的书法，陆俨少说我的字"比陆俨少还陆俨少"。当时是夸我学得像，但我自己知道只学了陆俨少书法的形，而没有学到他的神韵。神似是随意而发的一种境界，自然而然，所以很难达到。我现在写书法还有陆俨少的影子，所以我现在的书法还没有大成就，还须努力。我在绘画上找到了属于自己的语言，但在书法上并没有找到适合自己的路子。所以学书法临摹容易，创作就难了。20世纪60年代我毕业后分配到上海美专教学，唐云先生是国画系主任，我是系干事。有一次我模仿唐云笔迹写布告，人家都以为是唐云写的。

好的书法作品，法度森严，不能只有花架子，如果不从法度中来，就不成气候。好的书法作品满幅气清、字字珠玑，干湿浓淡要自然而成，不能带有一点矫揉造作，笔墨与线条之间要有相互贯穿，这样才有灵气。现在有很多书家、画家他们写的字狂怪，这样就显得造作而浮躁。一定要做到心平气和，这就是十分高的境界。八大、弘一的书法就能这样，那种平和，那种智慧，那种稚拙，那种绵里藏针、大智若愚的意境是非常高深的境界。能做到这样其实就是在练自己的气息，为什么书画家都比较长寿，就是这个道理。

当然现在年轻人对学书法、诗词都比较不重视，这也是需要一个过程的。我们现在不够重视，是因为还没到这个时候，以后一定会逐步重视的。思想上的认识比较慢，因为我们国家现在正在大搞经济建设，大家都比较重视科技的发展，要解决温饱问题，所以思想上对文化发展比较轻视一点。当然到一定阶段，是会对文化的传承与发展逐步重视的。

关于继承传统与中西结合问题，我认为其两者是不矛盾的，我认为不管是否是外来文化，只要是好的艺术语言，能为我所用，都是可以借鉴的。对传统，我的看法是既要继承，也要发展。要吸收好的传统，这个传统的概念其实有两点，一是从技术上来说，其讲求的是功夫，这种功夫是日积月累的锻炼，不是一天两天就可以产生奇迹的，要花苦功，而且练技术的道路是曲折的，要通过不断失败才能达到成功，所谓童子功，不是那么好练就的。二是从思想上来说，中国画乃至传统文化博大精深，讲求的是学养。博大就是要吸收所有好的东西，为我所用。吸收的目的是为了自己的创造，为了自己的发展。自己要有自己的个性，这一点很重要，苏轼的字有才情，有智慧；米芾的字有禅意，很空灵；张旭的字很豪放，但又不失法度。这都是他们的特点，他们也是先学古人，然后发展自己的特色。书法最终就不讲求技术了，而是讲究思想和境界的问题。

以前古人用毛笔写字，像现在我们年轻人用电脑打字一样。书写是一种工具，当然字要写得好。以前科举考试首先看毛笔字是否写得好，现在时代不同了，书法作为一门艺术而被保留下来，它是抽象的美。练书法一定要从小开始，打好基础。我始终相信，我们国家只要经济水平提高了，政治水平提高了，我们的文化水平也一定会得到重视和提高，这就像一个人用两条腿走路，缺一不可。练书法和绘画的道理是一致的，首先要继承传统，然后再来开拓创新。这是一条艺术道路的真理。

2014年，写于福建开元寺

2016年，写于上海贵都大饭店

2016年，写于上海贵都大饭店

2016年，写于上海贵都大饭店

# 第三章　艺术探讨

2017年，中国国家博物馆陈家泠艺术大展研讨会（第二场上海专场）在北京贵宾楼大饭店三楼明园厅举行

# 中国国家博物馆陈家泠艺术大展研讨会

学术主持：
  上海美术学院常务副院长：汪大伟
  上海美协副主席（秘书长）：陈　琪

出席人员：
  陈家泠、杨正新、黄阿忠、李超、蔡天雄、丁筱芳、汪家芳、
  韩峰、毛冬华、董卫星、王文杰、丁旭坚、杨帆、肖素红、
  陈亮、余石、钱晓鸣、周隽、罗珺瑛、许根顺

时间：2017 年 9 月 17 日上午
地点：北京贵宾楼大饭店三层明园厅

今天大家还沉浸在昨天（陈家泠老师在中国国家博物馆大展成功举办）的喜庆和欢乐之中，借着这样一种喜庆的气氛，我们上海美术学院和来自上海艺术界的各位同仁举行一个研讨会，这次研讨会由美协和美院共同主办，我开一个头，下面请陈琪接过去。

陈琪：

陈家泠先生艺术大展昨天下午在国家博物馆举行了隆重的开幕仪式，开幕仪式之前还有陈家泠先生纪录片的展映。昨天上午在北京艺术家、理论家举行了一个陈家泠先生艺术作品研讨会。今天上午上海部分艺术家到北京来参加这个展览，我们进行一次研讨座谈，非常有意义。

中国国家博物馆是我们国家的文化"祖庙"、最高的艺术殿堂。陈家泠先生是我们艺术家都非常熟悉也非常敬仰的一位艺术家，这次的展览也是继 2007 年，陈家泠先生 70 岁时候在中国美术馆的一次展览和 2013 年即四年前在国博的又一次大型个人展览，也是陈家泠在北京的第三次艺术大展。十年当中三次到北京展示，七次在全国各地的省会城市的美术馆、美术博物馆和博物馆成功地举行展览，是十分了不起的。这次大展共分四大板块，有西湖十景的创作，有红色之旅和全国大山大水的创作、瓷器创作、花鸟创作，确实呈现了陈家泠先生艺术生涯非常有代表性的作品，特别是这十年当中，他的艺术创新与艺术追求，确实很不容易。

今天我们通过陈家泠的展览，特别是这十年艺术创作的追求，可以看得出他一生，从学生时代到现在的艺术心路历程和创作历程。我们平时和陈老师接触很多，但这次看了他这么宏伟的大展体会很深。这里我想讲讲这次画展的四个新，即：新的理念、新的形式、新的境界、新的观念。我们昨天看到他的这些西湖十景和山水创作，他的艺术理念，虽然从传统中走过来，但是他完全是自己的理念。看到他的传统功力

陈家泠

陈家泠和汪大伟

汪大伟

# 中国国家博物馆陈家泠艺术大展研讨会出席人员

毛冬华　　董卫星　　黄阿忠

丁筱芳　　陈琪　　汪家芳和蔡天雄

韩峰　　王文杰　　蔡天雄

余石　　陈亮　　杨正新

肖素红　　李超

研讨会场景

和从传统文化中走过来，我们就中国画也老是谈结合、谈发展、谈传承，但是从陈家泠先生的画展来看，他的理念是全新的。

第二，我感觉他的形式完全是陈家泠的形式，这个也是上海艺术家的代表形式。我们平时讲得比较多的上海艺术家的形式或者能代表上海艺术家的整体面貌上的形式，但是我感觉陈家泠先生的形式走得更远，比上海圈子里的山水、花鸟走得更远了，而且比其他省市的整体面目的山水创作走得更远。我们老是讲上海的形式和浙江、江苏、安徽的形式，其他一些省，包括我们所熟悉的长安画派等等，都有一个模式，这个模式影响了一大批人，影响了群体，比如浙江的群体、江苏的群体等。应该讲上海画家走出来都具有一个不同的面貌，但是我感觉陈家泠先生自己的形式更强烈、更成熟、更明显。

第三是新的境界。境界和意境对于一个艺术家很重要。我们前一代的艺术家或者山水画家都在创新，都在画新的题材，比如上海的一些山水画家，唐云、陆俨少这些艺术家，我们都看到他画新题材、新生活的东西。最近我们上海在做一个庆祝十九大的展览，题目就是从石库门到天安门，当时我们策划是石库门、延安窑洞门、天安门到复兴之门四个门，后来定为从石库门到天安门，我们在梳理这个过程当中的一些作品，也看到很多像唐云、陆俨少的很多老艺术家画新题材、也看到一些很好的作品，但是和陈家泠先生新的境界、新的创作是完全不同的。我们看到的作品，完全是他自己新的境界，他画的不光是新的题材，新的生活，还有一个新的境界。这个境界是完全融入到他的形式和理念当中的，和当时一大批老画家去画新题材是不一样的。我感觉这个非常重要。

第四是新的观念。昨天开幕以后，晚宴上我们和一些领导交流，他们也感觉到陈家泠先生虽然八十高龄，但是他的观念非常新，不但在他的中国画创作上，中国画的创新上，还有他的水墨服装、家具，特别是和瓷器相结合，在这些创作当中，都体现了他的观念上的新。我们现在也看到很多艺术家最后一些成就的展示，陈先生这样的年龄，有这么多创新的观念，确实很少，而且他的实际门类也很丰富，确实是非常不容易的。

就上海整个美术界来讲，我们有九个艺委会，中国画、油画、版画、雕塑、水彩、连环画、漫画等等，都有很多有建树的艺术家，但是从当前来讲，上海国画、油画、版画、雕塑这几个大的板块在全国也是在平衡发展方面走在前列的。从整个中国画领域来讲，陈家泠先生确实是一位代表人物。2017年8月7日，油画界的陈钧德先生在中国美术馆做了一个展览，当时我也参加了展览，并在中国美术馆参加了一个研讨会，全国的理论家、艺术家都来参与了，而且给予了很高评价。大家认为从上海林风眠、刘海粟的那一代油画家传承到现在，陈钧德先生是上海油画界最有代表性的人物。陈家泠先生这次在国博做的这个展览和他展示的这些作品，我们在中国画界也可以这么说。所以我感觉上海美术界有这么一代艺术家，有这么一批有代表性的艺术家，我们可以很好地总结，把这一代艺术家的作品、学术成果推到全国，推到世界上去，确实也是上海政府、协会、整个社会责无旁贷的责任。这方面是我们可以去总结、可以去落实的。

这次国博和上大美院一起主办，我感觉各方面都做了很多的工作，陈老师的团队也做了很多工作，我们要点赞，非常了不起。下面我们把时间留给大家，让大家来谈谈陈先生这次大展的艺术成就。

杨正新：

陈琪开了这个头，把陈老师相关的情况做了一些梳理，我们大家可以多角度来谈。今天都不是外人，觉得特别有意义的是这个研讨会在北京饭店召开，基本都是我们上海的，上海业界专家在北京，在中国的政治文化中心，来谈陈老师的绘画是十分有意义的。陈老师的一生我们可以倒过来看看，他每个环节都和我们的文运、国运相连，陈老师每个节点上的特征和这个时代的脉搏是紧扣的。陈老师昨天在台上讲了六个关键词，金校长很惊讶，他认为陈家泠的大展充分体现了习主席强调的"人类命运共同体"和"和美世界"的关键内涵。

陈老师把自己和国家的命运始终捆绑在一起，而且他始终在思考，始终在探索和思考，用他的绘画语言来对应时代的需求和发展。作为我们美院，陈老师是一个非常好的模板，他的经历代表着美院的经历，也代表上海文艺界发展的经历。所以我们在今天北京饭店举行这样的研讨会是十分有意义的。今天我们讲陈家泠先生个人也好，或者叫陈家泠模式也好，或者叫陈家泠的样式也好，我觉得到了一个应该梳理和总结的时候了。

陈老师的绘画三次进京，不同的三个阶段和主题，你就看出他每个阶段、每个主题的思考。上次国博是2013年，这次是2017年，在中国美术馆他当时70岁。十年三次进京，他在自己不同时期都有不同追求，上次国博的大展是"四万"，即万紫千红、万水千山、万种风情、万法归宗。这四个"万"看得出当时陈老师画山水、花鸟、人物。而这次他把画展提升到"四美"，即壮美祖国、精美生活、和美世界、优美家乡。这四个"美"带有一种强力的国家命题和家国情怀，其境界的提升，在四美背后渗透着四个"爱"，陈老师的家国情怀中糅合了浓厚的历史责任感。他一路过来，作为一个教师值得我们总结、梳理，作为艺术家，也值得总结，值得梳理，从整个社会艺术规律和艺术发展的角度也可以进行总结。以前对毕加索有一个说法，是他把世界美术史在他身上过了一遍，毕加索就是与世界美术史上每个阶段都对应着，而中华人民共和国成立以来美术的发展的每个阶段，整个轨迹，都可以和陈老师的作品一一对应。这一块值得我们去做一些更深化的梳理。陈老师昨天讲了一句话，给了我非常大的触动，他说：这次是国博挑战他，让他做个展，因为他有一种非常喜欢接受挑战的性格，把压力变为动力，下个决心玩一把。陈老师说，如果下次卢浮宫挑战我，我就会拿出完全不一样的作品。真是大境界啊。所以在陈老师身上，能够从历史的，从艺术的，甚至从陈老师的人生上去做梳理和总结，这种梳理和总结是值得我们借鉴和思考的。所以我想大家可以从这几个方面来梳理一下。

李超把这叫作"陈家泠模式"，我觉得很有意思，从他的绘画也可以叫作上海气派。陈老师在那个国博厅里，没有人的时候我提前进去一看，整个展厅静静地，一幅幅大作品放在那儿，我说这才叫上海气派：空灵、飘逸、大气。一种大气，就是国家情怀在后面支撑，但是艺术语言的那种空灵、飘逸，追求在现代空间里的呈现，这些方面都值得总结，这有助于我们今后经验的总结、创作以及我们上海自身的海派艺术的振兴。上海作为文化重镇，如何振兴，陈老师在前面用自己身体力行的实践，非常鲜明地提出一个重构和再构东方审美新坐标的时代理念。新坐标的设立这个目标，当然可能需要几代人去努力，但陈老师就从自己开始，已经在实践和探索东方审美新坐标的途中给我们树立了榜样。

所以我想大家可以从各个角度，以陈老师说事，目的就是讨论出今后上海的美术教育、美术创作应该是怎么样的，应该是怎么一个走势，哪些是值得我们提倡和弘扬的，这就达到了研讨会的目的了。

同行是竞争对手，羡慕嫉妒恨的对手，但是我认为我们就是要吸取营养，共同提高，建立一个新风气，要有生命力、有创造力、有竞争力、有看头，这个就是艺术，我们要从里面悟出很多道理。如果谁没有处理好，谁就落伍了，谁处理好了，谁就前进了，就是这个概念，我们就要思考这个问题。昨天的研讨会上，北京来了这么多大佬、权威，他们来谈论我，谈论我什么呢？就是他们都是用 X 光来解剖我这个胃，因为我的胃里有些西洋的营养，有些传统的营养，怎么变成自己创作的营养，那些原料怎么在我的胃里消化，变成我自己的作品，发展变为自己的个性。我不过是个个体成果，如何让我们时代的每个人都变成一个大成果，一个时代的大成果，这是一个大课题。我的一生是在动荡的、不断变化的环境中走过来的，在这种情况下为什么我反而出来了呢？大家要总结思考这个问题，本来美院就是从一路风雨飘摇中走过来的，最后成了今天的美院。我是从龙泉园走出来的，龙泉园就是我人生的转折、艺术的转折。但一个人到非常高度后也一定要当心。因为人生就是一部哲学，你要紧紧掌握人生的哲学规律，这个相当重要。陆俨少说搞艺术要灵变，善于消化，做人要大气。

我刚刚的思路就是供大家参考，吸取精华，好好地修炼，吸取天地日月之精华，这个很重要。天地日月是自然，在自然当中最重要的是要吸取精华，有很多是糟粕，糟粕吸收了也没有用。变不利为有利，化腐朽为神奇，这是一个思想境界。第二，不要骄傲，采取儒家思想，戒骄戒躁，看起来是政治，实际上是画论，看起来是一个时代的要求，实际上就是画论。大家要共赢，通过画，把自己壮大，每个人壮大了，国家就都壮大了。我们下一步的目标不是国内，是国际，国家博物馆展两个大展已经差不多了，就要去卢浮宫和大都会博物馆，为这种可能性做准备。关键是要前无古人，要有创新，有时代精神，机会一来，就有这个可能性，但是需要为这个机会的到来做好准备。如果准备工作没有做好，机会即使来了也是没有用的，所以大家要共同努力。

陈家泠刚才讲了他是怎么一步一步，一个一个码头靠过来，为什么人家没有成功，他成功了？因为他是陈家泠，这是毫无疑问的。为什么陈家泠会成功？我们要研究。

陈家泠有一个"玩"字，这个玩的意义很大，包含的东西很多。我和陈家泠老师交往也有30多年了，我比他年轻很多，小15岁，他30岁的时候我15岁，他40岁的时候我不到30岁，跟他一起玩。我就发现他这个玩不是一般意义的玩，刚才说的打麻将，实际上打麻将里有哲学、有数学、有玄学，有它的道理的。为什么有的打得好，有的打不好，我不会打麻将，但是我知道里面的道道，什么时候要吃你一口、吃你两口，还是要放你一马，都有道理的，有时候吃坏了，有时候吃好了，这里有道理。我想陈家泠打麻将不仅仅在于麻将，他有时候在麻将上思考。麻将是玩，但是玩里面有哲理。绘画如果用玩的心态对待，包含的东西是无尽的。如果你用其他什么东西，它就小了，有局限了，玩的空间大，玩的心态放松。我和他一起玩缸是从20世纪90年代到景德镇的时候，一点一点，他从人物玩到花鸟，从花鸟玩到山水，正是因为有一个"玩"字才能那么自由。如果不是一个"玩"字指导他，他就有局限，就会越来越紧。玩是什么呢？是绘画当中的松，什么东西一紧你就完了，玩里有禅意，有哲理、佛学。他从荷花已经玩出精神来了，他以一个"和"字开始衍变，从"和"字到政治，他说政治也是一本画论，"和"也在画论里，他这个"和"和时代搭上脉了，不得了，玩大了。我们今天在国博，他把这个"玩"字又玩大了，和十九大玩在一起了，这是天意，他的成功也是天意。问题是陈家泠先生是睿智的玩法，不仅仅是聪明，聪明没用，外面小聪明的人多得是，要有睿智，在他的《延安晨韵》作品前，他很轻松地就把我们国家五个奠基人的后裔找来，玩得多妙，这个太高级了。

人和人交往还是有一个缘，比如这个"玩"字。陈家泠刚才说的经历，在他身上，别人的建议他能实现，因为他是陈家泠，因为他在这个事情上是有缘的。有缘千里来相会，无缘对面不相识，如果换了一个人，同样具备这个东西，你义无反顾地做，你成功了，他也义无反顾地做，就是没有成功，为什么？没有缘。缘是中国文化，和玩又是联在一起的，你这个玩的心态，有缘你就成功，没有缘你去玩，你就玩完了。但是所有的一切，玩的根据是什么呢？根据这个人的一种精神。刚才陈老师说了他义无反顾，这四个字怎么解释呢？就是用两个字：勤奋。你不要看他说打麻将，他勤奋的程度我知道，他可以整夜画画，麻将是一个玩的过程，他是在养他的绘画，养他的艺术，他所有的去玩，都有他自己的追求。玩和缘有玄机，能不能悟到这个玄机，就看一个人的悟性。留精华，去糟粕。

陈家泠先生是"吉祥三宝"，一宝是我们上海美术学院的宝，以前民间的讲就是家有一老是一宝，陈老师还不算老，根据年龄划分，你80岁不算老人，算壮年，所以你一定会到卢浮宫去。陈家泠先生对我们美院是一宝，宝就是他身上有精华，他身上有精神，他身上有传承。美院里面如果有这一宝，对美院多好，不得了的。这个是宝，是我们的大熊猫，要把他养好，让他活上一百岁。二来对于我们上海美术界也是一宝。他的理论，对搞版画的、搞雕塑的、搞油画的，都能适用，他的精神是涵盖一切的，所以对我们美术界的人也是一宝。他的精神是能够把海派绘画在美术界弘扬起来的一宝。最后一宝是对于时代的一宝，这个时代产生了陈家泠，陈家泠先生是时代造就的，所以对时代也是一宝。如果没有陈家泠，我们就没有目标、不知道距离、不知道时代需要的一种力量，没有这种意识，我们在艺术行的路上就会失去方向。陈家泠是穿着布鞋来到上海的，在美院的操场上他可以赤着脚打篮球的，哪怕如此，时代都是少不了他的。一个人不管他出身怎么贫困、低微，不管他的出身有多么高贵，是宫廷里面的皇爷还是格格，该有就有，你是这个时代的一宝，我们期待这一宝到卢浮宫去发扬光大。

从学院一宝来讲，这是肯定的，我今天把范围缩小一点，我们大学老师特别是搞学术研究的，喜欢做这一块。正好今天陈老师题目布置得很好，不要光讲他的艺术本身怎么好，大家已经讲了很多次了，从全国的到上海的，各个美协、美术界领导和专家都讲了，关键要研究陈家泠为什么成功，为什么成为"吉祥三宝"，这是很重要的。冯院长、汪院长都跟我讲过，这次来，一个是来为陈老师捧场、学习、祝贺，还有一个是我们要代表上海美院、上海画界，特别是在首都的平台发点声音。两位院长是很和气地跟我讲，但是我知道这个发言还是要有分量的，也不光是为陈家泠老师，也是为我们上海的美术界到了应该说话的时候了。

陈老师的成功不是偶然的，是可以总结的。好像在两个星期前，包括以前汪院长也跟我讲过，我们现在要把陈家泠看成学院的一个重要案例，研究陈家泠成功背后有什么东西可以总结，有什么可以对整个上海美术界传经送宝的东西。再有，前两天冯院长也跟我讲起，提出关于陈家泠老师的问题，昨天开幕式上，冯院长提出了"陈家样"，我就知道冯院长对陈老师的艺术有所关注，而且关注得很有深度。所以冯院长的"陈家样"，汪院长的"家泠模式"都启发了我，我代表美院所托，在这里我换个角度，可能阿忠是从一个比较随性的角度，我讲得可能稍微带点学术性。从本质上来讲，我觉得上海美术界应该有一种担当的整体感、大家共同合作奋进的学术意识。借着陈家泠说事，说什么呢？我们也别说什么，就说上海美术界的事，上海美术界应该好好地重新复兴也好，重振海派也好，总要有一个经典的案例，陈家泠现在成为我们的关注。我记得1989年陈家泠老师在全国美展得了一个银奖，当时全国美术界、舆论界对陈家泠老师的绘画不是很了解，我当时在央美读研究生，有一次我回去的时候碰到陈老师，那时候我还是个小青年，他就说你能不能在"美术"杂志上给我讲讲。我觉得陈老师很真诚，我也真诚地为陈老师做一件事情，即为陈家泠在1990年第一期《美术》杂志上写了一篇关于他的获奖作品的稿子。我现在看来还是觉得下了功夫的，陈老师也很感动。但现在写他的人太多了，我也不要挤在里面了，那个时候写他的人真不多。我为什么写他呢？我就是被他的画感动了，因为他的理想，他要把文人画的精神纳入学院派体系里。我们知道传统文人画适合于宫廷画院体系，怎么纳入学院现代美术教育体系里，这个要通过艰辛探索的。潘天寿是这方面的一个领军人物，还有其他的国画界先贤都在做这方面的探索。陈老师是从潘天寿这条脉系过来的，他跟我谈了很长时间，那个时候也没有电脑的，我就像做笔记一样记了很多。陈老师当初谈画，给我印象特别深。

现在来看，陈老师已经从文人画写意的内容中寻找到自己的样式和符号了，花鸟也好，山水也好，他已经找到了自己的符号，这个符号让他把艺术资源化入他自己的艺术语系里了，包括他谈出的笔墨构成的问题，谈出自己的书写性的问题。陈家泠老师对于整个美术学院的中国画教育，特别是上海美院，包括上海美术界中国画这一块的创作研究方面来讲，都是可以借鉴的。在这个里面，我们解决一个什么问题呢？探讨艺术创造力向艺术生产力转化的问题。中国画原来是很个体的活动，通过教育体系的推广影响了其他更多的艺术家。虽然陈老师说从上海美专到上大美院条件不尽如人意，但是他对他的学子，对于我们上海美院的中国画系，我觉得还是有影响的。为什么这次上海美院来了很多国画系的老师？实际是因为陈老师对于整个美院国画系的历史贡献，大家都怀有崇敬之心。

关于资源问题，凡一个成功的艺术家，一定是要会对这个资源重新布局的。刚才阿忠讲了"玩""缘""妙"，我想讲三个"重新"的概念，一个好的画家，要对自己手头的艺术资源重新布局，要因地制宜，不是说你条件非常好，在宫廷里画就能出名，不管什么条件他都会因地制宜地重新布局。20世纪80年代我和陈老师认识，一直到90年代到现在，他不断在变，他的元素就是这些，文人画体系里的一些精华的东西，线条的、花鸟的、山水的，但是他的变局非常大。这个"变"字值得上海画家特别是国画家，从学术理论角度来讲要好好地学这一点。很多画家稍微成名了，就不想多变了。这点来讲，我觉得这个"变"字，陈老师给我们留下了一个经验。我们总结陈老师的成功何在，正是对艺术资源的重新整合布局，用文人画传统纳入现代学院画体系里。他讲的重新布局，不是一个人的事情，而是一个教学体系课程设置，是影响我们下一代青年学子的问题，也就是人才培养发展转型的问题。讲得有高度一点，虽然陈老师自己没有意识到这个问题，但是我们都是业内人士，都是从业人员，特别就我们都是美术教育这个行业来讲的，我们就意识到这个重新布局的重要性。现在陈先生不光是一个艺术家，还是一个教育家，他不懂得以他的变局来影响他的学生，影响他的学科课程体系的话，那就不是今天的陈家泠了。这点是教学相长产生的效应，这就是陈家泠一变资源的重新布局。这个重新布局以后，他个人的创造力就变成了艺术的生产力，教育机构就是探讨艺术生产力的，艺术生产里就是学生的技术变成技能，以专业应对行业需求。现在上海美院各个年龄层的都受影响颇深，陈家泠老师的几代学生，汪院长也知道，一直到韩峰做系主任，国画系培养的中青年老师，这个脉络痕迹还是可以观察到的。

下面是资产。一个艺术家成功，已经形成了一种艺术资产。这个艺术资产不是个人的一种资产，而是重组的资产。重组以后，我们静态的艺术，一种造型要变成一种动态的传播形态。善于资产重组，善于跨界，这点也是陈家泠的一宝一玩，他已经开始超越国画，甚至超越造型艺术，变成跨界的文化联盟的合作者。这点我不知道陈老师什么时候开始动起这个脑筋的，我觉得很多画家都试图做，但是做成功的不多，陈老师做出了成功的跨界。资源转成资产，资产再转成资本，陈老师已经把这个跨界做得这么大，变成了一个产业化的社会合作。从陈老师身上我们可以看出，艺术家要懂得投融资，投资和融资，陈老师不是靠自己的一己之力在做这么大的事业，他调动了多少方方面面，和企业等方方面面解决艺术品投融资问题，解决艺术资本积累的问题。所以陈家泠变成了一个模式，我总结出来就是艺术资源转化为艺术资产，艺术资产转化为艺术资本，两次成功转化，我概括起来就是"家泠模式"。思考艺术资源何以转化成艺术资本，上海画家得好好地学习补这门课，哪怕你在创作上功成名就了，这方面对你来讲有百利而无一害，陈家泠老师给我们上了生动的一课。

陈老师的艺术成就在上海乃至全国是有目共睹的，他能够在这么大的年龄做这么大的事业，而且为海派的提升做贡献，我感觉到的是他的容量和大度，是他的高度和深度，是他的好运。他每次来展览，包括这次的展览，五代的后裔全部能够到齐，既有策划，但是冥冥之中也有一个好运，不是所有人都会具备的。今天上海美协和上大美院对陈老师很敬仰和尊重，这三点我感觉是陈老师能够走到今天，成为这样一个艺术界的焦点人物的根源。我们后辈要研究陈家泠现象。我感觉陈家泠现象最大的一个特点就是"玩"，看似玩，殊不知他玩的背后是积蓄了一生的基础和能动的聚变，而这种聚变是一种睿智的灵变，再叠加一种大气、聪慧，因此他和别人不一样了。为什么北京集聚了全国的艺术、评论精英来解破他的胃、来截屏他艺术的每一个章节和段落，也正因像刚刚汪院长所讲到的，是时候了。我们可以很好地总结，把这一学术、成果推到全国，推到世界上去，因为这是中国的需要也是时代的需要，确实也是上海政府、协会、整个社会责无旁贷的责任。

他80岁的人，有时候经常和我们在一块，他无话不聊，讲到玩，他玩的里面，哲学、美学天地博大。他称得上是中国当代艺术家当中的理论家，从天地美学涉及天文地理、气学、玄学、武术、小说、体育、麻将、风水易经以及佛教名圣，直到当今的红色文化。按他的美学理论，美是至高无上的，美就是真理、美就是生产力，而"和美"是他追求的最大动因。放大他追求的路径，追寻他的追寻，也许已经有人在潜伏着做这个文化工程了。这次他有几十个大缸，在创作过程中，我去过景德镇，第一次他还专门给我打来电话，说我知道你在画瓷器，你过来玩玩。那次我去了，这一去，我傻眼了，现场简直就是一种震撼，没有大气魄的人、没有大智慧的人、没有大自信的人，绝对不会画这么大的缸，玩笑简直开大了。我们其他的不说，我现在讲三点，首先，要画这么大的一个缸，他首先要有一个强大的团队。这个团队首先是资金团队、人力团队，还有一个就是朋友的资源。上海画家都有这个资源，但是这个资源，你对这个资源的付出，你对朋友的那种承诺和厚爱，我感觉陈老师在上海做得应该是NO.1了，他这个年龄段，他始终付出他的前辈厚爱。所以陈老师能够做到这么大，这个缸的场面这么大，投资也是足够大的，足以证明陈老师的为人是承上启下的典范。

我们回过头来看上海的海派，包括吴昌硕、张大千，为什么他们有今天的艺术成就、人脉和地位，我们研究艺术的成功，其实他们成功的背后肯定是大气谦和。没有大气谦和，哪怕你的技艺、艺术、想法确实达到了顶尖高度，但是社会认知度要到五百年以后才会慢慢显现。所以我感觉上大美院有陈老师这样一位智者和学者是幸运的，这也是上海和美协的一个幸运。这是第三次到北京来参加陈老师的展览，我感觉给我的启发是什么呢？要向陈老师学习他的大气、睿智、豁达的胸怀。看陈老师从三山五岳到佛教名圣、从新疆到西藏再到红色的圣地，一个个画展，包括他的几次跨越和跨界，一连串组合拳已经打得我们来不及反应，他确实践行了他为艺术义无反顾一路前行的大师风范和自觉登高持续远航的不懈动力。虽然我感觉每个画家肯定也有自己的定位，但和陈老师是不一样的。陈老师无疑是我们上海海派三代尤其我们这一代应该学习、宣传和弘扬的。

中国的哲学、玄学和易经等传统文化，实际上对陈家泠先生一生的影响也是非常大的。所以他有一种与别人不一样的心态，就是人不要太在乎自己，命运在天，所以信天命对他的影响也是蛮大的。他经常讲：命是天注定，运也是一样，当然好天时加上个人的努力和有时一个好兆头也是一种运的征兆，因为你的努力，成功的征兆就比较容易显现出来。

陈家泠和陈钧德，两个人都是80岁，而且都在北京办展览，两个人是同龄，同时是学院的，又是同姓，很有代表性。这两个人都有创新，陈钧德当时是油画，他们对陈钧德的油画评价也很高，他的油画打破了西方油画的透视关系、明暗关系、空间关系，完全是属于自己的画。陈家泠也是一样的，虽然是传统的文人画，但是传统的形式感都没有了，都很有代表性，10月份我们做一个展览，上海的美术界、社会一起做这个事情。我们上海很多有成就的画家，不少像陈家泠这样走到北京来。这个是冥冥之中的。我们探讨一下上海美术创作形成的原因以及今后应该是怎样的走向。

陈老师有几个方面是我印象最深的，他说艺术家有短期、中期和长期的计划，画家首先要走画廊，然后走美术馆，再走博物馆，一步一步走。这对我的启发很大，我们一般都是走画廊，卖点画，也办画展，美术馆，美术馆再上一个台阶就是博物馆。陈老师严格地研究他的前瞻性一步一步在做。给我印象最深的是，他很有活力，这么大岁数，还说自己是壮年，我们这一代就是少年了。去年我们到新疆，我们走新疆的一个最高的沙漠的时候，遇到一个下坡，他说你往下走，前面没有脚印，你走下去，走没有人走过的路。当时前面没人，他说我帮你拍。陈老师鼓励我说，你走我马上就走，我就往下冲了。后来后面的人都走过来了，拍了很多照片。沿着这个沙漠兜了一大圈，他这么大年龄，有这种精神，对我们是很大的鼓舞。

艺术家每个人成功都有自己的路，最关键的是他有一种活力，当然有天生的原因，遗传因子比较好，还因为有创新和宽容的心态，有活力。他的活力对我们同龄人，包括我们后面一代都是很大的鼓励。

陈老师的发展过程，我们一直是在一起的，昨天的画展过程我也都看了，大家也看了，实际上很成功，他是海派的先锋，艺术作品有气魄，场面很隆重很热烈，艺术作品也很有气派，反映也非常好。刚刚你们讲了一个"玩"字，而我认为陈老师还有一个"气"字。他非常有气度，气量、气质、气场都很大，这个是非常重要的。实际上国家博物馆的陈履生是首先邀请我办画展的，时间都排好了，但我不敢去。陈家泠有这个气量，这个画展这么大，要这么累，他在北京连开了三趟，没有这个气度是不敢玩的，这就是第一：气派。你看他在景德镇画那个大缸，你敢画吗？你敢做吗？而且一画就是40个，一个缸要1吨多，陈老师画瓷器我是看到他画的，他是上海画家当中第一个敢吃螃蟹的人，现在在景德镇画瓷器的画家中陈老师是第一人，他在景德镇画瓷器一连画了3个春节。我问他为什么？他说很好玩，你也来玩玩，我也去画过，但那个地方很热，又没有空调又有蚊子虫咬。他画的大缸可以申请吉尼斯纪录了，在景德镇也没有这么大的缸，景德镇40℃热得不得了，年轻人也受不了，80岁的他简直是玩老命的。所以没有这种气度是做不了的，现在差不多成功了10多个。他还画了西湖十景，再有陈老师画的革命的题材，他实际上玩大了。他画了延安、四渡赤水、韶山、梁家河、井冈山，实际上都是革命题材。他在政治路线上宣传革命题材，去年他又走了好多地方。他是正能量的，跟党的政治路线结合的。他宣传革命的题材至少比那些画西方当代的人们都看不懂的东西要好吧？他用自己的钱宣传我们的国家和党的路线，我们的国家和我们的党要好好支持他吧？上个月，展览会前一个月，我说你怎么样，来得及吗？他说这个月很紧张的，我把西湖十景还要画一遍，西湖十景一张就是5张，一张画是5张拼起来的，10张就是50张，一个月30天，画了50张。

他刚才说了，他创作他的风格的画是在龙泉园开始的，我第一次看到他画的东西，我说怎么弄出来的？因为一般的宣纸这么画是不可能的，他说这个东西我保密的。他说我无意当中发现的，在龙泉园无意当中发现画出来蛮好的，他把这个总结以后从小画变成大画，他自己发明的。他的思想是很新的，没有框框。一般人不敢这么弄的，他没有什么框框，前人没有这样弄过，他就这样弄了。他这个人思想很活跃，没有什么框框，有创造性。他敢于这么做，这是一种气质，一种气量，一种气度。他说龙泉园帮了他，发明了新的方法，他是从这个角度考虑的，觉得命运决定了他要走一条新的道路，实际上他的思想上没有框框。他非常善于总结生活当中和画当中的一些事情，偶然的事情他能变成必然，这是一种中国的哲学。他挺厉害，而且他发言半天可以不用草稿的，很厉害。

昨天展览里一个是瓷器，两个是画，一个是衍生产品，四个部分。我们这么多画家谁想过要搞衍生产品？他的思想比较现代，他要把艺术作品延伸到其他领域，生活是艺术，艺术是生活，所以说他的思想特别开放。所以我刚才说这个气，他的气决定了他的成功，这个不容易。人活着是一口气，艺术成功也是争口气，这个气的发扬光大决定了他的艺术成功。

许根顺：

陈老师和杨老师他们是多年的好朋友，其中有一个小故事就是他们友谊的纽带。为什么刚刚杨老师讲了，在中国国家博物馆开展览的应该先是杨正新，这是有道理的。大约在2000年的时候，我们（陈家泠等几人）共同策划了一件事，而且和国家博物馆也做过了商量，为杨老师在国家博物馆办一个大画展，当时副馆长陈履生还做了杨老师的动员，杨老师也达成了在中国国家博物馆举办画展的初步意向。那么为什么陈家泠老师要帮杨老师办画展呢？并且还告诉他你只要办，我们整个团队都会帮你忙的。其实陈老师就是有一个念头，要感谢杨正新，报答自己的老师陆俨少。因为在"文化大革命"期间有造反派要批斗陆俨少，几次都是杨正新（当时在画院做领导）保下来的，并告知不准打、不准骂。所以陈老师常说："杨老师是个好人，是个好画家，是个好心人，我要回报他。"当然杨老师对陈老师也非常尊重，非常好的。

各位老师都是陈老师的朋友，我们是学生辈，但是陈老师对我至关重要，我1980年进入美校读书，我们这个班是绘画班，8个同学中，因为陈老师一句话，他说："你画国画吧？"这8个人就我一个人画了国画。当初不分专业的，所有课程都是国画、油画一起学的，8个同学在业余时间花的力气不一样。另外7个同学可能业余时间更多的时间在画油画，我一个人更多的时间在画国画。当初业余时间就跟着陈老师在学，这个对我个人是起步的一个意义。

第二，他在教学上特别严格，刚才大家讲的都是他的大的才华，他对学生的要求严到什么样的程度？可能大家不了解。我们碰到陈老师上课，比如8点钟，我一般不太迟到，就是8点之前到。第一天他7点半就等在教室门口了，就7点半站在门口，我们一去，不像现在学生看到老师没感觉，我们看到老师站在门口，很紧张的。然后他就说，一开始是人体课，人体课要生炉子，当初的炉子是煤炉，要烧很久才能热起来，他说明天上课我们8点上课，7点钟一定要来的，7点不来算迟到。7点来上课，一个同学生炉子，其他人干什么呢？写字，练毛笔字。陈老师说，如果你们8点来，炉子烧到9点热了，模特动作再放一放，9点半刚开始画，手都是生的，等你手熟了，吃中午饭了。11点想吃饭了，等于一个上午没有画画，所以必须7点上课，7点把炉子烧热，所有人练1个小时毛笔，8点上课，每天这个时间段，效果是极其好的。他还给我们举了一个例子,你们不要认为辛苦,辛苦是自己的一个认知,会改变的。比如说,他说去洗澡,以前是集体澡堂,进澡堂的时候,脚伸下去很烫的,但是烫一会儿,马上就觉得这个温度有些适应了,就可以泡在里面了。7点来上课,你觉得早,就像进澡堂子一样,天天7点到就觉得不烫了,适应了。所以他对学生的严格要求是超乎所有老师的,你能不能接受他的严格要求,这是一个点。

前两年他要拍纪录片,要几个助手,国画系派了几个研究生去。过了几天,半夜他打电话给我,他说国画系可以关门了。我说怎么样,他说现在研究生画也不会画,跟在我边上,连个写生都不会画,可以关门了。我说现在真的没办法,过两天正好我请陈老师来学校做讲座,由于他对研究生的发火,讲座的时候,他是怎么来讲座的?结果是他拖了一个拉杆箱,里面放了一整箱速写本,整个会场全体起立。他拖进来后说现在开始讲课了,上来一个同学,把这个箱子拉开来,一箱子全是他的速写。他说现在大家看到了,这堂讲课应该就结束了,你们看看我的东西,这些速写只是我大量速写里的一点点,你就看这个量,你们现在在学校都不画画,来到上大美院不是走错地方了吗?

所以我觉得陈老师自己的用功和对学生用功程度的要求,是很强大的一个对比,他不仅仅是对才华等各方面有要求,他对用功是有极大的要求的。他常常讲一句话:就是多画。他觉得你们太差了,他会看,老半天待在那儿,什么也不讲,就结束了,所以你会觉得非常紧张。

还有一个,他会示范,现在很多老师都不大示范的。我美校毕业后,分到了财经大学,在宣传部,他们给了我一个很小的房间,是广播室,给我一个人用。我就早晨写字,8点不到就进学校写字,写到中午去吃饭,中午吃饭回来就画画。那两年我天天这样弄,过两个星期就是一大叠,就到陈老师这儿,陈老师话都不说拿起毛笔给我改,里面找几笔,一改就不一样了,回去再一叠,再拿去,经常这样收获很大。读大学之前的两年全部是练陆俨少书法,进了大学以后,受到了各种各样新的影响,慢慢有了一些转变。后来经常跟陈老师接触的时候,他会跟我谈很多思想,确实,他从具体的,一直到大的概念,不断在交流,我在对话中得到了越来越多的启迪和收益。

上次到他那儿,他十分关心美院的教学状况和学生专业用功的问题。怎么才能触动学生画画呢?他觉得还是要用创作拉动学生的基本功。基本功不行了怎么办呢?创作,先来创作。创作不行了,赶快再改基本功。所以陈老师对于我们基础教育的严格程度超乎了学校的要求。

我就讲这一点。

在场很多都是我的老师，很有幸，陈家泠老师也教过我们。我们师兄师姐跟我们说，陈老师有一招你们要注意，陈老师说我明天有事，不来了，你们好好画，千万不要当真，其实是试试你。我们第一天就知道陈老师会来这一招，陈老师非常可爱，每次都用同样一招，就跟我们说，你们明天好好画，我明天有事，不来了，我们心里就暗暗好笑，明天肯定会来。的确像韩老师说的，7点多一点就来了。看到我们都来了，就说你们这个班不错。

他认认真真给我们示范，而且不是说用他自己已经成熟的这套方法，是用比较传统的一套方法来画人物写生，用白描铅笔稿勾得非常仔细，比例完全是非常呵护规律和标准的，然后给我们示范好。示范好以后，其实大家心里想绘画的欲望就出来了。我们画得不好的时候，他会把我们的稿子全部擦掉，用很好的橡皮全部擦干净再帮你勾一遍。我的被他勾过一次，我们班有6个人，他基本上都勾过的，帮每个同学勾的时候他都非常仔细。现在这张画我还留着，对我的帮助非常非常大。

我刚才有这么一个感觉，一个关键词就是接力棒。陈先生也是受他老师很多恩惠，也不遗余力地把他们的精神发扬光大，陈先生是30后的，他也希望把这种精神毫无保留地传递给40后、50后、60后，包括我们70后，甚至于把自己走过的路，碰到什么问题，用什么方法解决的，都放在面前供参考。这样一位无私的艺术家真的值得我们好好学习，我们，不管是50后、60后、70后，甚至于我们的学生，80后、90后，都应该有这个精神把这个接力棒传下去。

我画画是学着玩的，有时候也会到陈老师那边，让他教了我好几回，我非常佩服他。第一，他有坚定不移的想法，并有决心和努力去实现它。第二，他做任何事情非要做好、做成功不可。我做诗情画意的时候最后做不下去了，我们一帮人到他家里聊天怎么做，他跟我说，你们目前做事有什么困难？我说赞助费是个问题。他说赞助费没问题，我给你50万元的画。这样的大师，他就是这么说出口了。这对我而言是一种很大的精神支持，为了一件事情，他愿意自己来帮你，来付出。这使我一直不忘做事很重要，但做人更重要，而且要把事情做好很难，我很佩服陈老师这种精神。

陈老师一直是我们仰望的星空，昨天看展览的时候我和韩峰、建国一起，总觉得陈老师有一种精神，就像杨老师刚才讲的气，在这种气场面前，我们总是觉得问心有愧，没有他们那么投入，缺乏一种一往无前的精神。建国他们也是很厉害的，我有的时候也是觉得自己好像气没有那么足。我是做设计的，当然国画我也很喜欢，我昨天看了整个展览，觉得有些东西是共通的，陈老师的艺术可以给我们启发，昨天展览主旨的那两句话就可以完全体现出来：一个是顺应时代，一个是献给人民。

我觉得这两点很关键。陈老师说为什么他能消化那么多东西，有那么大的艺术成就，我觉得这两点好像起的作用是很大的。

第一点，顺应时代。陈老师的理念一直很新，他可以跟随时代发展，甚至走在时代之前。我们现在整个社会一直在讲一句话是跨界、融合。我想想陈老师这个跨界，从20世纪90年代就有的，当时我们做地铁壁画的时候，他在静安寺，现在这个东西还在，就是把国画的线条用在浮雕上面。静安八景现在都可以做到，就是用国画手法做了一个全新的壁画，当时就可以看到他的跨界的勇气和探索。今天他跨界更大了，一直跨到了陶艺、刺绣、家具等各个方面。正是由于这个跨界，我觉得他才可能做出今天这么大的格局。

第二点，献给人民。我觉得这个东西，观念上是一个很大的突破，而且这个突破我觉得非常不容易。陈老师作为唐云之后这一辈，作为我们上海文人绘画或者说传统绘画的领军人物，他能够做出这个突破，我觉得是很厉害的。我们都知道文人画总体上来说是文人自娱自乐的，是文人的自我修养，它总体上是向内的，总体上是追求一种超脱于世俗之上的东西。我们都知道国画里边有一个字是一条红线——俗。这条红线，我们一般画国画的人都不敢逾越。陈老师这样一个国画领军人物，能够敢于在这个带有根本性的理念上去突破，能够直面大众的审美，能够"献美人民"，我觉得这个很厉害。这是观念上的很大突破，如果他没有这个突破，也没有现在他这些绘画，他的绘画是雅俗共赏的，他今天画的面貌和他的观念上的重大突破，我觉得是有关系的。这个是要有勇气的，我们一般人做不到。而且他不光是观念上有一个突破，还在实践上能够做到这个境界，把那么好的深厚的笔墨底蕴和全新的审美理念结合起来，变成我们今天看到的样貌，我觉得他在这方面真是做得很好。他前面是顺应时代，后面是献给人民，之所以他能够把国画做到现在这个格局，这两点是重要原因，不是一般人可以做得到的。

刚才杨老师讲的话我觉得很有道理，有些东西，你要做到这个境界，还要看你有没有这个气，有没有这个气场能够hold住。回头想想我们从陈老师身上吸取什么，我觉得这个很重要。这样看来，我觉得陈老师的精神上的影响力不光在国画上，对我们设计，对我们整个学校各个专业都是一种启发，国画、油画、版画，包括我们的设计，都面临着观念上的东西。最终这个画变成什么样子，还不是技能上的东西，最终还是理念上的东西，我觉得这个很重要。陈老师不再光是我们仰望的星空，还是一朵指引我们往前面走的祥云。陈老师昨天讲到祥云，我觉得很有意思。

李超说"家泠模式"，杨老师说陈家泠为什么好，我从绘画角度来谈。陈老师是潘天寿的学生，潘天寿也是陈老师最早的一位大学老师，潘天寿什么特点？就是大气、大智慧、大作品、大影响，还办了一个绘画教学体系。上海美专最早建国画系的是潘天寿，潘天寿最早写了中国绘画史，这个气、这个大，陈老师心领意会。新中国成立初期，学校是不让他们教学的，花鸟画和工农兵和大的作品是连不起来的，但是潘天寿就是要憋这口气。陈老师说越是在逆境艰苦的条件下他越要做，潘天寿就是这样，那个时候不看好花鸟画，他要画花鸟画。那个时候花鸟画只能画小品，因为花鸟画是放在手上把玩的，人是俯视看手卷的，里面的格局稍微小一点，是个人情趣。潘天寿那个时候对中国画做了一个大的革新，也许大家都没认识到。两方面，一个是从八大的构图里，八大的结构图往往是对角线的斜构图，还有就是从写中国的隶书四方形状里，隶书形状和八大的构图语言，合成了潘天寿作品的格局，潘天寿的画一下显得非常大气，就是厅堂之作，不是原先的所谓把玩的作品。这个很明显，在今天陈老师的作品里，我昨天只看了10张画，体会到里面这个大气，厅堂之作。潘天寿就是有这个原因，改革了之后，他的画放在饭店等大的厅堂里，中国花鸟画可以达到大的厅堂之间那种非常好的视觉效果，和西方绘画可以抗衡。一个有大胸怀、大智慧的人才会有这种大的视觉结果，这点陈老师和他也是一脉相承的。

其次，所谓的大，我们在展览会里会说"第一效果"，展览会选画的时候，放在那里，大家看效果，第一眼吸引人就觉得好。大家往往用西方透视的概念或者黑白观念，使这个画看起来能够展示效果冲击眼球，但是陈先生的画是平面的、温柔的、平静的，平静和温柔之间能透出这个大气更难，平面能够在一个厅堂里展现出他的视觉张力更难。陈老师的大气里面，这个做出了平常人一般很难做到的东西。

昨天我有意识地对照了4张画，前面是4个作品，展览会开幕时的大厅里是两个大缸，一白一黑，我反复走来走去看，旁边所有东西都黯然失色。瓷器是民间艺术，放在什么地方是点缀的，但是这两个大缸放在这个厅堂之中，把整个大厅的气场都吸引到它这里去。我就仔细看，一黑一白，刚才陈老师说了，里面的画，他的人生规律也好，作画规律也好，是讲哲理的，讲易经的，这个易经就是黑和白、阴和阳，是宇宙运行的基本规律。这两个大缸里面不像景德镇很多人画的山水，他很简单，就是两三个颜色，最多不超过3个颜色，基本是2个颜色，硕大无比的石榴，那个红颜色在白的缸的底下，很远就看到这两幅画从你眼前冲过来，这就是大气。走到面前一看，这个红又太高贵了，不可以近看，只可以远观，敬仰之心油然而生。围绕这个缸走几圈，走完以后觉得这个缸看不完，正面走也好，右边面也好，这幅画没有底的，永远在视觉变化、节奏变化中运动，走几圈一看，所有生命感都在这里呈现出来。倒过来再看黑和白，一幅黑的荷花，这幅黑的荷花底子是黑的，这是犯大忌的。景德镇说超过1米以上的缸报废率是90%，这个缸我估计要一米五，又这么高，难度会更大。这么大的缸里几乎90%是黑色的,黑色透出青的釉色的概念。国画讲究"雨过天晴梅子青",是要淡,釉色是白色的,透明漂亮,陈老师倒过来了,是黑,让你觉得深不可测,里面很深邃。这个深邃,我要沿着缸兜几圈,黑色里面露出一个很小的尖角之间的交叉,交叉里露出一颗、两颗莲子,就觉得你进入这个缸里,原来白色的是高贵,让你不可近看,只可远观,黑色的让你知道什么叫中国宇宙观,什么叫中国的黑和白的阴阳运转规律。如果说这两个缸一看这个气场,陈家泠不仅仅是要画一幅荷花,而是画中国的哲学二元对立统一。黑和白、大和小、粗和细在里面都变成了一个非常有机的中国文化的叙述。

在进场的两张画,我就看一张叫《万顷刀郎花》,估计是云南的,非常鲜艳的玫瑰红,还有一张叫《太行山之铜墙铁壁》。这两个也是相当于黑和白,一个是悬崖绝壁,一个是柔情似水,这两个对比那么强烈,我觉得又是陈老师的智慧。一看这个颜色有质感,我用几个字形容,一个叫形,一个叫质感。形里面有形和式联系在一起,方块结构,他的每一块颜色都是一块一块方的,方的颜色就不是轻薄的,他画的一块一块的红,很鲜艳的颜色,但是用方的形体概括的话,这个颜色本身已经被赋予了质和量的含义。这块颜色不是一笔下去,而是一点一点积点成面,每一点、每一笔下去都是功夫,千点万点变成一片颜色的话,要多少精力下去,多少功夫下去,会有一种沉淀感。这个颜色下去有一圈匀染的沉淀感,类似于投影一样,大家互相重叠,重叠之后变成一种很沉重、很复杂、难以辨清里面有多少的深邃感,这个画又重了,又厚了,质和量都达到了平面的雕塑感,一块方的旁边一块白的、红的、方的、白的跳跃之间,马上形成了浮雕的感觉。更绝的是,形似里面,陈老师太有智慧了,密密麻麻的鸟,在天上飞,但是鸟飞成一个圆圈,群鸟蔽日,黄昏要回家了,万鸟归林,那么多的鸟,密密麻麻,这个意境太高了,鸟和整个宇宙运行、和天地之间又融合在一起了,你没法说这个画到底是画的风景还是刀郎花,都不是,而是陈老师和天地之间的相互交流、相互对话,最后一个轻快的颜色,实现了让你觉得很大、很富有穿透感的那种视觉和心理效应。铜墙铁壁也是一样,画了太行山,99.9%画太行山的,把太行山的质感、沧桑感表达出来就不错了,陈老师也表现了石材密集的皱褶,但是就分三成,第一层是很舒朗的黑的线,第二层是重一点的赭石的折线,第三层是更淡一点的折线。三层折线叠加在一起成为底色,石头所有的起伏在不经意之间展现出来,铜墙铁壁的感觉,悬崖绝壁的矗立感、沧桑感都有了,但是这种举重若轻的沧桑感中他又巧妙地让沉重变成了轻快。山顶上是一块绿色,绿色把每一张画连起来,每一张画中间必定从山顶上流下一道泉水,山有水则灵,这道水下来,原来铜墙铁壁的感觉里有生命的韵律感、生命的跳动感和仙气,这个是高手。

这两张画一对比，刀郎花是一块桃红的轻盈，鸟的形态变化转换成人和宇宙之间的对话关系，铜墙铁壁中，如果把石头的物理感和人的生命的生物感之间又进行切换，马上形成一种宇宙感。这两者之间举重若轻，举轻若重。这种做法在技术、思维上，是陈老师又一个大的概念。

最后一个大的概念在于陈老师的作品。如果说一个"是"形变成一个"似"，从一块颜色变成一种质量感、一种有雕塑意味的材料感的话，这些整体的一张画，你可以在这幅画的任何一个角度、一个局部去碰一下，都是一根琴弦，整幅画像中国古琴的琴弦，轻轻碰一下、拨一下，所有画面都会产生非常优美的共鸣。每个角落和角落之间都会产生和谐的共鸣，这种和谐的共鸣我觉得就是我们古代说的气韵生动。在他这里，具有现代语言的气韵生动恰好像一座古琴、一根琴弦，让人情动全身。所有韵律感都产生的时候我们就自然而然感叹陈老的往年，他的作品让你很难感受是一个80岁的人画的，它是具有朝气和很强力量的，陈老师赋予他作品的特殊感觉，俨然已经变成了他与作品之间的共鸣，一根琴弦拨动的泉水声，给人一种超自然的感观体验，这好像是陈家泠老师打下的伏笔，又好像是不经意寓意的地方吧？让人品味，极具玩赏。

我觉得艺术还是要融入生活，艺术和生活怎么样有机结合，或者可持续性发展这一点，以后上海很多画家的作品都可以进入商业尝试，和艺术相融的有很多，我父亲是第一个尝试的，我觉得可能会有第二、第三、第四个。我们怎么样专门有一个，比如学院里专门研究这方面，我们去过卢浮宫所有博物馆比如蓬皮杜等等，都有自己的研发中心和卖品部，他们的卖品部支撑了他们很大一部分开销，我们不说赚钱，至少可以扩大影响。小到一个冰箱贴，大到一个复制画，都可以做。我们怎么样能够有这样一个，我们现在对版权都还在很低级的认识层次，最好我们像巴黎高美有一个展览专业，我们是不是也可以有艺术衍生品专业。比如说非遗技术怎样和艺术结合，我们都在探讨，我和我父亲都在做这个事情。比如我在做家具，他在做丝绸，都会碰到非遗和艺术的相融。工艺过一步就是艺术，现在隔膜越来越薄，几乎没有了，但是我们在这个当中，人和人之间交界，现在是无数个相交点变成了一个艺术，是不是也有这么一个机构出来，现在越来越多了。包括以前雕塑后来变成了材料系，材料系以前是前卫的，现在已经变成很正常了，我们是不是要走一些前卫的路。

李超讲的话题就是要通过寻找一个规律，如何把文化资源转换成资产，资产运作变成资本，在陈老师身上有很多是按照这些总结的。

艺术衍生品研发中心，这点对我们很有启发。以后在我们的学科建设和专业设置方面，我们再商量一下，把这个事情怎么落实、做好，以项目课题的形式做好。

汪大伟：

我们要通过陈家泠整个艺术实践再总结如何能够扩大这个艺术资源，通过图片、造化、画境，再通过融合，把这个资源转换成资产了。但是资产的转化，是通过什么步骤去做的呢？就是跨界、共赢，就是通过跨界和共赢，把资产往资本转化。怎么形成资本？就是要梳理、积淀、成品牌，这才能真正成为资本。所以这样的一个过程，都在陈老师这里找到案例。

陈家泠：

而且同时要放大，然后给它形成一个规律，形成一个可操作的模式来发展。上次专家还讲，好像比较粗糙，这个东西没市场的，结果一看，变样了，进步了，这是很好的，而且鼓励他，这种家具就不是普通了，是艺术品了，又提升了。应该说一次次展览，一次次提高，办展览是一个武器，每办一次展览，对自己就是建造自己的台阶。自己为自己建造的台阶，就是自己不断一步步上升的过程，所以展览就是自己建造台阶的过程，每次展览也就是你提升的过程。我举个例子，如果我从商品意识去做，画画红叶小鸟就够了，其他不用创作，人家喜欢我你就买好了，但是红叶小鸟不能开画展，要不同的品种、不同的构图、不同色彩、不同节奏，这样使你思路打通、技术开拓、技术提高，自己捉弄自己，自己提高自己，就是这样一个过程。我们的总结是多方面的，学校的任务，也是通过这样培养学生，这个都是美术学院的资源，我认为这个要跨界。看起来是画院，过去已经跨界了，过去画院就是很跨界的。

陈家泠：

建设美术学院自己的理论体系，我认为要有这个想法，需要自信心。我们做成一个"现代化炼钢的高炉"，首先要立足于自己，要有自己跟自己的对比。

汪大伟：

艺术院校就是要建造自己的"高炉"，艺术馆非常重要，就是引领着你的教学和美术学院的资源集聚。

大家讲得很尽兴，今天给我最大的启发就是陈老师一开始做的引导，希望不要讲他，以他的东西来说事。蔡老师讲了一句，每个人应该从理论上，从发展角度，从理论角度进行梳理、总结，今天这两个头，中间一开，基本上把原有的研讨会当中大家只说好的思路，转换成另外一个角度，怎么来判断，怎么来认识，怎么来提取，从这些角度上大家提了很多好的建议。无论阿忠讲的"玩"，杨老师讲的"气"，还是"三个转换"，包括董卫星讲的"献美于人民"这种敢于突破文人画的概念和观念，我们概括起来都是从方法论角度去思考。别看"玩"，也是一种方法论，我们看的是陈老师表象后面的方法论，从他的大气、气度、格局看到一种理念。从大的来讲有家国情怀，从专业角度来讲，他敢于突破文人画底线，大俗大雅，他敢突破这个底线，格局就不一样了。在上海的两层的画展，恰恰又能够提升到对上海美术界画风振兴的思考，寻找自己的定位，也是寻找上海艺术本身站位，上海自己也在思考自己是谁，自己能做什么，这样一来，就更加能够引起大家对于我们上海美术发展的思考。今天我最大的感受就是从一般的观者转换到怎么去思考一些问题，同时也从思考问题过程中找到我们自己的站位和定位。

美院特别是上海美术界的能够聚在一起，非常尽兴地来谈，提自己的思想和思考，我觉得都给了我很大的收获和启发。

今天围绕陈先生的展览和艺术、人生，大家谈得很好，很确切。回去以后，我们和上海美术家协会、美院商量怎么来做这些总结工作。对今天的座谈会和陈家泠先生的艺术，我可以用十六个字概括，我感觉陈家泠先生非常注重融入生活，他所有的艺术，我前面讲的四个新，都是从生活当中来的，融入生活，这个很重要，包括气质、玩等等，陈先生热爱生活、融入生活，这个特别重要。第二个就是造化自然。刚才这位先生讲的这些作品，实际上对生活和自然这一块的关注，走向自然，走出画室，他做得非常好。我们现在提倡深入生活，扎根人民，走到生活中去，他80岁的高龄，走遍了全国的名山大川，造化自然这一块，对陈先生的艺术创作和风格的形成是非常重要的，不走向自然，不可能有他这样的形式和艺术。第三句话就是笔墨自觉，他现在的创作完全达到了笔墨的自觉。第四句话是艺术自信。他现在所有的创作，包括他的衍生产品和瓷器创作，包括他办的这些艺术展，都是他艺术自信的一种表现。我们现在讲文化自信和文化自觉，我感觉在陈家泠先生这些作品当中，他办展的过程中都体现出来了。

所以十六个字就是：融入生活、造化自然、笔墨自觉、艺术自信。这是对陈先生艺术的总结，也是对我们今天座谈会的总结。谢谢大家！

# 看陈家泠如何为 G20 峰会"化境"

陈履生

在 20 世纪初的中国画发展史上,海派与京派、岭南派三足鼎立,构成了中国画进入新世纪继承、变革与发展的洋洋大观,然而,20 世纪中期的社会变革影响了中国画发展的路向,传统的画派在新的社会中如何发展成为人们的期待。许多画家为此身体力行,孜孜以求,一大批成长于新中国而卓有成就的画家走上了新的历史舞台,陈家泠先生就是其中的佼佼者。

陈家泠先生 1963 年毕业于浙江美术学院(今中国美术学院),师从潘天寿、陆俨少等先生。他几十年来立足海上,继承了海派变革与发展的传统,为当代中国画带来了时代新象。1984 年,他以《开放的荷花》入选第六届全国美展,并且获得佳作奖,为人们打开了认识他的视窗。这是陈家泠人生中的一个突破,此后,他一路前行而自成一家,重振了海派雄风,并擎新海派之大旗独树一帜,为"新海派"在新世纪的崛起作出了重要的贡献。

陈履生出席陈家泠在广东省美术馆的展览会

2007 年 8 月 19 日至 26 日,"灵变——陈家泠画展"在中国美术馆举办之后,"化境——陈家泠水墨艺术展"又于 9 月 18 日在上海美术馆开幕,2013 年 9 月 23 日,"化境——陈家泠艺术展"又在中国国家博物馆举办,所谓的接二连三和接踵而至。最直接的效果就是很快的普及了"泠"字,因为在人们的知识系统中不太注意到"泠"和"冷"的区别,仅仅是一个点的多少就有了发音上的截然不同,而发音之错往往成为一种文化程度的标签。缘于此,人们不得不睁大眼睛看看,有时候表现出难得的谨慎。"泠"非"冷","泠"之热却以其清新给与传统水墨画以时代新知。

"化境"和"灵变"像陈家泠的一双眼睛,表达了他的艺术的神情,也表达了彼此的互动关系。早于 1990 年他在香港的"化境"和 1991 年在新加坡的"灵变",就已经让人们感受到了他的魅力,不过这只是墙外开花。10 年之后,他以同样的名称在国内两大城市再来一遍,以墙内开花呼应墙外的满园春色,使墙内墙外香气连接,形成了一个"泠"的气场。无疑,这既是强调,又是一种特殊方式的艺术宣言。从展览的角度来看,上海的画家很少在中国美术馆举办个人画展,当然,这之中的原因有很多。说上海画家很难回避"海派",而一提起"海派",人们也会有很多解释,因为角度的不同,其中有褒有贬。但不管是褒还是贬,"海派"中的那种特有的带有地域性的味道,在各行各业中都有其可圈可点之处,画史中的"海派"正以其"海派"的特点和方式,冲击了周边的"四王"遗风,并影响后世。

客观来说,像陈家泠这样具有"海派"特点的画家面对北京画坛是有一定难度的,因为观念和风格的对立,决定了业内人士与公众的取舍。可是,时代造就了陈家泠,也为陈家泠创造了史无前例的机缘。今天,风格已经淹没在社会的需求之中,而个人化风格的偏好与歧视,则难以影响到公众化的潮流与时尚,因此,陈家泠在北京

陈履生参加上海玉佛禅寺陈家泠佛教艺术馆开馆仪式

的展览得以大获成功，而这种成功对许多人来说都难以置信。陈家泠的展览拉开了中国最大的两个城市之间艺术交流的序幕，而这之中历史背景内的"京派"与"海派"相关的文化话题，却早已经为这一交流铺垫了深厚的学术基础。

陈家泠乘着北京"灵变"的东风，回归故里之后所显现的"化境"，自然是顺理成章，上海美术界为他喝彩，"化境"也就成了"灵变"的庆功酒会。关于他的画，其核心的问题还是"灵变"。"变"作为20世纪中国画发展的主题词，几代画家为之绞尽脑汁和用尽笔墨，从陆俨少门中走出的陈家泠，像许多画家一样依恋于传统的笔墨，但时代之变所要求的中国画之变，促使画家们有了不同的变法。陈家泠的"灵变"不仅体现了"海派"的特色，而且更具有他个人的特点。他从令狐冲学武功的经验中受到了启发，认为对于传统第一要记，第二要忘，这与李可染先生的那句著名的"打进去"与"打出来"的言论有异曲同工之妙，而"无招之招"也就成了"无法乃大法"。

陈家泠的变主要反映在他的技法上。他主动舍弃了传统中国画的笔墨，也舍弃了写的命根；他沉浸在制作之中，把那种稳操胜券的随意性的发挥，推演成一种极端化的理智。因此，他吸引了许多人的好奇心，由此，也招来了一些非议。毫无疑问，这正是当代中国画在新世纪发展中的问题。另外一方面，在陈家泠的画中，还不时地透露出与陆俨少笔墨相连的那种让人们感到亲切的语言，则可以让人们感悟到他的成功之处正在于"灵变"之后所出现的"化境"。

陈家泠先生是当代少有的能够在艺术领域玩较多花样的艺术家之一。在"变"和"化"之间，他的灵性得到了极大的发挥，他的才能也得到了充分的施展，而他的"化境"为中国21世纪的艺术所带来的是绮丽和缤纷，使得他的"泠风格"成为当代水墨画艺术中一支特别的力量，也为传统艺术的当代发展提供了一个值得研究的个案。此次展览集中展出了陈家泠先生近期的创作，将把人们印象中的以花鸟画为主的创作，扩大到人物、山水、花鸟画并举以及在工艺美术方面全方位拓展的新的境界。其打通中国画人物画、山水画、花鸟画界限的探索，让人们看到了新海派绘画的实力以及独特的才情。同时，他还把中国画的笔墨和中国艺术审美的艺匠推广到诸多生活实用器具和生活过程之中，将审美扩展到现实生活领域，笃行"日用即道"的古训，为美的生活、生活的美增添了色彩和情调。

灵变所呈现的阶段性的意义，为陈家泠在20世纪后期的中国画坛上确立了地位，也为以他为代表的"新海派"在新世纪的崛起做出了贡献。可是，如果只有这种灵变，他就有可能停留在这种阶段性之上而难以获得持久的生命力。

《庄子》的《逍遥游》中记有一种名为鲲的北冥之鱼，"化而为鸟"成为鹏，这种"化"所显现的质变，实际上是一种飞跃和升腾。透过技术的手段而获得灵变的陈家泠，如何在已有成就的基础上获得历史性的飞跃和升腾进入"化境"，无疑，还得依赖技术手段，才能完成由形式和技法上的化，内容和表现上的化，到品格和境界上的化。

"个人的技法就是绝招。绝招就是一个流派的产生。""人家做不到的我要做到,做到极致就变成绝招了,其他人也不可能达到这个水平,所以,每一个人在艺术上都需要有一种绝招。"随着陈家泠在技术上的完善,"走、守、漏、透"画法的成熟,更重要的是这些服务于画面情境的基础性的内容,已经非常和谐地营造了"泠风格"所表现出的那种新海派美学。"和,故百物皆化"——和谐产生美,也成就了陈家泠从"灵变"走向"化境"。走向"化境"的陈家泠"故百物皆化"。

陈履生参加上海玉佛禅寺陈家泠佛教艺术馆开馆仪式

通常,一般的画家能够达到"灵变"已是不易,而达到"灵变"的画家能够进入"化境"更是为难。陈家泠是非常懂得"化"的画家,他对于人生不同时期的"化"所产生的不同的结果,有过非常精彩的阐述——"青年时懂得'化',就能举一反三,事半功倍。中年时懂得'化'就能博求约取,而独创风格。老年时懂得'化',就可以去陈规旧习,冲破藩篱,而达到新境界"。这好像是为他自己所作的总结。他就是在这种"化"的追求中,中年"独创风格",老年"达到新境界"。进入"化境"的陈家泠的艺术如同佛教中可教化的"十方国土",多样化的题材内容和多样性的表现方法,向人们展现了一个无比丰富的艺术世界。

进入21世纪以来,陈家泠无拘无束、出神入化地应付各种题材内容,既表现在传统的山水、花鸟、人物等不同的题材之上,同时,又在传统的题材范围之外做了许多延伸,他的那种山水非山水、花鸟非花鸟所表现出来的化境,既有融会贯通,又有相得益彰。在此基础上,他还建立了"泠窑",希望通过窑变来实现在宣纸上达不到的效果,或者说在另一个领域内扩大"泠概念"中那种灵变的思想。俗话说"水火不容",可是,在陈家泠这里,水火相安无事。水作为一种中介在宣纸上能够生发出特殊的效果,而以火作为中介同样能够通过窑变获得不同于始初的魅力,两者的共同点都在于把握。陈家泠的兴趣转移从某一方面来看,也是在验证他绘画技法中的"绝招"在其他方面的适应性,显然,具体的技法在运用中会有所不同,可是,他那些具有标志性的图像符号在转移到陶瓷上的时候,则出现了完全不同于宣纸的效果,然而,却是地道"泠风格"。这是在化的思想下的新的"灵变"——"化境"促成了新的"灵变"。

不拘一格,为所欲为,处于"化境"之中的陈家泠甚至感到手绘陶瓷也不能满足他,继而将手绘陶瓷运用到家具上,进而有可能还会运用到其他方面。显然,这时候的他,画什么不重要,画在哪里也不重要。重要的是不为形所拘,不为法所累。

陈家泠是当代少有的几位玩的花样较多的艺术家之一。在"变"和"化"之间,他的灵性得到了极大的发挥,他的才能得到了充分的施展,而他的"化境"为中国21世纪的艺术所带来的是绮丽和缤纷,使得他的"泠风格"成为当代水墨画艺术中一支特别的力量,也为传统艺术的当代发展提供了一个值得研究的个案。

# "泠"空间的零距离对话
## ——与艺术家陈家泠的座谈摘要

2012年，陈家泠与西藏班禅转世灵童琼布活佛
（许根顺摄）

2012年，陈家泠在西藏

2015年，陈家泠画人物写生

时间：2015年9月5日
地点：上海贵都酒店
参加人：陈家泠、汪大伟、李超、许根顺、王卓然、林卓、陈雅婧、黄青

2015年9月3日晚国家主席习近平携夫人彭丽媛在人民大会堂举行纪念中国人民抗日战争暨世界反法西斯战争胜利70周年阅兵国宴招待会。此次国宴的请柬、菜单、演出单均由上海大学美术学院国画系教授、著名艺术家陈家泠先生绘制、设计完成。荷花系列作为主题，寓意高雅纯洁、坚贞的品格，更是作为和平、和谐、和美等美好的象征。这是继2014年纪录片《陈家泠》入选第9届罗马电影节之后的又一重要荣誉。陈家泠教授的创作题材广泛，平面的水墨人物花鸟、立体的瓷器、时装、电影，实现了从平面的绘画到立体的瓷器、时尚文化以及影像的跨媒介、跨领域的综合探索，并取得了卓有成效的艺术成果，陈教授曾自称他的品牌就是"泠"。陈家泠教授在艺术上取得的成就既是上海乃至国家的荣誉，也是促进上海大学美术学院进一步发展的宝贵资源，陈家泠教授的成功案例和他的美术教育经验及艺术探索的体验对美院今后的发展都有重要的启示与引领作用。上大美院借助上海市高峰、高原学科发展机遇、积极筹建上海大学上海美术学院之际，由院长汪大伟策划编著的"大师艺术教育经典"系列丛书，将对陈家泠教授的艺术人生、创作、探索、成就做一次系统全面的梳理。

2015年9月5日，汪大伟院长携上大美院"都市艺术资本"工作室李超教授及部分硕博士生与陈家泠教授进行了一次座谈，陈家泠教授对上海大学美术学院在新机遇和挑战下的办学与发展提出了宝贵的建议。

## 一、美术学院要有品牌意识和时代使命感

作为一个学校，必须要建立自己的品牌，这很重要。现在就要考虑上海大学美术学院何去何从的问题，今天我就结合自身的体会重点谈谈品牌问题。

品牌的形成除了自身的成绩，也是时代的召唤，时代的需要，时代不到这个工作也是蛮难做的。其实我这个品牌在1989年《不染》获全国美展银奖时就已经出来了，只是他们不重视。为什么现在国宴上用我的国画了，时代到了，拿出来有效果了，时代不到，拿出来也不管用。

解放后相当长一段时期内，上海对美术是不受重视的。我到上海教书，开始是上海美专，后来上海美术学校，现在是上海大学美术学院。名字变来变去，不稳定

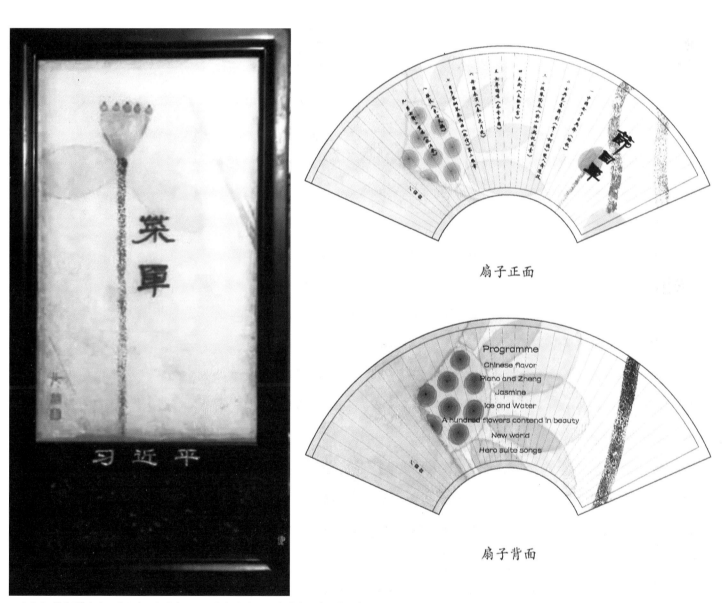

用陈家泠的"荷花"作为世界反法西斯战争和抗日战争胜利70周年的节目单设计元素

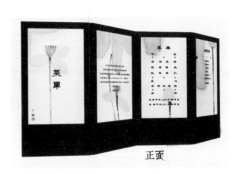

用陈家泠的"荷花"作为世界反法西斯战争和抗日战争胜利70周年的菜单设计元素

2016年，陈家泠在延安写生并拍摄素材资料

啊。以前的校址，在现在的华东师范大学那里，过了没两年，又到漕溪北路，没几年又到天津路，再没几年又到凯旋路，现在又在上大路。这个地址变来变去，中央美院、中国美院、上海戏剧学院办学相对稳定，所以人才辈出。我们学校不断更换地方，这对办学是非常不利的。

现在要成立上海美术学院，就要建立自己的品牌。美术学院要建立符合时代精神与需求的新的理论体系、新的教育体系、新的教育模式。刘海粟建立的是20世纪30年代的体系，徐悲鸿是1949年后的体系，上海美术学院要建立的是21世纪的新体系。现在中国人要实现中国梦，上海美术学院也要有自己的美院梦，只有这样，大家才会有信心、有动力，才愿意牺牲。共产党为什么会取得胜利啊，要实现共产主义！没有共产主义指引，人们怎么会愿意为了胜利而牺牲自己的生命？所以设定的目标要远大。上海大学要把构建东方审美的新坐标作为奋斗的总目标。

现在讲中华民族的伟大复兴，我们美术也义不容辞，要文艺复兴。那么21世纪要有审美新坐标，能不能在上海大学美术学院发起？因为学校是最富有创造力的。刘海粟和徐悲鸿他们建立的是过去的一套体系，是有时代局限性的。

我的"泠"品牌的建立有参考价值，其中有很多条线索，你讲的跨界是其中一条。艺术已经由架上绘画，走向平面，再走向立体，走向空间，过去画画都是平面的，雕塑是立体的，现在我在搞平面的，也在搞立体的，不但搞立体的，还搞时装，这是空间啊，这就是理念的跨界。从艺术到生活，生活艺术融合了，生活美化了，艺术发展了，这是一个思路。然后再进入到你的主题，怎么再跨界，把艺术发展成资本，这也是一个思路。平面艺术也可以通过产业发展成资本，让艺术和生活结合，也跟资本结合。

你们在理论研究的过程中既要关注我怎么从平面转型，跨界到陶瓷、到时装、再到电影，也要研究我在转型的过程中如何将艺术与资本结合，同时构建了东方审美的新坐标，研究好了，你们就是审美新坐标的理论家。这是新时代的理论使命，是不同于王朝闻那个时代的美术理论，你们要有这样的抱负。这也是复兴海派的必经之途，近现代许多文化、政治、革命的成功都是从上海开始的，现在实现中华民族的伟大复兴，海派也要做出自己的新贡献。

## 二、中国画创新可借鉴毛泽东思想

学院要有品牌意识,要树立远大目标。但远大目标的实现是需要出作品、出理论、出人才的。一定要有这个雄心壮志,画画要创新,理论也要创新,理论是从实践中来的,要好好学习毛泽东思想。

中国怎么取得胜利的,毛泽东靠的是洋为中用。我们画画要取得胜利也要洋为中用,你们不要一味学习西方的理论和观念模式,要善于综合比较的学习,要学会融通,你们是现代的理论家。毛泽东学习马列主义,但也研究现实问题,他为什么要去山沟里,去三湾改编,要上井冈山,跟农民在一起,访贫问苦。就像我们画画一样,你不去写生,不去吃苦,你画得出来吗?写生太重要了,这个跟毛泽东访贫问苦的道理是一样的。你做理论家也要研究现实问题,这就要访问我们画家,要靠我们实践然后总结上升到理论,来成为21世纪新的理论家,来解决新的问题。

2013年,陈家泠在江西井冈山革命根据地拍摄八角楼的资料

在现在的画家中,我有自己的特色,许多其他画家没有尝试的领域我已经在做了,他们画陶瓷我画绢,我画丝绸画古装,他们也开始画了,实践要总结,理论也要总结,我为什么取得胜利,就是总结出来的。所以我这一次到湖南,第二次到井冈山、韶山,有很大体会,去速写,温故知新。我们刚刚做老师的时候赶上"文化大革命",走到井冈山、韶山,有这样的信心啊,需要有毅力。要重新认识毛泽东和毛泽东思想对中国的巨大作用。我在和湖南的领导一谈,他们基层干部讲的话都是一样的,道理都一样,要提炼出来,概括,要有要点。当时的关键就是土地、利益和生存,抓住要点革命才胜利。我们的要点就是要建立东方审美新坐标,作为画家,我要画有东方韵味道的现代作品,作为理论家,你们要建立现代东方审美的理论体系。

2016年,陈家泠在贵州娄山关冒雨写生

我们再反过来去学毛泽东,他也是把马列主义东方化。实践论、矛盾论都是东方的哲学,矛盾论实际就是老庄哲学,所以他懂文学、懂国学,他是一个艺术家,他用艺术玩政治啊,他已经圆通了。邓小平也有创造性的,现在的领导人也有开创性的苗头。

现在重要的是东方审美新坐标,要好好研究什么是东方,东方是不是对世界有价值,东方的哲学思想、美学是不是对世界有贡献?我是画画的,你们是做理论的,就要研究这个问题。东方要研究透,审美要研究透。

此外,新在什么地方?我认为我的画有东方韵味,没有一个理论家认为我的画不是东方的,因为它的思想是东方的。有的国画家笔墨是东方的,但是形式美有点迷路太多了,所以在中国很兴起,到外国去他们不认识,他们不一定认可的,因为还有模仿的因素。像我这个没有模仿的痕迹,人家看不出,我是接受潘天寿和陆俨少

2013年，陈家泠在贵州遵义会议旧址参观

的思想，人家看不出，既不像潘天寿，也不像陆俨少，但是骨子里就是潘天寿和陆俨少的影响，这个理论大有研究。我认为这个理论本身就是艺术，我现在还没有考虑好，但是可以把思考的问题给你们参考，这就是中国画的理论体系。

美术发展的过程中出现了很多理论，很复杂，有拉开距离论，有中西融合论，有洋为中用和古为今用论，有不东不西不是东西论，理论很多。潘天寿提出：中国画要和西方绘画拉开距离，一个民族没有代表自己民族文化的符号，不能屹立在世界民族之林；林风眠的理论要东西融合；到毛泽东时代，他提出洋为中用，古为今用。21世纪我们要树立上大美院的新理论，要构建东方审美新坐标。但是理论问题，要用作品说明问题，没有作品说明问题是没用的，马列主义之所以现在还讲是因为中国革命胜利了，没有胜利就没用的，理论最终为解决实际问题的。

理论从群众中来，到群众中去，其实就是这个道理。我现在梳理一下，把毛泽东的理论，再创新一下，就是古为今用。古为中用，要以今为主，洋为中用，要以中为主，我的思路就是这样的。你看大家都在搞创新，中国画创新，往往不像中国画，洋为中用以洋为主，吴冠中就有这个缺点，看起来是国画，但不是以中为先。但是林风眠都是融合的，是中国画。因为他的组织，他的线条还是中国的，他的父亲教他学《芥子园画谱》，开头很重要，《芥子园画谱》一学，他的组织定式就形成了。中国的文化是定式的，比如京剧，失去了定式就不是京剧了，围棋一定要有定式的，没有定式打不过人家。中国画定式一定要有，那些野路子没有定式，没有东方韵律。还有一个东方的审美到底是怎么样的？我也有自己的一套想法，洋为中用，以中为主。创新变化到最后不像中国画就是因为以洋为主。以洋为主就是洋奴了。米罗学习东方的东西但是以洋为主，他就出来了。所以你要成为国际性的大画家，必定要有自己的立场，我们艺术家要有艺术立场，我们艺术立场就是东方，没有这个立场世界上就没地位。古为今用要以今为主，像陆俨少古为今用是创新的，是以古为主，他是代表20世纪的，不是代表21世纪的，人们对陆老师的界定就是20世纪最后的文人画家。我认为我这个是转型的，古为今用。陆老师在自己视野范围内跨不了界，我已经能够跨出自己的界，跨界不是行业的界，而是跨出了平面的界，而是二维到三维再到时间的一维，能跨出这样一种维度的空间之界。

时代性就是既要融合又要有个性，就是和而不同，要吸收人家的又要有自己的，不要跟他们相同，我认为就是这样，洋为中用，以中为主，古为今用，以今为主。我们要做的事情就是毛泽东思想的现代版。

## 三、绘画要创新，但不失东方韵味

中国画有六法。古典的成法，林风眠是融合的，他的线条组织，都还是中国式的。过去他的父亲教他学《芥子园画谱》，通过《芥子园画谱》的学习，他的组织、定式还有他的理论是中国化的。什么是东方韵律？东方韵律在技巧上有三点。什么叫作东方呢？东方文化往往是有定式的，围棋也一定要有定式的呀。书写型的线条，这一点很重要的，东方韵味，你看你这用毛笔画线就是中国韵味，你用钢笔画线，不可能是中国画，所以线的形状很重要。

我们这个要求是有很高高度的，有东方韵味，而且跨出了古典规范。我们要用线条建立新的高度。第一就是线，线的形状一定要用毛笔像用书法一样的线条来作为艺术的符号，具有东方韵味。书法的线条，不是连环画的线条，不是速写的线条，不是木炭条的线条，而且这个线条也要讲质量啊，线条也有粗野和细腻之分，书法的线条这个太难了。这个才有学术价值、理论价值，我们要把理论化成指导性，要变成现实性。这个理论如果不能指导现实，你这个理论就是没用的。我认为第一条这个线就是这样。第二，要有装饰性。你看英国大英博物馆中国古代的《女史箴图》《韩熙载夜宴图》《清明上河图》《八十七神仙卷》《溪山行旅图》，中国的古代艺术作品都是有装饰性的。什么叫装饰性？就是概括性，不是写实性的，是中国画的这个东方韵味。第三，平面化。中国画要平面的，不要立体的，平中不平，不平中平。这三个是技巧层面，还有一个层面就是思想层面。中国的六法中第一条气韵生动，第二条古法用笔，其他都是技巧。只有第一条是思想，但它不具体，东方的哲学概念、东方的韵味是什么，我也给它总结了三点：清、静、和。清、静、和三个思想，代表东方的哲学思想，中国人经常说"清气满乾坤"，为什么要讲"气"，对"清"和"气"的理解就是东方的哲学，我们还没有好好发掘。"气"是一门气学，一门学问，是一个生命的学科，中国还没有好好地整理和发扬，这个理论要整理出来，要发扬，我现在已经开始实践我的理念。对孙子的教育，从小要学两样东西，第一样就是书法，为什么呢？从小要练手，写书法练手，要手活，好像中国人用筷子吃饭一样，手活了才能生存；另外，练线条，练字不光光是练字啊，字就是结构，字就是美学，线条结构组合就是一门艺术，不是写字，就是玩艺术，他们玩书法还没有达到应有的境界，写书法是玩艺术，玩滋味，玩文化，练线条练结构练组合这个太重要了。第二，练腿，从小就要练武术，现在我们国家还没提出来，上大美院要提出来。从小要练武术，也很重要。

表现东方韵味的三个技法与思想是我总结出来的，现在没有一个理论家提出什么叫东方韵味，所以现在评论国画的理论家他们也落后了，我们美院的理论家要构建新的理论。

《亿万年的对话》局部

《荷花》（一）
宣纸 中国画
60cm×120cm
2004 年

《荷花》（二）
宣纸 中国画
60cm×60cm
2004 年

《荷花》（三）
宣纸 中国画
60cm×60cm
2004 年

## 四、理论家要大胆创新、善于总结，把传统的精华现代化

上大美院要实现 21 世纪美术教育的新模式，星星之火可以燎原，我们要有这个雄心，"为有牺牲多壮志，敢叫日月换新天"。哪一个创造没有牺牲？我做陶瓷，不好的也要打掉的呀，只有大批打掉之后，好的才出来，这些打掉都是为好的作品牺牲掉的，这就是画论，要想有好东西，就要不怕牺牲。

我受了湖南的影响，重新认识这方土地的思想，他们很会总结，基层干部都是很会总结，毛泽东就是在这种基层干部中涌现出来的一个天才，还有天才也不是无缘无故的。我看了齐白石纪念馆，我有体会，他的老师是个文学家，很有知识的。没有老师的熏陶，他文章能做得出吗？画画的老师是谁，是《芥子园画谱》。他那里有好几种《芥子园画谱》，这个就是老师。齐白石就是靠《芥子园画谱》出来的，你去看他的山水花鸟都是《芥子园画谱》理出来的，所以我们要总结。我们要把《芥子园画谱》现代化，这是我们的理论，理论家要做这个工作。要把《芥子园画谱》现代化，要把毛泽东思想现代化。我认为好多是画论，我们要跨界。思想不要封闭，政治是最高的艺术。比如我们现在的阅兵式，阅兵式不是政治，阅兵式是艺术的体现，一个文化的体现，如果这个阅兵式都像乌合之众，就不美了。

所以现在这个定位就是，当代人们需要什么。毛泽东那时人们需要什么，要分田分地。现代 21 世纪要为什么而奋斗，要为文化而奋斗，这个时代到了。为什么？我也有体会，我的纪录片放到罗马，大家经久不息地鼓掌，在上海的反响没有罗马那么好。也许我们中国的审美不比罗马差，但中国审美的领悟还是不够的。

我为什么提出这样的理论，是因为我要研究这个理论，我为什么能看到，人家为什么看不到，其实人家开始看到了，但不系统。我们要创造 21 世纪的东方审美新坐标，就是从井冈山开始的，你们就是理论的"井冈山部队"，我们要从理论出发，我教过很多学生，但是那个时候我还没有这个理论，现在相对系统化了。我在 10 年当中，从 70 岁到 80 岁要大量的创作，大量的展览会，大量的思考，这个路线不是一时想出来的。像潘天寿他讲的，要拉开距离，他还是抽象的，我这个很具象，怎么拉开距离？第一，中国画就是像书法一样的线条，我们用线来造型，跟西方画由面来造型拉开距离。这个就具体了，潘天寿还没有具体提出。第二，我要装饰性。装饰性就是要重新组合，西洋画写实，他画风景画，风景画是花朵啊，是很现实的，不大取舍的，中国画要分类取舍。取舍就是要装饰性。这个第二条要拉开距离的，跟西方技巧拉开距离。第三，要平面化，你看所有的中国画都是平面化的，西方要立体，我们从技法上拉开距离，这个就是东方韵味。以这三条为基础。

2013 年，陈家泠在毛泽东故居留影

2016 年，陈家泠在延安写生

2013 年，陈家泠在江西井冈山写生

你们是一个团队，理论的"井冈山团队"。湖南为什么会出毛泽东呢？不是无缘无故出现的，他们很善于总结。到井冈山去要记住一句话，井冈山的精神就是星星之火可以燎原。

2011年，陈家泠在山西写生

2016年，陈家泠在太行山写生

---

本文内容摘录自 2015 年 9 月 5 日陈家泠座谈录音

# 陈家泠专访

胡建君　黄冰

"陈家泠热",是伴随着三个进京展览引发而达到的高潮。他的进京展的意义,在于它是新世纪上海第一位由私人出资、组成一个团队(包一架飞机)、与北京艺术家所做的一次广泛的、立体式的交流,从此架起了一座中国两个最大城市之间文化交流的桥梁,展现了一个全新时代的"新海派"的艺术风采。

陈家泠的艺术语境集中体现在从"和美"走向"灵变"、步入"化境"的美学思想中,特别是在精神上得到了潘天寿、陆俨少二位大师的"灌顶"启发。在艺术神韵的把握上,他通过独创的制作手法,把自己对传统与现代的感受明确地演绎出来,通过对"气"的把握与生发,达到心手相应、融通万物的境界,而其精神完全是中国的、传统的,是最现代,也是最古典的。他处在上海这个国际文化交流的前沿阵地,又恰逢和谐社会的好时代,凭着他敏锐的艺术触觉与深厚的学养积淀,多面出手、多元发展。因此,他取得成功是必然的。

陈家泠在半岛艺术中心

细雨霏霏的春日下午,应约去陈家泠的半岛艺术中心做访谈。陈老师平淡从容,言笑温雅。然而一进他的家、他的工作室,却让笔者强烈惊艳!泠家窑淡雅清幽的高华气息,瑰丽奇绝的窑变效果,在简洁素淡的居室环境中,以一种直指人心的力量扑面而来。细看时更是惊喜频生、赞叹不绝。冷静的瓷器与温暖的木器如此相得益彰,制造着极古典而又极现代的视觉效果。很难想象这些如冰如玉的瓷器,是如何经历了水火与高温,在怎样的手中脱胎换骨、最后焕然成型。这一片雅致素朴中似乎蕴涵着天地的精华,仿佛一生万物、阴阳相谐,在静默中与我们玄对交谈……

我们和陈老师的谈话,亦在一种有意无意、平静冲淡的氛围下进行。香茶在手,清音在耳,一切如水,平静地流淌,以无物入有间,熨帖着每一个角落。这样的对话让人如坐春风。

M=《美术赏鉴》
C=陈家泠

# 一、新海派与多变性

"我的画就要有品牌理念，我的品牌就是'泠'，是'新海派'艺术。"
"艺术家不必局限于一个领域，感兴趣的都应该放手去做。"

《兰》
瓷
高 46cm，直径 25cm
2001 年

M：你说你的画属于"新海派"，能说说具体含义吗？

C：我受海派文化的影响，如唐云、朱屺瞻都使我受益匪浅。但我的画又不同于海派的热闹与明艳。我画的是境界，我喜爱老庄哲学所体现的高洁、淡然、返璞归真、无为而为的宇宙观，我的画，都是我对生命的理解和对生活的态度，虽不轰轰烈烈，却是一腔真挚，直抒胸臆，正如佛教所说："明心见性。"我远追传统、上法古人。但是我在绘画中表现出的"时尚性"，却是得益于上海的城市环境和文化积淀。

M：所以形成了你自己的"陈氏图式"。

C：对的。我的画就要有品牌理念，我的品牌就是"泠"，这就是"海派"艺术，有一种时尚性，有一种引领性，这个引领是世界性的，不是乡土性的，它是一种特殊性，是中华民族的，是中国的品牌。就像上次我办画展，他们要我穿全套意大利定制的ZEGNA，但我觉得还是中装自在些。

M：我们以前只在画册上见过你的绘画作品，这次见到这些冷家窑真的倍感幸运，非常漂亮。

C：呵呵，你们今天看到的这几件都是精品。那些成功的窑变效果真可谓是百里挑一。它既在艺术家的设想之中，又游离于掌控之外，有了自在自为的生命力量，最后给你一个惊喜的、想象之中又意料之外的效果。

M：这些作品对外出售吗？

C：这些都不舍得出售了，像自己的孩子一样，成长得这么好，自己看着都骄傲开心。我做艺术品都抱着自己玩的心态，轻松自在，不去过多追求商业效益。

M：你画国画，又做版画，又搞摄影，又玩瓷器，而且都做得很有成绩，真是太难得了。

C：我认为艺术是相生相通的。艺术家不必局限于一个领域，感兴趣的都应该放手去做。我们处于这样一个多元的现代社会，处处充满灵感与生机，你在从事创作的时候，自然而然触类旁通，会伸发到其他。带着玩的心态，而又贯注自己的心力与智慧，便能随心所欲不逾矩。但是一定要赋予作品独特的个人魅力。我的瓷器作品连工艺美术大师都要眼前一亮，当然也是经过多年积累，并非一蹴而就的。2007 年我还兴起了荷花的摄影作品，本来是为了画国画服务的，但是因为比较充分、完整而多样，作为摄影作品展出，也产生了一定的影响。

## 二、传统与"气"

"那是他们没有看懂。我的画实际上是很传统的。"
"一个画家,格调的高低,关键在于他的'气'。"

M:很多人都说你的画和其他作品充满了现代感,并不传统。你自己是怎么认为的?

C:那是他们没有看懂。我的画实际上是很传统的。正因为我有浙江美院及后来师从陆俨少老师的20多年打下的基础,使我不仅继承了传统的精华,而且继承了老师的思维方法。而一般人仅继承技法,对老师品格、思维方法的继承领悟不深;潘天寿为什么要离开吴昌硕去创造自己的风格?陆俨少为什么要离开冯超然去求变?这就是精神上的开导,是悟道。这句话是冯超然讲给陆俨少听的,而陆俨少又讲给我及其他门生听的,那么,我为什么不能离开陆俨少去创造自己的风格?其实我懂他人也懂,就看每个人的领悟能力和运用能力。从这点上来说,我也许继承了老师的开拓精神。但是我的作品的本质是非常传统的,甚至可以上溯到魏晋。虽然不无西方现代艺术的启发,但根本在于对传统独特而多层次的领悟,使我找到了独树一帜的突破口。

传统其实有三个层面:一是艺术精神层面的传统;二是艺术语言图式层面的传统,比如"妙在似与不似之间""笔精墨妙""置阵布势",这是大家最关注的层面;三是媒材工具层面的传统,比如"文房四宝""水墨丹青",这是一个按习惯容易忽略的层面。三个层面互为关联,牵一发而动全身,又缺一不可。创作一幅画,也好比打仗,即使堂堂之阵,里面也要有些花巧,一点老实不得。我用的颜料有些是国外生产的,像英国的水彩画颜料、伦勃朗牌的水粉、日本的樱花颜料等,这些颜料不仅色相丰富,而且鲜而不艳,富贵而不俗气。我比较喜欢用花青、藤黄、赭石等传统的颜料,我画中的许多丰富的肌理效果,就是靠花青和藤黄放在一起产生的。我把花青和藤黄放在那里,不是马上就画,而是过了几天以后,用里面产生的一些沉淀颜料画上去,其肌理效果就出来了。这肌理效果很丰富,很漂亮,就像上海博物馆里收藏的青铜器上那种斑驳的效果。还有赭石,它也有很好的效果。我用赭石加上花青放在一起,形成渣和沉淀,在宣纸上用水渗化,那种美丽的、自然的、奇妙的线条就产生了。我画画有时是反其道而行之,用艺术一点的话来说,是"化腐朽为神奇",其实这也是艺术的最高境界。宁静、空灵、淡泊、意境等等,都是中国特有的美学主张。

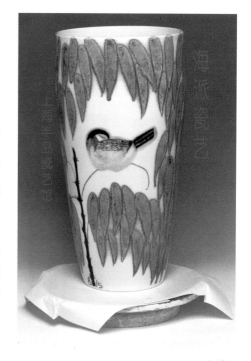

《小酣》
瓷 釉里红釉下彩窑变
高45cm,直径23.5cm
2005年

M：你觉得自己和其他海派画家最大的不同是什么？

C：我觉得一个画家，格调的高低，关键在于他的"气"。气有大小，气有品格，气有质量，要达到天时、地利、人和，有很多奥妙。这也是我在55岁以后才悟到的。中国话不是讲么："五十而知天命"。所以为人一定要平和，气息一定要调匀。命运安排的，是你的总是你的，强求不得，这是中国的科学。包括钱，也不可因为贪欲而强求。

M：那市场经济的影响也可以忽略不计吗？

C：市场经济也分高低。有些高级的市场我们也可以去追求。但是不能去硬追求，达不到的不择手段追求便没有意思，这个也是阴阳的"气"问题，注重进取与退舍有道。画画是要"不择手段"的，但画画的人弄钱不能不择手段。

M：你一直很注重"气"，尤其是道家所说的"阴阳互化"。

C：对。我练气功。这个道家里的阴阳有很多讲究。凡事其实都是阴阳。先要要，然后不要，不要之要才是大要。这个就是觉悟。上海的中国画画家可能很少有我这样大悟的。"气"的和谐相生，使我获得了冲淡平和、宁静致远的生命能量。

M：你的画基本上都是荷花题材，并以"清高静逸、雅俗共赏、简洁轻巧、化衍天成"自题，是不是也和你推崇的"气"和生活态度相关呢？

C：在佛学典义里，荷花开放意味着世界起源的造就。选择荷花作为自己作品的题材，带有某种偶然性。我最初以荷花作为画面上人物的陪衬，后来发现荷花独立形成的画面有更佳的效果，更从荷花中认识和体悟到它的品格美。这一点，还有坚持在宣纸上做水墨创作，都是基于深入我骨髓的中国传统的文化精神：追求宁静与和谐。荷花是纯洁、和平的象征，水墨是最通人性、最讲究和谐与通融的艺术。我经过不断试验和摸索出来的"走、守、漏、透"的一套技法，我笔下的莲花没有孤芳自赏的故作清高，没有愤世嫉俗自以为是的孤傲。它们在气质上轻而不薄，轻柔的背后真气弥漫，"反虚入浑，积健为雄"，有着内在骨力的支撑。

M：所以很多人喜欢你的画，特别是受到年轻女性的欢迎。

C：呵呵，女性的触觉是最敏感细腻的，可能她们更能体会这样一种清新、雅逸、安静的气质吧。

## 三、好心态与好老师

*"调整好心态很重要。创作一定要轻松、开心。"*

*"老师太重要了。古人讲得很对:近朱者赤,近墨者黑。我当时太幸运了。"*

M:您兼顾这么多头的创作,平时会感到力不从心吗?

C:不会。调整好心态很重要。创作一定要轻松、开心,也就是我前面所说的"玩"的心态。你开心人家也开心,你绷紧人家也绷紧。自己开心,画出来的气才是一种祥和之气,作品便有了自身的磁场,再去感化他人。就像人家看画,只一眼,看气息,就能立判真假了。

M:从20世纪70年代到80年代初期,你经常到潘天寿和陆俨少老师处讨教。能谈谈他们对你的影响吗?

C:老师太重要了。古人讲得很对:近朱者赤,近墨者黑。我当时太幸运了,先是遇到潘天寿,他是当时浙江美院的院长。他要求学生画好工笔,练好书法,打好基础,要求我们把吴道子的《八十七神仙卷》、陈老莲的人物都临摹到位,线条要如丝一样富有弹性,体会工笔与写意各自的不同奥妙。工笔画是中锋出笔、用笔尖在画画,而创作写意时用笔四面出锋、八面玲珑,甚至笔是扎开来的,这就充分利用了笔墨材料的特性。他的言传身教都在潜移默化中影响着我。我以前还经常到陆俨少老师家里去看他画画,才知道,原来山水画用笔是这样的,可以如此自由、奔放。许多课本上的理论知识一下被激活了。当时我练画很勤奋,每天吃过晚饭就拉一个学生做模特,画肖像。所以80年代初,我有大批肖像画面世,从中也可以看出我对"解放笔"、进而"解放手"的领悟。画画讲求"悟性"与"笔性",除了天生的慧根之外,老师的指点、大量的刻苦练习也是必不可少的。

M:另外还有你前面提及的良好的心态也是必不可少的,是不是老师们的心态也在潜移默化中影响着你?

C:对的。当时陆俨少老师跟我说,陈家泠,你去看一看,比如树有柏树、有杉树,一种长得慢,一种长得快。杉树一下子就长得很高,而柏树一千年才长一点,但是两种树的外观与气质是截然不同的。你要做柏树还是杉树呢?我当然想做柏树,做柏树就要沉得住气。好在我的心态一直很平和,人家再怎么跑到我前面,我也不急。从一开始的默默无闻走到现在,我始终执着于心头的艺术理想,并淡泊名利。还有非常重要的一点是我学习到了陆老师的"耿直",这种"耿直"中包含为追求艺术不顾一切的"殉道"精神。可以说,我是得到了陆老师艺术精神上的"灌顶"而"悟道"的。另外一位对我有影响的老师是唐云。我从1963年毕业后到上海市美专任教师,唐云是当时的国画系主任,我是国画系干事。唐云为人洒脱大气、不计较,上至领导下至门卫都平等对待,没有功利性。这样一种淡泊、谦逊的作风,也深深影响着我今后的艺术道路。没有师长们一炬之光的引领,也没有我今天的成绩。

1980年,陈家泠画于龙泉园

# 和美·灵变·化境
## ——解读陈家泠的水墨艺术

袁龙海　陈家泠

2007年，上海中国画院举办陈家泠"和美"画展

2007年，北京中国美术馆举办陈家泠"灵变"画展

2007年，上海美术馆举办陈家泠"化境"画展

在我钟情的极少数画家中，有一位"敢为天下先"的长者，他的诗心让人感动，他为艺术所做出的殉道般的努力，让我静默悟对，其作品的色彩或绚烂或清醇或淡雅的鲜明风格让人难以忘却。还是在20世纪80年代初期，在上海美协的"海平线"画展上，初次读到他的《荷》《红叶小鸟》，就被那别样的韵味、优雅的情调所吸引。他舍弃传统笔墨，创造独一无二的制作手法，成为当时人们争议的焦点，他就是——陈家泠。几年后，我在美院毕业创作期间，他成为我的指导老师之一，因而有缘向心仪许久的先生讨教，并逐步进入他的艺术世界。今年5月，陈家泠先生在上海中国画院举办名为"和美"的国内首次个展，8月在中国美术馆举办"灵变"的个展，紧随之后于上海美术馆举办的"化境"个展，对已是古稀之年的艺术家来讲，连续3个不同特点的个人画展在1年中举办，这是一次怎样的机缘和挑战？有幸的是，先生精力旺盛，才思喷涌，创作高潮迭起，带给人们的是一次次出乎意料、精彩纷呈的视觉盛宴，拨人心弦。通过全面、综合、立体的展示，获得空前的轰动效应。也许，这个时代需要创新的艺术，而清新、空灵、优雅、平和的"陈氏图式"，是当下人们的一种需求，它抚慰了人心的浮躁。这种需求也许掩盖了一个城市对一种个体风格上的非议，没有对他的风格是传统还是非传统的，笔墨是制作的而非书写的限制。3个展览的盛况在北京、上海及海外的各大媒体，如《人民日报》《中国文化报》《新民晚报》《文汇报》《美术报》《中国日报》以及"雅昌网""上海文艺频道"等都以整版或在重要时段进行了报道，在画坛上掀起了一股陈家泠的热门话题。时代造就了陈家泠，也为陈家泠创造了史无前例的机缘。

带着敬重与疑惑，我在国庆长假期间，拜访了陈家泠先生，做了一次专访。聆听他的娓娓讲述，让我体察到他于温润中透出的坚毅，于平淡中蕴含天真的艺术家气质。

袁：陈老师，在上海历史上，一年中连续举办3个不同特点的个展，并在中国最高学术机构举行，可以说是史无前例的，您是怎样做到的？

陈：到首都北京办展是我多年来的愿望，但前几年还不具备条件，包括渠道和实力等因素。这次办展首先是在朋友的鼓动和帮助下，争取到了中国美术馆的圆厅展出，对我来讲是一个刺激，这是一个上海画家进京展的档次。但北京方面把时间初定为6月份，为保证创作时间，我觉得时间上能否推迟，后来中国美术馆答应改在9、10月份，但不是圆厅，我就觉得，如果没有最好的展出效果，就没有必要了；最后，经过协商，让我选择了8月份，就定下来了。当合同签好后，又一个机会来了，上海中国画院院长施大畏告诉我，上海中国画院的展厅要改建，改建后第一个展览给你办，来祝贺你70岁的生日。对我来讲，又是一个鼓舞。我设想5月份在上海中国画院办展，也由此可以把作品移师到北京（虽然后来画院展厅没有改建，我的压力反而没有了）；想不到又一个机会来了，上海美术馆策划了一个"新海派"系列画展，和我商量，将安排我的展览在9月份举行，这对我来说，又是一件义不容辞的事情啊！

袁：您所做的这些事，让人感到好像有一股力量推着您。

陈：是的。我生来有一股韧劲，好强，甚至好高骛远，现在机会来了，要么不做，要做就要做得最好。我以为那是天意，我与"上帝"合作。

袁：首个展览取名"和美"有什么意义吗？据悉你的作品都是在半年之内完成的，并且是根据场地特意创作的，很难想象，真的吗？

陈：我的画在20世纪80年代初就以荷花为突破口的，"荷"寓"和"之意，我想这有引领时代的超前意识。我们社会还是一个初级阶段，社会稳定、和谐了才会发展；搞艺术也离不开政治，是与社会休戚相关的，这并不是要迎合政治需要，引领潮流、美化生活是我们的任务，不光要"和谐"，而且要"美"；美就是一种文化、一种境界、一种艺术体现，同时它也是社会发展阶段必须达到的一种境界。它不是物质的，而是精神的，是一种视觉、一种格调的升华，所以取"和美"。我的3个展览都是根据场地来创作，一个大的墙面放6尺整纸6-9张，小的放2-3张，拼起来，为显出最佳的视觉效果，我与设计师精心设计布局，同时展出我多年来研制的"冷窑"瓷器，还有写生速写和摄影作品，使整个展厅的感觉是体现一件作品、一个观念、一个想法——"灵变"。你问我一下子画这么多画，主要作品都是半年内完成的；人家说我精心制作，实际上我画的时候根本就是玩玩的。但是几十年的苦功就在半年当中展现出来。

袁：您能谈谈画展前言中所讲的"天时、地利、人和"的含义吗？

陈："天时"，上天赋予我一个极佳的发展艺术的时代，和谐社会的建设，国泰民安，我要珍惜，创作出美好的作品，不辜负这个时代。我1937年出生，是在兵荒马乱、民族灾难时期，直到1949年解放后，又经历了无数次的政治运动、自然灾害、社会动荡，经历了苦难挫折就更能体会到现在的幸福生活。我是跨时代的人，老一辈海上书画艺术家如谢稚柳、陆俨少、唐云等都已仙逝了，对我来讲，承担着历史赋予的"承前启后"的作用，我们这一代人的任务很艰巨。"地利"，上海历来是海纳百川，包括新文化、新艺术如文学、电影、戏曲都是从上海开始，引领潮流、辐射全国。1958年至1963年，我在浙江美院打好了美术基础，然后到上海这块土地上发展，受到了"海派"氛围的熏陶和激励，产生了一种求新求变的思想和愿望，大都市的变化在无形中影响着我。"人和"，指的是受到身边师友辈的影响熏陶，在和谐的氛围中得到良好的教益。所幸一路走来，人生道路渐趋平坦，走得也越发从

《清荷》
宣纸中国画
97.5cm×20.5cm
2016年
注：2016年杭州G20峰会，西湖国宾馆（金砖五国及美国总统等会见厅藏）主题作品

2007年，陈家泠在中国美术馆举办大展

2007年，时任馆长范迪安在陈家泠中国美术馆大展开幕式上致开幕词

2007年，陈家泠在中国美术馆举办画展，图为美术馆圆厅场景

容。从20世纪70年代到80年代初期，我经常到陆俨少老师处讨教，从老师那里学到了用山水画的线条来画人物，在技法上有了飞跃。陆俨少的山水，其笔尖、笔肚、笔根都用到，同时用笔的方法是中锋、逆锋、侧锋、横开直抹，无拘无束，与在浙江美院学习期间画工笔人物画有本质的区别；那时潘天寿院长要求学生画好工笔，练好书法，打好基础，把吴道子的《八十七神仙卷》、陈老莲的人物临摹得到位，线条要如丝一样的富有弹性，工笔画是用笔尖在画画，现在是四面出锋，八面玲珑，甚至笔是扎开来的，充分利用了材料去创作，"解放了笔"的同时又"解放了手"，因为画工笔离不开腕，腕又离不开台子，画山水就"灵"了，可以"纵横挥洒"。从此，我由不自由的手转到自由的手。对我来说，遇到这样的老师是我的幸运，更重要的是学习到陆老师的"耿直"，为追求艺术不顾一切的"殉道"精神，我是得到了陆老师艺术精神上的"灌顶"。

袁：从此，您的艺术潜力得到了充分的挖掘开发，是吗？

陈：正因为我有浙江美院及后来师从陆俨少老师的二十多年打下的基础，使我不仅继承了传统的精华，而且继承了老师的思维方法。而一般人仅继承技法，对老师品格、思维方法的继承领悟不深；潘天寿为什么要离开吴昌硕去创造自己的风格？陆俨少为什么要离开冯超然去求变？这就是精神上的开导，是"悟道"。这句话是冯超然讲给陆俨少听的，而陆俨少又讲给我及其他门生听的，那么，我为什么不能离开陆俨少去创造自己的风格？其实我懂他人也懂，就看每个人的领悟能力和运用能力。从这点上来说，我也许继承了老师的开拓精神。

袁：是不是绘画大师都具有这种开拓精神？

陈：没有开拓精神就不能有更好的"修为"和"作为"，这是陆老师给我精神上的启发。再讲"人和"，我从1963年毕业后到上海美专任教师，当时的国画系主任是唐云，我是国画系干事，从他身上我也学到不少东西。唐云为人洒脱大气、不计较，上至领导下至门卫都平等对待，没有功利性，"为艺术而奋斗"是唐云的风格，再加上我们都杭州人，身教言教，潜移默化。

袁：那么画展的成功，从某种角度来看既是个人的成功，也是集体力量的体现，是一个社会体。

陈：其中包括家人、朋友、老师还有企业家，组成了一个成功的平台，所以，我的第一个画展称为"和美"，道出了成功的秘诀：要和才能美。杨延文在研讨会上说我掌握了一个哲学论，就是"变"，把"变"在艺术上体现出来。这个变是一种人性的"变"，把艺术的本领"变"成一种"灵"，如果艺术不"灵"就不是艺术了，另外一个是把人性本身变得情绪化。

2007年，金炳华出席陈家泠画展

2007年，陈家泠"灵变"中国美术馆画展研讨会在北京举行

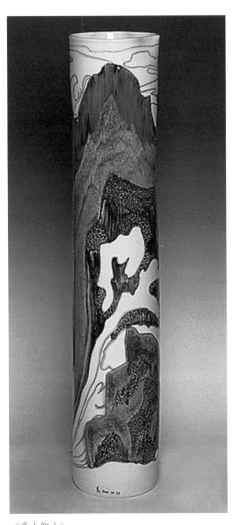

《高山仰止》
瓷器
高 80cm，直径 20cm
2011 年

袁：具体谈一谈第二个画展"灵变"的思想。

陈："灵变"道出了我变的艺术哲理，变是实践，灵是思想，而且变要灵，要有一个正确的思想方法去变，就灵了；艺术就要灵，要妙，艺术从某种角度来看是空灵的，是从真实的生活中来，变成不真实，这就叫艺术；如果从真实中来到真实中去就成了工笔画。

袁：艺术是虚幻的，它不是真实的，是虚幻的真实、朦胧的真实、奥妙的真实，"灵变"就是你的艺术核心。

陈："灵变"是艺术的核心，又是过程，北京展出后，理论界权威邵大箴、薛永年、郎绍君，中国美术馆馆长范迪安等用心地为我写了文章，又有幸与吴冠中作了一次对话。

袁：是你邀请他们来的吗？

陈：我到北京邀请理论家为我写文章，为了了解北京方面的评价如何，一种是绘画视觉上的交流，另一种是对艺术的学术层面的交流，所以，我特意通过朋友去邀请专家，包括吴冠中。

袁：做事精力充沛，朝着自己的目标孜孜不倦，吴冠中似乎与您有许多相同的地方？

陈：吴冠中说，艺术要有"殉道"精神，这点我很有同感。陆俨少身上就有这种精神，如果没有这种精神是不会成功的，要不怕被非议，要有自信心和定力。我这次与吴冠中的交流，就是同老师、朋友的一次谈心，没有什么准备，很随意，已达到一种境界；对我来讲是个机遇，能跟北京新画派的代表人物作一次交流，三生有幸。北京的权威人士对艺术是有洞察力、穿透力的，上海去的理论家也在研讨会上发挥了水平，有水准。从画展现场看，不仅汇聚了许多专业人士，并且群众也很踊跃，盛况空前。从检票来看，每日平均达到八千人次，其中还不包括免票因素。

袁：说明陈老师的画达到了一种"雅俗共赏"的境界。现在人们对你的画认可了，不再认为你的画不够传统，没有传统的笔墨。

陈：什么是传统？所有的传统都是为我服务的，目的性很重要，好的效果就是传统。

袁：就是说，创新是传统的一部分，现在的新就是以后的传统。

陈：什么是创新，充分运用就是创新，就是传统，由于我的画格调柔美、宁静、空灵、平和、优雅、高贵，所以受人喜欢，被人们接受。

袁：现代水墨画的特点，还在于发掘古人材料中没有注意到的宣纸、颜料的研究开发，您把材料运用的观念独立出来，甚至削弱用笔特点，具有当代艺术的特征，是区别于20世纪的，使人耳目一新，是中国的，是一种推陈出新。

陈：用"渗""透"的画法，充分利用宣纸渗化的功能玩弄技巧、制造意境，由偶然效果到必然效果，要做到很优雅、很灵动。让人们看到我的画"舒心"而且"滋润"。

袁：那么，第三个画展"化境"二字又如何理解呢？

陈："化"是画家修养在各种渠道的前进变化，"化境"是画家各方面的"化"汇成一股大"化"之境。从水平而言好像是量变到质变的关系，"化境"是画家追求的"有招似无招""有法至无法"的境界，其艺术效果是充分发挥绘画之能事，画家自我对物（宇宙、自然、时代、人等）对理法高度彻悟和三者巧妙融化的境界，画家个人高度修养、高度技巧与时代机遇"交汇"有可能达此境，是"天意"，是人为的"高妙造就"，非每个画家都能达到。

袁：二十年前您的风格已经成熟了，为什么没有热起来，现在会热起来？恐怕与社会经济的高速发展，需要文化艺术的创新繁荣有关，而能够代表民族文化精神的当代艺术，有品牌的艺术，没有理由不受群众喜欢。

陈：我生活在上海这个国际化大都市，也许对我有影响，我的画就要有品牌理念，这个品牌对我来讲就是艺术品，画要做到很精致，要有品牌，现在我向这个方向努力。我的品牌就是"泠"，这就是"海派"艺术，有一种时尚性，有一种引领性，这个引领是世界性的，不是乡土性的，它是一种特殊性，是中华民族的，是中国的品牌。

陈家泠在广州红砖厂登高写生　　陈家泠在泰山　　陈家泠在泰山写生

# 谈"灵"

陈家泠

2011年，陈家泠在峨眉山写生，幸运遇上峨眉佛光

人是万物之灵，其灵能动，能应变，能繁衍，能巧妙，能思考，能预见，更重要的是能创造。其实大地也有灵，没有灵怎能默默无闻地生长出生命；山川也有灵，没有灵怎能有南方的秀润和北方的雄强；树木也有灵，为什么桃花知道春暖而花开，梅花喜欢凌寒而吐蕊；动物也有灵，大雁能按季节南宿北迁，骆驼能于茫茫大漠中寻觅水草而生息。所以世间万物皆有灵，而人类是其中最具灵性者，有所谓"灵机一动，计上心来"或者"方说曹操，曹操就到"这种看不见摸不着却时时在你身边主宰你一切的灵。它是你智慧的本质，是你的魂，又是你的魄。失去它，你就离开了人的境界。艺术家经常谈到灵感问题，因为它是艺术的灵魂，又是艺术家的依托。没有它，你无法谈创造；没有它，你无法在生活中闪出火花。在学校里，看一个学画的学生能否学好国画，首先要看他的笔性如何。笔性者，就是你个性和灵性于笔墨中所留下的痕迹，故笔迹亦心迹，而心迹即灵迹。虽是一笔一画，有经验的老师便可通过它预测你是否是一块可造之才、一块通灵宝玉。

每个人都有灵性，但皆非千篇一律。你有艺术的灵性不等于对数学有灵感，你有体育上的才能不等于你有文学上的才思；你有音乐上的敏感，不一定对画的鉴赏有悟性。一个人的灵性往往在他的个性与兴趣爱好上反映出来，你对某一方面爱好是因为你对它有特别的敏感。那种对你有感应的事物，你才能对它有反应进而喜欢。

一位艺术家的成长自然都是从喜爱开始的。古人曰"人贵有自知之明"，如果一个人比较清楚自己在哪一方面有灵感，那么一心一意地从事那一方面的工作，即使没有大成就，也一定活得很愉快。如果你去做那些你不喜欢的又不能发挥你灵性的工作，那必定浑浑噩噩、毫无生气，活得勉强而忍气吞声。所以知道自己是哪一块料，又有积极从事自己感兴趣的工作的能力，这本身就是极具灵性的。自己知道自身的长短，并自觉地发挥自己的灵性，这样的人能不可贵吗？我过去作画老实有余而空灵不足，用笔单调、意趣乏味，自20世纪70年代跟随陆俨少学山水和书法后，经常听他说"做人要老实，画画要调皮""用笔要四面出锋，做学问要一心一意"。他的话、他的画，一下子使我开了窍，得到了灵感，从此我的画慢慢透出灵气，思路也逐步消除僵化。所以一个人的灵性是可以由高手来启迪的，他会使你灵智通达、光彩照人，故而有"教师是人类灵魂的工程师"之说。

陈家泠花鸟鱼虫册页作品
宣纸中国画
45cm×45cm×3
2004 年

花、鸟、鱼、虫册页（一）
宣纸中国画
50cm×60cm
2014 年

陈家泠在黄山夜赶山路

陈家泠在法国蓬皮杜美术馆

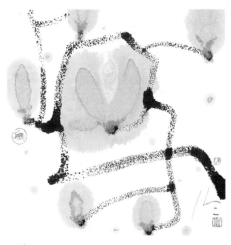
《兰》
宣纸中国画
45cm×45cm
2004年

## 灵 气

气有时能看见，有时看不见；似乎能捉摸，仿佛又不存在；在有形无形之间，在虚虚实实之中，它是一种感觉的传递，又是生命不可缺少的依靠。气之不存，灵将焉附？灵和气是息息相关的。对于人类的生命，气是一种自然的需要，而灵是一种精神的需要；有时灵要通过气来显示，灵气是生命。当画家的作品出现笔力松散、墨滞气腻的景象时，他的生命即将消逝……这说明灵气是画家生命力的呈现。当画家生命力旺盛时，他的作品必定神完气足、灵气横溢。

艺术家之"养气"历来为立身之本，多读书，读好书，以"养书卷气"；行万里路，游名山大川，采日月之精华，得天地之灵气，这就是"养自然之气"；画家虚静中参悟，动中入静，耐得住寂寞，受得住宠辱，这就是"养自身之灵气"。只有这样，你的画才会逐渐去俗存清，得自然之意趣，含博大精深于一炉。所以说，作画到一定程度不是画技术而是画你胸中之气。看画气息重于技术，看人更重于气息。有的人很"神气"，有的人很"俗气"；有人很"小器"，有人很"大器"；有人"气质好"，有人"气质差"；这些虽然都是抽象的感觉，却又是客观的存在，因为人也是艺术品，他的优劣不仅仅在于他外形的美丑，更在于他气质的高低。

"人品不高，画品很难提高。"有些画展太注重于开幕式场面的壮观，而画展中却清气不足、俗气浮扬、底蕴浅薄、构架空泛，虽博得一时一刻之喧闹，却被人们很快地遗忘。评价作品，我们会说"很匠气""很大气""有仙气""神韵足"等，可见气是有品的，它虽然很难确认，却是人对作品的一种无形感觉、感受，我们养气正是要达到由小到大、由粗到精、由低向高这样一种发展。中国书法理论上常说"取法乎上仅得乎中，取法乎中仅得乎下"，我们拜师、交友、读书等都要考虑品位的高低，这就叫"近朱者赤，近墨者黑"。有的作品你认为"很俗气"，而他却认为"很大气"；你认为"有仙气"，他则认为"有妖气"。

所以人的气质、看法、水平有高低之分，有层次不同之分。只有大致相同层次的气质、品味，相同水平的人才会有共同语言，这就是"人以群分，物以类聚"。在相同层次的气品集聚下会产生气场，很多谈得来的水平相当的朋友在一起交流会产生很好的气氛，也就是好的气场。此时往往相互启发，灵机妙传，一部剧本、一套设想、一组画题便会纷至沓来，而这决不可能由一人在房内冥思苦想而产生。集体能产生智慧，产生灵感，这是气场在起作用，从而自然而然地调动起人们的灵感和思维的活力。

## 灵 变

"诚则灵",我们若一心一意、诚心诚意地去做,终有一天能成功。"诚"是一种意志的集中,心力的纯真,万念的归一。这一"诚"就能产生精神的力量,就好像阳光通过聚焦镜就能产生力量,使焦点下的物质产生火光,这种能量就是"灵",灵能产生智慧的光亮。

古人画竹有名言"其身与竹化",即全身心地投入。这种投入的境界就是聚集能量、产生火花的境界,而这种投入也是毅力、学养的投资,是一种灵聚。这种灵聚能产生灵力,而灵力所至金石为开。"学画须有殉道者的精神"这是一种大无畏的精神,只有不怕牺牲才能排除万难,这也是"诚则灵"的境界。道、佛两家的修炼都讲究清、静。只有清静,才能排除杂念,意志集中。"松、静、定、慧"是指经过长久修炼,就能产生定力,达到返照空明,产生灵智妙慧。画家喜欢禅道的理念与体悟是和他创作中需要灵智妙慧的思维分不开的,所以历史上很多大画家本身就是出家的高僧。

艺术家的初衷仅是原始的喜爱,这种喜爱就是灵性的体现,就是灵感的来源,以后的发展会因为全身心的投入而变成终身的事业或职业。一旦当作事业,成为信仰和追求的目标就会产生力量,由小到大,由低到高,这就是灵变。这是因为你专注,因为你喜欢,机缘就会跟来,灵力自然增加,由此才能发现人所不见,才能创造人所不能。灵力促使灵变,从而化平凡为伟大,化腐朽为神奇。作画要善于捕捉一些偶然出现的墨势,然后审时度势去追求理想的效果,它须灵感闪耀、奇思猎获、随缘相生、随缘相得。真所谓"踏破铁鞋无觅处,得来全不费功夫"。一笔一画相生相得,水染、墨濡随心生发,达自由超脱之境界,得天趣真淳之美感,使满幅灵气通达,清气盈溢,变化莫测,令观者忘其所以,脱其媚俗——此为通灵变化之神妙。

东方文化处处显示出博大精深、神秘莫测的精神境界,而中国画中的宣纸正是体现这种特性的极好媒介之一。它与水墨渗化,有意无意,可托可裱,可折可皱,可漏透,可修复。春夏有不同的效果,南北有不同的特质,极具风水灵变之特性。在宣纸上作画如有神助,是一种享受,是一种抒发,是一种物我通灵的感应。

我刻一方印章"我与上帝合作",意即在作画的过程中往往会生发、溢泄,超越出我原来的构想,于是我的有意和自然的无意交相辉映,我的灵性和自然的灵气相互感应,这是人为,亦是天助。我作画,它也在作画。我和它携手合作、因势利导、随机生发,直至"物我两忘""得意忘形""有意无意""似与不似""通灵达性",仿佛"天人合一",是一种不可言喻的灵变化境。

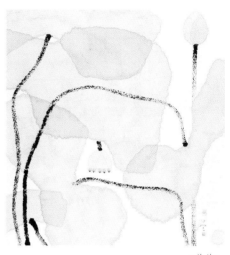

《荷花》
宣纸中国画
60cm×60cm
2004 年

《榴开见喜》
宣纸中国画
50cm×60cm
2014 年

# 灵 变

**陈家泠**

2012年，陈家泠在法国蓬皮杜美术馆

2012年，陈家泠在西藏

2017年，陈家泠在斯里兰卡

20世纪60年代初我就读于浙江美术学院时，陆俨少老师被潘天寿院长聘任于国画系山水科，我十分崇拜陆老师的才华和山水技法，苦于我当时读的是人物科，无缘直接聆听和接受老师的指导，只是对同届的山水科同学羡慕不已。1963年后我被分配到上海教书，有很多机会深入生活，积累了大量自然风光的素稿，在教学之余顿发痴想：从陆俨少老师处学些山水和书法的蒙养。陆俨少老师当时居住在上海复兴中路一所老石库的底层，一壁所隔合家三代老少共居，那种拥挤与潮湿给我极深刻的印象，真所谓：画台与餐桌不分，大师和蜗蜓共居。在20世纪70年代初，有一段时间我几乎每天早上7时多就到老师那里去看他作画，因为老师作画的习惯是一早铺纸凝神开笔一气呵成，9时许墨稿完成，那时常常会有很多客人或学生来看望陆老师或来看他作画。在这空当，在这休息的闲暇他就和客人们聊天，和学生们讨论学养，虽然居室拥挤，空气也不是很好，但学术的空气却很浓厚、很清新，大家的欢乐和幽默把一切不愉快都淹没了。

老师的画变幻莫测，灵光四射，在敬佩之余不知从何着手去学，画幅开始的效果和结果有时截然不同，为探索这种灵光的奥妙，在摸到老师画的规律后，一早就去向老师偷"拳头"，我看到了老师从第一笔开始到最后的全过程，慢慢地领悟了一些诀窍。他作画从不打草稿，即使巨幅也只是寥寥勾一小稿。陆老师做事心急，写文章俯拾就是，文采四溢，作画下笔也神迅异常，一落笔则笔笔紧跟，如波连潮涌，自然生发，虚实响应，如精气相贯，血脉跳跃。有时从容不迫，云烟落纸，弄笔如弹丸，随意点染，皆成文章；有时揎拳卷袖，狂叫惊呼，下笔如急风骤雨，顷刻而就。急应慢就，重刻淡描，如琴瑟琵琶，高山流水，玑珠落盘，娓娓如儿女语；如筝箫锣鼓，波澜壮阔，十面埋伏，惊天动地如壮士悲歌。使观者接应不暇，妙趣无穷；使学者心领神会，妙悟其中。这种现场直观教学直到20世纪80年代老师移居杭州任教于浙江美术学院，之后迁居岭南深圳就很少有这种幸运的机遇了。

老师对我影响最大的不仅是技巧的传授，更是他那种灵变的思想方法。现在很多人不知我原来是人物画出科，不明白我的画风格怎么能和陆派技法相关联，其实我每天一早到老师那里，开始是学他的技法，后来见得多了，听得多了，想得多了，画得多了，悟出了老师之所以成为一代宗师的原因，除了他固有的天分外，重要的是他思想方法的开通与宽容，也就是老师经常讲的：画要灵变。灵就是思想方法，变就是实践，正确的思想方法就是灵，在这种正确思想的指导下必定要变，在正确思想指导下的变肯定会灵。所以灵就是才能、学养、性格、人品、笔性、环境影响等等的综合体现，是一种虚劲，是一种灵力；一个艺术家他灵力的大小决定他成果的大小。

老师经常讲：做人要老实但作画不可老实，要调皮一点。所谓调皮，亦即狡猾，乃是不主故常，自出新意，发前人所未发。未放先收，欲倒又起，虚灵变幻，不可揣测，这样方是狡猾。下笔之际，时时想到怎样用虚，以实托虚，用虚代实，虚实互用，变化多方。兵法虚虚实实，兵不厌诈，才是用兵之人。创作一幅画，也好比打仗，即使堂堂之阵，里面也要有些花巧，一点老实不得，更何况偷袭暗渡，佯攻巧退，用虚可以出奇，出奇而后制胜。虚即实，虚则灵，灵则变。老师所说艺术上的不老实、调皮、狡猾、虚诈、花巧、偷袭、暗渡、佯攻、巧退等等，正是艺术家必须具备的心计、灵感和才华。悟到了这些我才慢慢地离开了老师的形似而接近老师的神似，开创设计自己的画风。老师于癸酉年重阳节升天，即公元1993年10月23日。每想起20世纪70年代一早到老师那里打扰，有时他还在病榻上和我交谈的情景，就会引起我阵阵心酸和对老师的怀念，对师母和他们全家人的感谢；每想起那破陋暗暗的石库门里幅幅画盖上红红的"穆如馆"印章，板壁上挂着古色古香镜框里墨彩清新的"就新居"斋号，就会对老师的人格肃然起敬；每想起"晚晴轩"中笔落惊风雨，画成泣鬼神的情景，就会对老师的艺术仰慕崇敬不已；每当我作出一幅新作，就会想到这是老师灵变思想的恩泽。

《荷》
宣纸中国画
50cm×60cm
2014年

花鸟鱼虫册页之一
宣纸中国画
50cm×60cm
2014年

129

# 谈 化

陈家泠

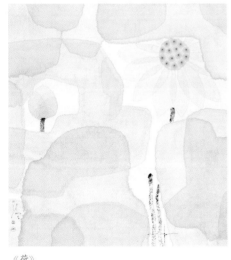

《荷》
宣纸中国画
50cm×50cm
2004 年

《荷》
宣纸中国画
50cm×50cm
2004 年

人到中年，百感交集，在艺术事业上有一股情不自禁的力求变化的紧迫感。植物有生长、开花、结果的规律，人有幼、童、青、中、老各发展的时期。我们学中国画是否可分打基础、创风格、入化境三个过程？以一般规律而论，青年时期应该是埋头苦干、广博学养、扎实于基础，以求"无法到有法"。中年理应博求约取，立论不惑，因势利导、标新立异、独创个人风格而向"我有我法"进展。老年必须像金蝉脱壳而高翔、地蛇成龙而游海一般出神入化，臻于"有法而无法"的高深境界。然而一个艺术家画艺风格的形成，成就的高低，在其一生发展的轨迹上，青年时期所打下的基础好坏即为后期成就的大小奠定基础，所以中年时期开什么花就决定以后结什么果。围棋中分开局、中盘、结局。开局中置阵布势所投下子的格局就影响着中盘的形势，而中盘的拼杀所显现的形势变化则基本上大局已定，可分晓结局的胜负。棋道如此，画学过程也像此境。人到中年仿佛已处在围棋中盘备战状态，其中变化有时竟因一子之误而成败局。

我想以画道而论中盘着法，需取得一个"化"字。

"化"，是画家修养在各渠道上的前进变化。"化境"是画家各方面的化汇成一股大化之境，所以化境是指水平而言，好像是量变到质变的关系。化境应该是画家所追求的最高的"有法至无法"的境界，其艺术效果应该是充分发挥绘画之能事。"化境"对于一个画家来说是自我对物（宇宙、自然、时代、人等），对理法高度彻悟和三者巧妙融化的境界。画家个人高度修养、高度技巧和有时代机遇者有可能登入此境。这是天意、人为的高妙塑就，画家非人人都能进入。

"化"，是在画家的头脑中对于技巧的运用，在技巧和生活、技巧和内容、继承和发展、借鉴与创造、理和法等横直交叉、错综复杂的关系上达到融会贯通，以至由表及里，由浅入深，由低向高，由生转熟的变化。画家思想能"化"，就能创新。我认为一个画家的灵感和才能具体表现在"化"字上。青年时期虽偏重于打基础，如果得"化"，就能举一反三、事半功倍，这可说是"消化"。中年时期懂得"化"就能博求约取而创风格，这叫能"变化"。老年时期懂得"化"就可避免墨守成规、艺术老化而达新的境界，这是"神化"。若"取法乎上"性得"化"，则"另辟蹊径"。若"取法乎中"懂得"化"，则"青出于蓝而胜于蓝"。若"取法乎下"性得"化"，则"化腐朽为神奇"。所谓天才就是他特别能"化"。

"化"，是画家制造矛盾、解决矛盾的高超手法。艺术上愈是矛盾的对立面能解决好，相互融化自然，天衣无缝，其艺术效果愈高。我随便摘几则名家画论就可说明。"绘事往往在背庚无理中而有至理，僻怪险绝中而有至情"，你看，要把无理和至理，怪绝和至情，明明是绝对的东西，却互相穿插起来，统一起来，相反相成，这是高超的画家才能做到这种"化"。"然而奇中能见其不奇,平中能见其不平,则大家矣。"可见做大画家必须有化奇为平,平中窝奇的才能。"破墨须在模糊中求清醒,清醒中求模糊。"模糊和清醒犹如白天和黑夜,但要使其你中有我,我中有你,相互触化。"依靠水墨的枯湿浓淡之变,既极其丰富复杂,又极其单纯、概括,故说'画家以水墨为上'。"可见凡上品须两个"极其"的对立面,组成一个化合统一的艺术效果。这些足以说明艺术上的两个极其矛盾的对立面,能使其互相取得"化",是做大艺术家的条件。所以"化"是艺术家才气、灵气的反映,愈能化,其才气愈高,灵气愈足,成就愈大。

有些画家,特别是有些少数理论家,在文章、言谈和对别家画的评论中也很中肯,但往往点不到要害之处,没有真正发挥理论的威力,其原因在于没有真正地研究艺术,也没有真正的艺术实践所致,故心有余而"矢"不中"的"。这特别对于年轻的学画者,足引以为戒。而有些老画家其基本功深厚,而画无新意,其原因在于食古不化,或是缺少生活所致,而有些画家跳不出师承名家框框,其原因是天才、学养不足,也有甘守己有,食今不化所致,此对于中年画家特别引以为戒。

时代需要艺术上有一种新的风貌,即创新,创新更须从"化"字上考虑、追寻。创新是化的结果,是化的一种形式,化的结果也可能是后退的、下降的。

对于中年一代,有志于搞艺术的人,要把深入探古,大胆创新这两面的"极其"统一,才能化出真正的高尚之新。我们应有"莫等闲,白了少年头"的紧迫感,须知人类本身就是万物创新的结果,"新陈代谢",没有陈,哪来新,没有新,就没有生命。人类本身的发展史就是进化史。开化、进化都离不开"化"。绘画是文化由无到有、由低级到高级,文化之称也离不开一个"化",所以画的创新是人类永不满足的欲望和决不罢休的实践。时代需要这样做,用以推动时代前进。画的创新非常重要的是头脑中的"化"。画家常说作画要"画中有诗,诗中有画",请问画中哪有诗,诗中哪有画?这是画家的设想,也是希望画家的作品让读者有这种幻想。这种"化",画家经常讲:成就高的画应是"笔外有笔""意外有意""画外有画",这些画外的虚东西能启迪读者的想象,所以想象力是思想中的高能。张旭看了公孙大娘舞剑,书法大变,舞剑竟和书法联系起来而得化,成了张旭的创造。难道看舞剑的书法家只有张旭?"不怕做不到,只怕想不到。"可见想象是创新的根苗。王维的"雪裏芭蕉",苏东坡的"朱砂画竹",因为他们敢想、敢画,画成了前无古人的创新。现时代更需要我们有这种比古代发展更快的节奏和奋进的精神状态来鼓舞人们前进。走进展览会,一看我们展出的国画,如果每次变化不大,有陈旧感,人家就无兴趣看,因为他们得不到鼓舞。如果每次展览会都争奇竞怪而无质,人们因得不到高尚情趣的陶冶和真美的欣赏而

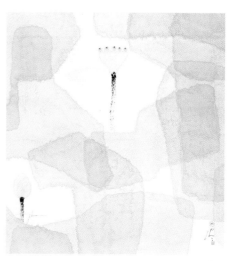

《荷》
宣纸中国画
50cm×50cm
2004 年

《江南好》
瓷
高 37cm,直径 42cm
2012 年
中国国家博物馆藏

2012年，陈家泠在西藏西夏巴马峰脚下

会反对。所以我们的任务是艰巨的。

绘画上的创新是十分具体的，不是想创新就能得新，又不可能每次实践都成功。创新是艺术上自我修养各方面进展而自然结合融化的结果。创新是化的过程，"化"成天衣无缝才是高级，创新不是凑合，合可能是暂时，有痕迹，但有时也先合而后化，如树木嫁接，先是两种品种结合，如果能互相合成一个整体即达"化"，则嫁接成功，造就一种新型品种。

创新是一种文化积累发展的运动，是继承和发扬的过程。须知中国乃是几千年文明古国，中国绘画有极高的成就，故成就愈高，继承也愈难，创新也更难。如登山一样，山愈高，攀登愈难，跨越更难。也像跳高一样，横竿即使在已达到的高度，再提高一厘米也难以跨越，一旦跨越过去了，就是创世界的新纪录。故能登上民族文化的高山，即使未达跨越之境，能深入挖掘我文明古国遗产而博大精深者，也不愧为优秀人才。然而若不知本民族文化之高度而弃之一边，妄谈创新者，是愚蠢；若望山兴叹，登山而故步自封者，是谓无雄心壮志耳。

《步步生莲》
宣纸中国画
186cm×96cm×8
2015年
上海玉佛禅寺陈家泠佛教艺术馆藏

本文选自《上海艺术家》杂志

# 第四章 艺术观点

# 与时代同步不是随口说的
## ——吴冠中、陈家泠谈中国画变革

时间：2007年7月9日
地点：北京方庄吴冠中寓所

吴冠中：你画得好。我很早就注意你的画了，那是在十几二十年以前，我去上海新锦江大酒店，大厅挂着你的一张画，当时我就觉得眼前一亮，印象很深。因此特别留意了一下名字——陈家泠，至今还很难忘。

陈家泠：谢谢您的关注。我是浙江美院毕业以后分到上海工作的，上海这块地方相对比较开放自由，心态上无拘无束。其实土地是有它的重要性，有时我在想，如果当时留在浙江美院不知道是如何一番前景，也可能没有现在的画法了吧。

2007年，在北京方庄吴冠中寓所中，陈家泠与吴冠中对话

吴冠中：如果你留在那里说不定就更加厉害了！（笑）

陈家泠：我觉得艺术创作有时需要远走他乡，寻找适合自己发展的土壤，而后可能会"种"出新的品种。比如现在在北京发展得好的艺术家，不一定就是在北京土生土长的。同样，在艺术创作上，新想法和新风格的创立是很不容易的。我早期进行的一些国画风格上的探索，可以说是一种变异。把线条、用墨、块面等点、线、面的东西用中国民族的元素体现出来，让人觉得别开生面。

吴冠中：是的，我一下子就能从你的画中看到你想表达的东西。我今年88岁了，我体会艺术就是美的享受、美的文化、美的世界和美的意境。这种美育文化是德育也不能替代的。艺术的美好是一种境界，是能够感化人心灵的。我们美术工作者其实要搞的是这种工作，本质工作就是提高人的审美，但是现在很多人在从事的已经不能算是美术工作的本质了。比如说，有些人就是以画得像为目标，但是照相机发明以后，现实主义就不行了。因此，真正的绘画要有"心灵"，要有感受，要有感情，要表达。然而你要把心灵的情感用视觉形式和艺术语言表现出来，这个创造性是非常困难的，这里面的方法可以说无处可寻，唯有开创个人独特的艺术语言来表达自己的绘画精神才是第一等重要的。因此才要想尽办法把你内心深处和别人不同的东西挖掘出来，用视觉形式表现出来。你看你的这幅《轻灵》，空灵得很。远近的内容很呼应，大弧线小弧线，圆点，圆中间把空间部分挤了出来，好像很窄又好像很大……你看，这个干的和湿的效果很有味道，很多人搞不出来，你这一与众不同的艺术语言和尝试，很早我就注意了。

陈家泠：谢谢吴先生对我作品的评价。我在国外开了很多画展，在中国这次还是第一次开展览。我这种画过去也是不易的，20世纪80年代末90年代初在东南亚、香港人、国外人很喜欢我的作品，大陆的人却很矜持，经过20年，现在他们接受了，这也是有个过程的。

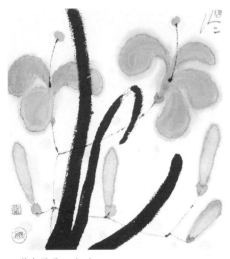

《花鸟册页》（一）
宣纸中国画
50cm×50cm
2007年

《花鸟册页》（二）
宣纸中国画
50cm×50cm

另外这些和文化层次有关系。西方人的审美层次已经达到了一个高度，他们受良好的启蒙教育，看得也多，很多东西他们能看懂能欣赏。而中国的文化层次结构是这样的，过去一直是少数人有文化，大部分是农民，农民的层次与素质相对欠缺，有文化的中间力量很薄弱，我们现在要做的就是努力扩大这部分人的审美文化层次，普及后大家自然会有眼光、有水平来欣赏艺术。不知道您有没有体会，您的作品在当时只有少数国人欣赏。

吴冠中：别说欣赏了，打击啊，骂啊。外国人要比我们中国的老糊涂懂得多，他们懂中国画，毕加索懂齐白石！

陈家泠：我记得在20世纪70年代，香港万玉堂当时很多人很欣赏您的画，包括外国人和中国人。在当时他们已经达到这个程度。因此这其实是个文化现象，这种现象要过15年20年后，到现在，欣赏的人就多了。这说明时代在前进，老百姓的审美层次也在提高、在发展、在变化。

吴冠中：是的。但是真正对美有感受的人还是不多，适合搞美术的人真是凤毛麟角，所以现在的美院招生招不到什么人，真正能够学美术的人很少很少。

陈家泠：这也是目前的一种现象，那么多人学美术考美院，有好的地方，不管将来有没有成就，至少得到了普及，而且越普及越好。但是有个问题，他们为了生活生计去学美术是不能达到一个高度的，普及是有了，高度没有。

吴冠中：学艺术是要"殉道"的。

陈家泠：我的老师陆俨少那时就说，学画要有殉道者的精神。吴先生、陆老师的这种理念其实是中国文人的传统教育。现在的学生真正有志向的，想做一番成绩的在思想上必定要有殉道者的精神。正所谓艺术至上。

吴冠中：这条道路确实很曲折，我的亲戚朋友有小孩想立志学画来问我，我劝他们先学好文化课，千万不要从小学开始拼命培养艺术家。我劝他们不要学。但是对于已经进来的学生呢，我和他们说，既然你们进来了那就只能修道了，就当进了修道院了，是吧。

陈家泠：一进美院，精神上是修道院，生活上是兵营，不严格训练不能成才。我现在回想起来我那时是个好时代。我是1958年进学校，1963年毕业的，那段时间很有利于我们修道。正好政治运动的末期，"反右"结束，"文化大革命"还没有开始，所以那个时候整个气氛比较适合学习。那时在学校不能谈恋爱，都住校又没有电视，像潘天寿这样的老师又严格，因此除了自己用功，没什么可做的。现在的学生不一样了，诱惑太多，社会活动也多，有时候经不起诱惑，这样对修道不利，所以现在看来那时倒是好时代。

现在的学生和过去的也有区别，现在的学生不听老师的，那个时候的学生把老师当成父母看待的，我这方面受到老师影响比较深。潘天寿先生教育我们——画画要淡泊名利；陆俨少先生也教育我们——画画要有殉道者的精神。这些教诲都要紧记心里的。这点对我们慢慢地发生了作用。文化艺术都需要有寂寞的精神。

吴冠中：在目前的创作中要创新就不能避开这个问题——如何看待传统？一味摹古是不是好？古代的东西留传至今当然好，但是都过去了，早期临摹是有助于学习，但是一直拘泥于临摹就不对了，创造性在哪里？属于你自己个性的东西在哪里？所以传统要看你怎么学，学得不好反而害人。现在有种风气就是回到传统，而反复强调古代传统。爷爷的东西是好，不能老靠着爷爷的东西过日子，儿子不必像老子。要学习没错，但是老学老学没有创新，时间长了就成了抄袭，等于近亲结婚的产物，抄袭到后来就自我抄袭，悲哀啊，结果可想而知。因此一定要懂得要跳出来，这就是新陈代谢，老的终究会衰老灭亡，明白科学的发展是重要的。由于我们的科学落后，艺术上也落后。有这种观点——抢救民间文物比创新更加重要。我觉得这个提法本身很荒谬，国家民族的强盛都依靠创新，不创新，日子怎么过？对于传统的老东西整理是应该的，更重要的是创造。

陈家泠：这就是石涛所说的——笔墨当随时代。

吴冠中：对，笔墨等于零。东西好了，笔墨就算成功了。我喜欢京剧，喜欢周信芳。你看周信芳倒嗓了以后，以更大的努力，更加集中精力开拓前进，面目一新，形成了麒派。这就是"不择手段"！

陈家泠：换句话说，只要东西好，结果就好。

吴冠中：是的，所以一定要培养个性。那个美国汉学家、艺术评论家高居翰，悟性很高也很爱好中国文化，一次他去纽约大都会博物馆，看着那些高高挂起的油画真是非常亮堂，看的人很多，而看到中国的那部分后发现颜色又灰又暗，看的人也很少，他心里很难过，他是替中国难过。所以中国画必须要改革，我们封闭的时间太久了，五千年是光荣的，五千年也是倒霉的，五千年老了，太老了！需要靠智慧的创造，一切方法手段都要拿来表现新东西、新精神。

陈家泠：所以说叫推陈出新。这方面是需要有人带头呼吁、启发、影响和引领的。我一直认为民族英雄是多方面的。像在民族受到外来侵略时，奋勇抵抗使得国家不走向灭亡的民族英雄。在文化上也是一样的，回忆当年，那时候都讲中国画是老一套，有人居然站出来讲中国画不科学。但潘天寿先生始终认为一个国家没有传统就等于没有文化，没有传承的国家是得不到尊重的，中国优秀的文化艺术一定要继承和光大，才能立足于世界文化之林。受着他思想的鼓舞，当时我们都以民族自豪感来努力学

2016年，陈家泠在上海贵都大饭店为杭州G20峰会创作《西湖景色》作品

陈家泠在画室中进行创作

2007年,陈家泠在中国美术馆举办"灵变"艺术大展,图为开幕式上众嘉宾剪彩

在中国美术馆的展览期间,参观者纷至踏来,观赏陈家泠的绘画和相关艺术延伸品

《牵牛花》(局部)

习中国画。在泊来文化的轰炸下渐渐丧失传统精神的文化危机下,是潘先生挺身而出呼吁启发,他是那时候真正的中流砥柱!相反,您刚才所说的老在传统里不发展不创造,睡在五千年文明的摇篮里,过分沉溺于文化古国的历史中而停滞不前也可能导致灭亡。在20世纪末21世纪初的时间段里,您起来影响和引领了一代人,不断致力于推进文艺的上创新,在光大中华文化方面,您是当之无愧的民族英雄。

吴冠中:回过头来看,我们的确是落后了,不是说过去不好,是这条路再这样走下去是走不通的。

陈家泠:过去是好的,传统也是好的,但是那是前人的好……

吴冠中:是爷爷的好。

陈家泠:是爷爷的好,不是我们的好啊。比如,古代房子是窑洞,然后变成了砖木结构、砖瓦结构,现在是钢筋水泥玻璃的时代了,你再回去住窑洞是不习惯的。我们要创立建构在钢筋玻璃时代里的审美和视觉享受。科技进步了,绘画怎么能不进步呢?与时代同步不是随口说说的。

吴冠中:新感情要用新的表达方法。古人的笔墨方法是用来寄托他们的情感和愿望的,不是表达我们的感情和审美的。每人性格不一样,感情也不同。每个人都要发明创造。

陈家泠:其实这是个理念问题,一种是都去临摹而无人创新创造,另一种就是您说的是每个人去发现去挖掘。如果每个人都去发明创造,时代不就推进了吗?发展就快了。抱残守缺的结果只能是停滞不前。时代精神就是创新精神,也就是所谓的创新的时代了。

吴冠中:是相同的,是有共性的,时代共性。

陈家泠:过去我们是优秀的,但是还是属于乡土性。现在的时代是开拓性,空间全球性,信息时代。

吴冠中:有个故事讲了关于中国画方法的问题。是浙江美院的一位老师,也是有问题的老师吧。有人拿画给他看,他看了以后说,你的画画得很好,只可惜不是中国的方法,不是国画的方法。因为这个笔墨不是中国的笔墨,这个方法不是中国画方法,他就这样简单地把中国画孤立了起来。这样画是中国的,不这样画就不是中国的,把中国画牢牢地圈在了围墙里面,这样是中国画,那样就不是中国画了,圈起来而后永远打不开。所以我的意思是要拆掉围墙,什么方法都可以进来。这是思路问题。

陈家泠:对,如果思路不打开,永远就是原地踏步。原先我们走路靠步行,然后发明了自行车,轻松方便还节约时间,后来又有了汽车、火车、地铁、飞机,你不要坐吗? 你认为这个不是传统? 这么说起来走路最传统了。其实不是传统不传统的问题，最终效果是起决定作用的，只要达到效果，传统或者不传统都是可行的。其实很多人没有真正理解传统的意义，换句话说，传统本身就是创新。就中国画的构成来说，你看那真山真水不是这样的，因此传统本身就是创造，是前人日积月累的创新。比如中国传统讲的是"气"，其实就是生命状态。气一流通，空气就新鲜了，人就健康了。所有道理都是相通的，传统里面就是讲的这一套。有些人虽然讲传统，但是对它不甚了解。

吴冠中：根本不了解。其实能够注意到这些的人很少，就像能够让我注意的画也很少。很多展览、拍卖，请我去看画，真是一张都看不中。回头来看你创作中的衔接、创新都是很用心的，真正用心在画的人现在已经很少了。

陈家泠：刚刚你说的为了达到境界达到你需要的美，可以"不择手段"。我也是这个观点，为了达到心里的这个目的，任何手法都能用。文学上是如此，艺术上是亦是如此。

吴冠中：预祝你的画展成功！画得好的人，一定会成功！

《荷》（局部）

# 陈家泠
## ——新时代中国艺术精神与形貌创造的践行者

冯远

2007年，冯远出席陈家泠中国美术馆举办的"灵变"画展并与陈家泠亲切交流

在新中国成立68周年和党的十九大即将召开之际，中国国家文化殿堂举办了陈家泠先生第三次赴京的艺术展，我们竭诚欢迎并感谢各位领导和嘉宾同仁的光临。上海美术学院对陈家泠先生以80高龄奉献的艺术创新成果表示诚挚的敬意，对大展的隆重开幕表示热烈的祝贺！

作为沪上海派画家的中坚力量，陈家泠先生多年来高扬继承、创新的理念，身体力行地在中国画现代转型发展、拉近艺术与生活距离的实践中，走出了一条独特鲜明、非比寻常而异彩别出之路，受到了业界的广泛关注和好评。

早年受业于杭州浙江美术学院的陈家泠先生学习勤勉刻苦，不光掌握了扎实的专业基本功和坚实的学问基础，同时从未停歇过对现代中国画变革的探索实践，终于水到渠成而中年变法，绘画面貌迥然一新，形成了颇具海内外影响力和辨识度的"陈家样""陈氏图式"。

就"陈家样"而言，其无疑成为一种独特的艺术语言样式。陈家泠将传统范式中的荷花、山水等形象提取出来，删繁就简，错位重构。在似与不似之间，他运用书写性的线条、表现性的笔墨和"平而不平"的画面形式构造，探索出线性、装饰性和平面化的符号语言和画理体系。他以"东方审美新坐标"为导向，在变革墨守成规的旧式语言时，试图打造出全新的视觉符号，渲染出当代水墨的东方韵味。总之，相关"陈家样"通过"和为美""化境""灵变"和"神游"的主题性演绎，逐渐形成并构成"和为美"的价值取向，以"化境"定位于中西融合的特定的立足点，以"灵变"作为独特的形式创造方法论，彰显"神游"的艺术精神。——"陈家样"无不体现出陈家泠与时俱进的创作特征，实现形式语言向艺术样式的超越。如此，在创造性继承艺术经典的过程中，陈家泠将笔墨资源重新布局，渐次形成了其独到的"陈家样"的语言特点。

陈家泠先生的承传突破、转换新创，秉持了他一贯的关于道、术、器三个层面上对中国画变法的观念和理论思考。就其形而上的"道"而言，陈家泠先生的作品保持并张扬着中国绘画艺术寄情遣性、笼天地万物于笔端、直抒胸意表达思想情感，并且以似是而非的意象和写意表现手法，涂写山水自然、人间物象的艺术精华。而在"术"的创新独造中，又着重于意、形、色的个性化风格面貌的营造，取意于虚写，强化诗性的空灵境界；将眼中的自然造化之心象转化为心源的意象之情，又将图像概括简化为平面图形，融入具有装饰意味的陈家趣式，再加上通透明快的色彩与计墨当色、计色当墨的层层渲染，经由自然渗化和基色漏透的制作方法，创造了完全不同于古典传统或受时风浸染的当今各种技法流派的陈氏技术表现手法。同时他的绘画创作又不受宣纸、绢帛等材料的约束，在陶瓷、家具、织物、刺绣、服装等等各种形式上都有尝试，并且取得了让人眼睛为之一亮的艺术效果。

看陈家泠先生的新作，全然是一幅充满朝气的青年新锐所为的精神样貌。他在传统中立定脚跟，在创新实践中四面拓展出击，彰显出鲜明的新时代的中国艺术精神和中国艺术形貌特征。他的作品大则可陈设于国家博物馆的殿堂，中则能够适用于瓷缸、服装、家具以至于进入寻常百姓家居饰物和厅堂清供之中，小则册页、手卷、团扇无一不精妙可人，可以说是集雅俗于一身、熔古今于一炉，充分体现了他"日用即道"的理念。他是一位善从生活中来，敢于直面现代走向国际，融通多种绘画手法，并且跨越艺术与生活的现代中国绘画的杰出艺术家代表。

2013年，冯远在中国国家博物馆参观陈家泠画展

陈家泠先生获奖无数，荣誉光环无数，他的成功再一次印证了中国画艺术所具有的现代生命活力。这种发乎于文化自觉、文化自信、文化自强的自主意识，将推动中国画艺术事业的创新发展，引导青年学子的事业向新、向上、向强之力，为创新中国画艺术贡献智慧，为时代留下传世之作。

在陈家泠先生身上，我们能够感受到他们这一代人的精神品格、思想情操和理想境界。他感恩时代，珍惜时代，追随时代，更是赞美时代。他以当年日军轰炸上海的"逃生宝"自诩，经历了不同历史时期的风雨，最终他成就了自己，以富有良知的道义感和真诚的态度，以老当益壮和为学敬业的精神，认真负责地从事教学、培养人才，来回应时代、回馈时代。用手中画笔来表现、书写、咏唱这个时代，也因此形成了本次展览中"壮美祖国""和美世界""优美家乡"和"精美生活"四个板块的展览构思，以及通过他对绘画艺术主题内容的充分呈现，并且经由他的不倦努力，不遗余力地将他的艺术推向极致，他的创新实践与学术成果为我们树立了榜样。

衷心祝愿陈家泠先生健康长寿，艺树常新；祝愿展览圆满成功。

是以为序。

# 澄明之境
## ——陈家泠的艺术追求

范迪安

2007年，中国美术馆陈家泠艺术大展

中国美术家协会主席、中央美术学院院长（中国美术馆原馆长）范迪安
左为邵大箴在陈家泠艺术大展研讨会上发言

陈家泠是一位新时期中国画变革创新的代表人物，他的荷花系列于20世纪80年代早期问世之后，就让人眼界为之一新，如清风入怀，甘醇沁心。那些作品堪称中国画形式创新的成功范例，也体现出他精神世界独立不凡的品格。只是许多年来，他的艺术活动主要在沪上或海外，北京的美术界同仁与晚学少有机会看到他成规模的原作，因此，近日在北京中国美术馆举办的"灵变——陈家泠作品展"，对于我们了解和认识他的艺术成就是有意义的。他在70华诞之际做出的这次重要艺术展示，出示了一批新作与画坛交流。我们则因目睹他的精湛手笔，并联系他一以贯之的探索，而更加全面地认识了他和他的艺术。

对陈家泠的艺术，的确需要作全面的认识，因为在他极为单纯的画面意境背后，是一个长期、复杂而艰巨的艺术提炼过程。这个过程不仅仅是笔墨感性的积累和形式语言的熟练，更是精神的超越与心灵的升腾。那些一目了然的"陈氏图式"中，蕴含着他对于传统、反映时代、对待生活的实践方式。在思与行、感与悟的沉潜往复之间，他构筑起属于自己也启发画坛的一方风景。

对于传统，陈家泠有着自己清醒的认识和辩证的思考。他的艺术学习经历正值20世纪五六十年代之际，那个时代中国画坛的学术思想正处在比较曲折且艰难的发展时期，既有多变的外部文化条件随时影响着艺术的思想观念，又在如何对待传统上有着画坛内部的多种见解。陈家泠的睿智就在于他在关于传统的总体认识上是"继承发展派"的追随者，即坚信作为民族艺术的中国画，一定要继承传统宝库中的精华，并且加以时代的发展。但他在实践上接近传统的方式却十分鲜明地集中在对潘天寿和陆俨少两位前辈艺术风格的融合贯通上，这成为他继承和通向传统的特别路径。以他自己的体会也从他大胆创新的大量作品来看，他极为敏感也极为自然地将两位先生艺术风格的优长结合了起来，作为自己艺术的学术来源与支持，一方面是潘天寿的"骨"，一方面是陆俨少的"韵"，这两方面分别为两位大师的风格精髓。陈家泠从潘天寿绘画的骨架中体悟到了形式结构的内在意义与视觉张力，这对于建立画面的形式逻辑，使所有感性的笔墨都暗含在理性的秩序之中是一个潜在的基础。它使得陈家泠在后来极为变化多端的经营布局中，始终有一种视觉上的经典式结构在起作用，这个结构不是固定的传统样式，而是一种由视觉传统经验积累而成的基础。同样，他对陆俨少艺术的继承主要在于领悟到多变的笔墨与动势是画面发展和形式多变的重要语汇，从而在自己的实践中敢于突破旧有形式法则与笔墨样式，朝向"变"的宽阔天地。

陈家泠的传统观实际上是一种体悟与实践型的传统观，也是一种顺应时代、敢于创新的传统观。这就使得他虽然系出名门，却一开始就没有门户之见；虽然"出身"

于传统中国画,却一上手就是现代中国画,甚至是朝气蓬勃的中国现代画。这对于他来说是一种近乎天赋的优势;对于我们,则可以从中看到中国画教学与研究的新角度,并且是具有当代学术属性的角度。他的作品表现了一种抽象的虚无和实相的调和。他在创作形式上虽然固守了中国绘画的传统,但在创作的内容上却颇具现代性,实际上是采用传统的中国画技法来反映现代人的思维定势,并且能够穿越历史精神的视线,直达世界的本真。陈家泠的作品中展现的是个人化的瞬间个性表达,以及与众不同的睿智、精巧和优雅。虽然感性和理性是两个极端,但是透过陈家泠运用艺术的技巧灌注真情实感,理性和感性达到了合而为一的境界,这是真正现代有生命的艺术作品。

2007年,陈家泠在中国美术馆举办"灵变"大型个展,图为中国美术馆陈家泠艺术研讨会场景

随着新的艺术经验在当代的不断衍生,不仅要在资源的角度强调绘画语言的渊源,而且要使作品在现代性的基础上,演绎出一种具体的阐释方式。这种绘画语言的创造既是社会审美趋向的走势,又决然是艺术家个人修养的展示。在陈家泠的作品中,新的材料、个性化的图式以及新的形式技法协调融合,实现了一种绘画语言的现代转换。面对多元文化与精神价值的新纪元,具有现代意味的中国水墨作品作为中国当代艺术的表达,在崭新的时代中彰显着它所具有的活力和生命力。

就像掌握了魔术的奥秘一样,从1980年开始,陈家泠就为画坛源源不断地贡献出他从容而神奇的作品。我们惊异于他极为充沛并且永远处于青春状态的创造活力,但这是他用如采蜜之蜂般长期勤勉地感受孕育出来的情感与精神的结晶。他身居上海都市,感受着现代生活的景观与现代文化的气息,他努力把这种感受变为笔下作品视觉上的新颖与生动。他的作品首先在结构上是大胆而独特的,甚至是超越性的,在二维平面上做足了展开的空间文章。他在笔墨上则是百炼提纯、万取一收的,极为感性的线条超逸出对物象的描绘,成为近乎抽象的语言。由于画面整体上的疏朗,线条由此得到淋漓尽致地展示魅力的空间,轻敷微染出来的色泽也清晰如许,传达出别致的现代美感。

2011年,陈家泠在泰山

陈家泠艺术的意境可用"澄明"二字来形容。荷花是他百变不离的主题。他在这个主题中寄寓了对纯净世界的向往,也带有对生命咏叹的情怀。这对于作为都市人的他,更赋予了高蹈清澄的文人胸臆。实际上,他的绘画题材还十分宽阔,有多种花卉,也有山水,还有人物。其实,无论何种物象,何种景致,在他心目中都是形式的存在与情感的符号。他要表现的不是物象本身,而是超越物象形式,即生命的形象,用作品的象征语言,把中国注重意象写意的艺术传统做了现代的转换。许多年来,他强调"灵变"这个他多年治学治艺的深刻体会,就是一种证明。他的作品探索的是现代人对天、地、人的认知和诉求,同时在哲学的思辨中坚守着中国绘

画的墨韵和气韵。他的艺术最终使我们在幽玄的东方神秘哲学与当代的水墨艺术感觉之间，找到某种具有象征意味的联系。由此，我们可以从他的展览中品味许多，收益许多。

2010年，陈家泠在杭州西子湖畔

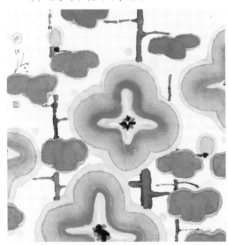

《花鸟册页》（一）
宣纸中国画
50cm×50cm
2007年

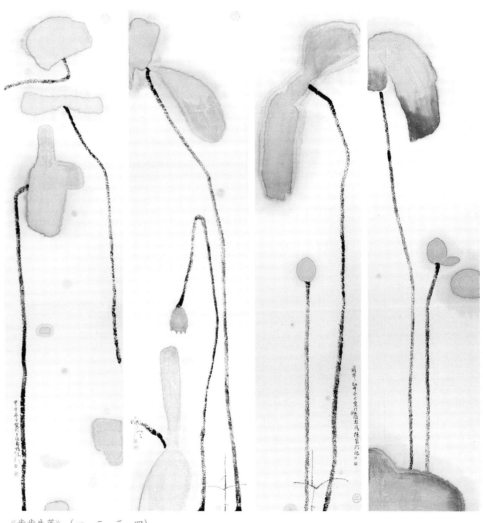

《步步生莲》（一、二、三、四）
宣纸中国画
150cm×45cm×4
2004年

# 流水明月向东方
## ——漫写陈家泠先生绘画

许江

东西艺术，有同有异。同者，存貌写形，寓意抒情，均破涤孤烦，发乎胸壑，展现一个时代的生机。异者，工具不同，方法不同，审美境域也各有别。自古以来，几大轴心文化利用天时地利，铸造强兵锐势，呈现辽阔疆域的影响，希腊、罗马文化沿地中海播扬，与希伯莱文化及欧陆各地各族文化相争互融，谱写人类文明历史的主要篇章，并在近现代形成强势，在全球范围内被称为西方文化。中华文化在东亚洲的广袤大地上，依靠喜马拉雅的天然屏障，自成天地，颐养生息，其文化脉络历数千年而不中断，只在近代蓦然面对强势西风的挑战，自我文化模式呈现衰微与重振的阶段性局面。中华文化被历史地视为东方文化的代表。因此，东西艺术之间，有同有异，有争有融，成为20世纪全球文化的最基本的话语背景，也几乎是所有东方国家近代发展中遭遇的文化事实，以及它们存亡图强的主流思考。西方文化遭遇现代化、工业化之后的诸病，对人性的异化进行深刻反省，企望从不同的文化中汲取自然生存的养料，突破心理上的倨傲与偏见，构筑一种全球想象的格局。他们以理性的眼光来理解和认识非西方的文化，汰选那些"不同之同"的东西。东方国家在近代历史上由于实力与技术上的劣势，处于下风，本土的文化一再面临继绝存亡的挑战，在西风东渐的世纪历程中，东方甚至采取了主动西方化的变革策略，铸造"同之不同"的文化，即那些葆有自我特色、却有经受了现代洗礼和强烈变革的文化。于是西方寻找"不同之同"与东方谋求"同之不同"的两条策略之途，横亘今日全球文化版图之上，编织起一张密集杂错而又生动鲜活的当代艺术之网。在这些巨网上，有一些网络将西方眼光中的求"同"与东方变革中的求"不同"纠结在一起，形成被东西方共相认同的当代艺术的亮点。陈家泠先生的艺术正在这样的点上。

我最早看陈家泠先生的画，正巧不是在国内，而是在20世纪80年代末期的德国汉堡。当时我在那里留学，也正面临一般东方学子在西方文化氛围中的困境。陈先生的中国画在汉堡大受欢迎。有喜欢他那种不露痕迹、巧夺心目的笔墨效果的，有喜欢他那种宁静内敛、淡雅储素的东方意味的。陈先生的画风与传统中国画判然有别，常让熟悉中国传统绘画者不禁发问：这是中国画吗？细味之下，那其中端得是一派中国韵味，点点画画满含中国笔墨的雅淡之趣，正属于"同之不同"的一类。与此同时，这种"不同"又让西方人触到了他们所悉识的点、线、面构成的东西，并从心里体察到克利、米罗等抽象绘画中的自由放任的精神和自然神蕴的东方意象。也就是说，陈先生的画正好满足了西方人寻觅"不同之同"和东方人渴望"同之不同"的双向冀求，满足了西方以不同文化来构筑全球想象语境、东方借取变革之风来拓展中国画新貌的多层心理。陈家泠先生绘画的成功似乎在那个时代就揭示了东方现代艺术在两种文化间漂泊的一种命运：对西方来说他是远亲，对东方自己来说则是

2017年，中国美院许江院长和中国美协原主席刘大为等在陈家泠国家博物馆画展中合影留念

中国美院院长许江在陈家泠陪同下，于中国国家博物馆参观画展

2013年，中国国家博物馆馆长吕章申向陈家泠颁发收藏证书

一种叛逆和跨越。

陈先生曾说："绘画必须远走他乡。"正是在西方的远乡，陈先生《开放的荷花》迎来特别的关注。那荷花原是水中的生物，在陈先生的笔下更化作雾中一般。那雾是墨雾，是色雾，中国绘画的笔法隐没和弥散在雾色迷蒙之中，却又一层层地积淀下来。那荷叶仿佛不是真相实形，而是浓雾聚结而成。枝杆如游丝，在墨块浓雾中牵行，完全无法分辨实形与倒影。雾让浓者愈浓，淡者愈淡。荷花与莲藕从浓墨映衬的高白处清雅探头，细风一如淡墨轻轻蔽着花藕，在有无中婆娑。

"荷花娇欲语"①，"新妆荡新波"②。摇曳处，花隐枝移，唯剩层层叠叠的墨点，在风中化作雾一般的斑块，回返到迷蒙之中。在这里，面不是面，是扶摇在胸的气壑；线不是线，是灵动催人的流风；点不是点，是密层层地发自胸臆的呼吸。这气壑、这流风、这呼吸，由内而外地溢出，又由外而内地归返。风、气、呼吸是真正的雾源，莲荷因那雾变成了一片生命的谜。

这气壑、流风、呼吸都是一种淘洗，将那莲荷反反复复地淘洗。"体素储洁，乘月返真"③，那荷花被洗得坚白，如铝出银；那莲叶因洗伐之功，虽缁磷亦可爱。但那真正被淘洗的是人心，心源的淘洗曰练，不练不纯。那漫长的自然的历练之后，是还其原初的本来，是返璞归真的纯然。洗练在这里得到其所是的验证。洗练不是一种绘画的形式，而是生命的一种品类。这种品类之于陈家泠也不是一种刻意的追寻，而是一种自然的涌现，一种通过洗和练、通过洗练自身来涌出本己的拥有。天趣，中国绘画最为可贵的品质，活现在荷与人的共生中，活现在淘洗练神的恬然之乐中。

"流水今日，明月前身。"④今日即当下，流水注入，生气活泼；前身寓前世，明月高悬，三生凤业意，一份深沉的无以逃遁的命运之感。陈家泠先生曾经满怀深情地怀念他的恩师潘天寿先生和陆俨少先生。潘先生的大气磅礴，陆先生的殉道精神，已然成为淘洗他生命的琼浆，那真正从他们那里宿命般继承下来的，是对生命本色的珍惜，是化尽前人血骨、练气归神的孤行者的静气。陈家泠先生探寻出中国绘画生机勃勃的新语言，但在根源处照耀着他的仍是中国绘画的传统深化的精神。本着这种精神，无论多么遥远的探寻之路，都将指向东方。

---

①唐·李白《渌水曲》
②唐·李白《越女词》
③唐·司空图《二十四诗品·洗炼》
④唐·司空图《二十四诗品·洗炼》

2018年，陈家泠回到母校，出席中国美院建校95周年（陈家泠与校友汪大伟）

2018年，陈家泠向母校捐赠作品《江南好》

2018年，陈家泠回到母校，出席校友会活动

# "化衍天成" 陈家泠

汪大伟

陈家泠曾以"清高静逸、雅俗共赏、简洁轻巧、化衍天成"自题笔下的荷花,这"化"境便是陈家泠的境界。"化"之一字,乾坤万千。

可以说,陈家泠的艺术语境集中体现在从"和美"走向"灵变"步入"化境"的美学思想中,特别是在精神上得到了潘天寿、陆俨少二位大师的"灌顶"启发。在艺术神韵的把握上,他通过独创的制作手法,把自己对传统与现代的感受明确地演绎出来,通过对"气"的把握与生发,达到心手相应、融通万物的境界,是最现代也是最古典的。他处在上海这个国际文化交流的前沿阵地,又恰逢和谐社会的好时代,凭着他敏锐的艺术触觉与深厚的学养积淀,多面出手、多元发展,以臻化境。

第一次听闻陈家泠的大名是在我中国美院读书时期。当时顾生岳先生拿出他的一张毕业创作给我们做示范。这是一张绍兴水乡的长卷白描,画面人物造型都用精谨的工笔线描,气息也非常传统。陈家泠当年接受的是浙派的传统,从潘天寿、陆俨少、诸乐三到陆抑非等诸位先生,都给他带来很大的影响。他是幸运的,先是遇到潘天寿,当时浙江美院的院长,要求学生们画好工笔,练好书法,打好基础,要求把吴道子的《八十七神仙卷》、陈老莲的人物都临摹到位,线条要如丝一样富有弹性,从而打下了很好的传统功底。

后来我到上海,在天津路老美校再次碰到陈家泠,看到他的一些不讲笔墨的作品觉得大吃一惊,和以前的传统印象完全不同了,我说:你怎么一点都不像浙派?当时陈家泠的作品追求渗化的肌理效果,与我在浙美时对他的印象判若两人。陈家泠说他正是掌握了传统之后,才会去寻求突变,衍化,从传统中化生,化成自己的东西,用化的概念去吸收传统、去伪存真。他还是说他的作品本质是非常传统的,甚至可以上溯到魏晋。虽然不无西方现代艺术的启发,但根本在于对传统独特而多层次的领悟,使他找到了独树一帜的突破口。可以看到他在海派地域文化的背景下,寻求如何与上海的文化发展相结合的尝试历程,努力寻找着新的表现语言。陈家泠说传统其实有三个层面:一是艺术精神层面的传统;二是艺术语言图式层面的传统,比如"妙在似与不似之间""笔精墨妙""置阵布势"这是大家最关注的层面;三是媒材工具层面的传统,比如"文房四宝""水墨丹青",这是一个按习惯容易忽略的层面。三个层面互为关联,牵一发而动全身,又缺一不可。他致力于追求几个方面的融通、化生效果。

比如以荷花作为探索,他尝试了很多的水墨渗透效果、墨韵肌理感觉,直至超出传统工具材料的约束,找寻自己的独特发展方向。我亲眼见他用四尺整张的宣纸,用各种液体做肌理效果,如洗衣粉、咳嗽水等,但效果太多有点过媚,他也在寻求进一步突破。为了留住斑驳的肌理,他尝试过用两层皮纸,衬上宣纸作画,画完再

陈家泠人物写生

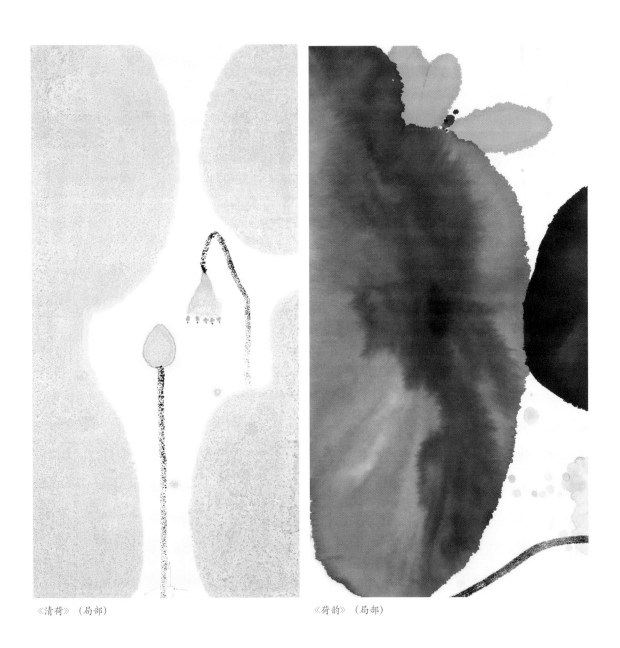

《清荷》（局部）　　　　　　　　　　　《荷韵》（局部）

把皮纸掀掉。还用薄的丝绸附在宣纸上，丝绸会皱，产生很柔的效果。每一种效果他都要寻求进一步的突破。他用的颜料有些是国外生产的，像英国的水彩画颜料、伦勃朗牌的水粉、日本的樱花颜料等，这些颜料不仅色相丰富，而且鲜而不艳，富贵而不俗气。他比较喜欢用花青、藤黄、赭石等传统的颜料，画中的许多丰富的肌理效果，就是靠花青和藤黄放在一起产生的。有些颜料沉淀后产生的肌理效果很丰富，很漂亮，就像上海博物馆里收藏的青铜器上那种斑驳的效果。他还用赭石加上花青放在一起，形成渣和沉淀，在宣纸上用水渗化，那种美丽的、自然的、奇妙的线条就产生了，似乎通到另一种奇妙的化境。

他相信行万里路，四处写生，在写生中寻找和人沟通的、值得表现的生命形态，他画桂林、天山、西双版纳少数民族，画生命律动，结合着笔墨语言的探索。他的题材也不拘一格，人物、山水、花鸟，多面出手，视野开阔，在大量的写生练习中，完成了与自然融合化生的风格。他说画画有时是反其道而行之，是"化腐朽为神奇"，这种化境，可能也是艺术的最高境界。

他对学生的教育方式中，也可以反映他的化境追求与开放的心态。他教学生不是泥古不化的，他要求学生在艺术上要敢于尝试、追求突破，要不甘寂寞、勇于创新。他以写生稿为基础，作为课图稿教导学生，引导他们从自然中悟道，体会中国画的真谛。他执着而无畏，带韩峰他们下乡时，在森林中一条道走到底，不怕迷路，认定是对的，就一定要走下去、走出去。他也不是茫然地摸索，而是把精力放在自己认为值得的事情上，他曾有句话："要懂得珍惜时间和尊重时间，才是个真正的现代人。"他善于用自己的切身经历来教导学生。他在课堂上回忆起以前经常到陆俨少老师家里去看他画画，当时领悟到，原来山水画用笔是这样的，可以如此自由、奔放。许多课本上的理论知识一下被激活了。当时他练画很勤奋，每天吃过晚饭就拉一个学生做模特，画肖像。80年代初，他有大批肖像画面世，从中也可以看出他对"解放笔"、进而"解放手"的领悟。他认为画画讲求"悟性"与"笔性"，除了天生的慧根之外，老师的指点、大量的刻苦练习也是必不可少的，从而告诉学生要放开手脚，抓紧时间苦练。

他还对学生说起，当时周昌谷老师让他去看路边的树木，比如柏树、杉树，一种长得慢，一种长得快。杉树一下子就长得很高，而柏树则长得很缓慢，但是两种树的外观与气质是截然不同的。问他要做柏树还是杉树？他当然想做柏树，做柏树就要沉得住气。从一开始的默默无闻走到现在，他始终执着于心头的艺术理想，并淡泊名利。还有非常重要的一点是他学习到了陆老师的"耿直"，这种"耿直"中包含为追求艺术不顾一切的"殉道"精神。另外一位对他有影响的老师是唐云。唐云

2011年，陈家泠为创作三山五岳而登临东岳泰山

2016年，陈家泠在湖南韶山毛泽东故居对面的山坡上写生

2011年，陈家泠在四川峨眉山写生

2011年，安徽省博物馆举办"神游"大展的开幕式

2010年，陈家泠在浙江省美术馆举办大展，图为展示的缂丝服装系列

为人洒脱大气、不计较，上至领导下至门卫都平等对待，没有功利性。这样一种淡泊、谦逊的作风，也深深影响着他今后的艺术道路。他也用自己的亲身际遇与感想告诉学生，在艺术上要沉得住气，而为人要洒脱大气。在如此言传身教之下，他的教学颇有成效，学生的作品不拘一格，思路开阔，多面出手，常有令人惊喜的效果。

近年来，他主动关注城市发展，为上海城建贡献一己之力。曾经为上海的轨道交通绘制过多幅壁画，如静安寺八景等，每次都是自己设计，取材，现场勘查，自己动手打石头、安装，每一个细节都亲历亲为。他把自己的画风成功转化到城市公共空间中，最近轨道交通七号线又用了他的荷花壁画。他的荷花总是与众不同，有种"冷峻"的语言，一种不谐俗的清气。他经过不断试验和摸索出来的"走、守、漏、透"的一套技法，使笔下的莲花在气质上轻而不薄，轻柔的背后真气弥漫，"反虚入浑，积健为雄"，有着内在骨力的支撑。他的作品追求境界，因为喜爱老庄哲学所体现的高洁、淡然、返璞归真、无为而为的宇宙观，他的作品，都是对生命的理解和对生活的态度，虽不轰轰烈烈，却是一腔真挚，直抒胸臆，正如佛教所说："明心见性。"他远追传统、上法古人。但是他在作品中表现出的"时尚性"，却是得益于上海的城市环境和文化积淀。而且陈家泠的作品在纸面、瓷器、墙面上的效果各个不同，相与对比、相生相成，可谓已达熟练的"化境"。

他提倡艺术应该走进生活，走进装饰空间。画画之余，他把自己的泠窑做得有声有色，他的瓷器作品连工艺美术大师都要眼前一亮，当然也是经过多年积累，并非一蹴而就的。他同时为各大宾馆的公共空间做装饰，产品发展到瓷版画、装饰瓷器、桌椅、餐具、饰品等，总是应公共的要求、应城市的发展而"化"。他认为市场经济也分高低，有些高级的市场可以去追求，但是不能去硬追求，达不到的不择手段追求便没有意思，这个涉及阴阳化生与"气"的问题，注重进取与退舍有道。画画是要"不择手段"的，但画画的人弄钱不能不择手段。

他一直认为艺术是相生相化相通的。当代的艺术家不必局限于一个领域，感兴趣的、对社会和公共事业有益的，都应该放手去做。现在处于这样一个多元的现代社会，处处充满灵感与生机，艺术家在从事创作的时候，自然而然触类旁通，会生发到其他。带着玩的心态，而又贯注自己的心力与智慧，便能随心所欲不逾矩，但是一定要赋予作品独特的个人魅力。前两年他还兴起了荷花的摄影作品，本来是为了画国画服务的，但是因为比较充分、完整而多样，作为摄影作品展出，也造成了一定的影响。

他觉得自己这一代人承担着历史赋予的"承前启后"的作用，任务艰巨。上海历来是海纳百川，包括新文化、新艺术如文学、电影、戏曲都是从上海开始，引领潮流、辐射全国。他在浙江美院打好了美术基础，然后到上海这块土地上发展，受到了"海派"氛围的熏陶和激励，产生了一种求新求变的思想和愿望，大都市的变化在无形中影响着他，自然要为这个城市做出一番成绩来。

陈家泠带着玩的心态，然而又坚定执着、四面出击，他应时而化，应运而化，应生而化，成就了自己"泠"的品牌，这就是海派艺术，有一种时尚性和引领性，这个引领是世界性的，不是乡土性的，它也是中华民族的，是中国的品牌。

"泠空间"艺术文创产品，图为红叶小鸟茶具

"泠空间"艺术文创产品，图为玉兰花茶具

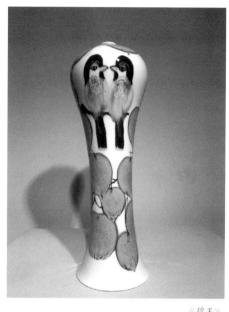

《碧玉》
瓷 釉里红釉下彩窑变
高50cm，直径14cm
2009年

花鸟鱼虫册页之鸟系列（一、二）
宣纸中国画
50cm×50cm
2007年

# 家国情怀与东方灵韵
## ——陈家泠的新水墨艺术及其他

张晓凌

2017年，陈家泠作品《井冈主峰》在中国国家博物馆纪念毛泽东诞辰120周年画展中展出

2017年，陈家泠在延安写生

2016年，陈家泠在遵义会议纪念馆

关于陈家泠，似乎不用花很多笔墨来描述，2013年和2017年国家博物馆的两次大展已全方位地勾画出他的创作轨迹，加上众多批评家参与的那场盛大的研讨会，他的个性与精神轮廓也如此清晰地展现在世人面前。撇开那些微不足道的争议，在陈家泠的评价上，批评家们表现出了令人惊叹的一致性。尽管如此，我还是坚持以为，对于陈家泠的研究仅仅是开了一个头。人们只要略微关注一下他所拥有的开放、包容的创作体系，以及由此生发出的时代课题，便知我所言非虚。比如，他创造性心智的高贵与超然；作为时代见证者，他敏锐的感知能力；他在水墨革新上的方法论与新境界，还有他跨界于水墨、家具、陶瓷、缂丝、服装时所特有的曼妙姿态……在这里，我们不仅能体味到蛰伏于其中的家国情怀，也能领略到东方灵韵所绽放出的时代光彩。我们会认知这样一个事实：陈家泠的人生、事业是在各个领域的和谐互补中而建构为一个整体的。

作为新水墨的开拓者，也作为海派水墨的代表性人物，陈家泠虽入耄耋之年，却不移白首之心，仍游弋于各个艺术领域，表现出青春般的虎虎生气。在国家博物馆的研讨会上，我曾说过，现在更加确信：陈家泠是为时代舞台而生的人，他站在哪里，哪里就成为舞台，时代之光会尾随而至。

## 一、穿越历史的家国情怀

"陈家泠艺术大展"是一个无法用单一术语加以界定的展览——在2017年9月的国家博物馆展览现场，无论是批评家、艺术家，还是普通公众，无不发出这样的感叹。展览由"壮美祖国""优美家乡""和美世界""精美生活"四个部分组成，其作品类型包括革命圣地题材的创作、新水墨、彩绘瓷缸，以及家具和缂丝服装。对观众的阅读习惯而言，展览的挑战性不仅仅在于结构的复杂，更在于其意识与旨趣多样性所交织而成的现场意识形态：政治与诗意，历史情怀与当代意识，形而上诉求与世俗欲望，纯艺术与实用艺术观念，全都不分彼此地纠缠在一起。今天看来，这种复杂的现场意识形态是吸引公众的有效途径。当然，展览引起公众高度关注的，还是一个综合性艺术家在各个领域中所能获得的卓越成就——经历了非凡的美学冒险之后，一个艺术家所能拥有的语言与技艺的灿烂图景。正像所有成功的展览所经历的那样，观众们收回满腹狐疑，代之以崇敬的目光。

尽管在人们的印象中，陈家泠并不是以重大题材创作而见长的艺术家，但他近年以革命圣地为表现主体的巨幅彩墨作品屡有问世，且广受好评，清楚地表明了这样的事实：这类作品在陈家泠的创作体系中，占据着不可动摇的核心位置。与此相关的有趣问题是：一个长期痴迷于当代水墨形式探索的艺术家为何同样长期执著于革命圣地题材的创作？通常而言，当代水墨形式探索是拒绝主题性创作的最好理由。我尝试着作些简略的回答。首先，圣地山水创作的冲动源自于陈家泠对旧时代的记忆。在旧时代，革命圣地无疑是光明、希望的象征，是民族由衰而盛的基石。这一理念的形成并历史化，在内化为陈家泠圣地山水创作的心理起点的同时，也成为他恒久的精神依托；其次，我们可以在中国现代美术特有的历史逻辑中寻找答案。基于救亡启蒙之需求，中国美术一百多年来紧紧地和国家、民族的命运联系在一起，形成了政治与审美高度复合的现代性。陈家泠的革命圣地题材的创作，应视作这一历史惯性的结果；另外一点，新中国建立以来，重大题材创作的质量始终是衡量一个艺术家水平的主要标准。也可以说，重大题材创作是新中国美术家的成年礼——在新中国艺术史上，这几乎是一个鲜有例外的传统。在这个传统之内，陈家泠所能聆听到的最激动人心的召唤就是：你是新中国画家吗？那么，请你来处理那些具有纪念碑意义的题材吧！这才是新中国美术的伟大事业。

2017年，陈家泠在太行山写生

如此一来，我们便不难理解为什么陈家泠年至耄耋，仍坚持去革命圣地写生。与时下流行的浮光掠影式的对景写生比起来，我宁愿以为，陈家泠的圣地山水之旅更具有典范性。理由在于，从韶山、井冈山、娄山关到延安、太行山、梁家河，陈家泠的革命圣地之旅，既是一次精神的洗礼和灵魂的自我净化，又是一次目识心记的山水游观体验。前者是政治的，后者是审美的。换言之，陈家泠的写生与体验始终游移于政治与审美之间。

2016年，陈家泠在四渡赤水之丙安古镇（一渡赤水地址）写生

"革命圣地"作为一系列具有现代政治价值的隐喻性符号，一直是史诗性叙事作品的精神来源。围绕这一主题，新中国美术成功地建构了完整的美学范式与语言体系。在陈家泠那里，圣地山水的既有成就无疑是典范与资源，但同时也是巨大的挑战——事实亦如此，没有什么比在经典林立的领域内寻求新意与生路更具有挑战性了，陈家泠的可贵之处正在于此。依我的观察与理解，陈家泠的超越之路在双重层面——政治与诗意上展开。在政治层面，陈家泠将圣地山水政治主题的解读与地域文脉的阐释结合起来，政治主题借助圣地的人文脉络而显现出人性的温暖，人文传统则在政治主题中获得再生，从而焕发出时代的光彩。这一策略为圣地山水创作带来了性质的巨变：它不仅成功地规避了早期圣地山水作品中的政治说教，也尽褪去圣地山水的神圣光环，使之进入"可望、可居、可游"之态，成为诗意的栖居之所；在诗意层面，陈家泠以"游观"为方式，以诗意为核心，重建了圣地山水语言体系。所谓"游观"，是传统文人画的宇宙观、自然观，也是文人画所固有的山水观与表现方法。自魏晋以来，以目识心记为基础，以物象到心象的转换为关捩，中国文人

2017年，陈家泠在陕西壶口黄河写生

《西湖景色》（局部）
注：2016年，陈家泠为杭州G20峰会创作
一号作品在杭州西子宾馆一号厅存
二号作品中国国家博物馆收藏

画建构了一套"以大观小"的全景式的山水表现方法。借助于游观式体验，陈家泠成功地突破了焦点透视的逼仄，视通万里，精骛八极，以大视野、大格局的空间布局，置陈布势，在遍历广观与尽态其妍的描绘中，实现了"至广大，尽精微"的完美统一。

通过政治与诗意的双重途径，我们可到达圣地山水创作的胜境：政治主题与家国情怀在诗意层面上的重构，不仅让圣地山水图像辉耀出从未有过的人文光彩，也委婉且清晰地标示出圣地山水的政治伦理高度；与此同时，以诗意为核心的圣地山水语言建构，也在这一过程中完成了自己的美学旨归：清新婉约的美学格调，典雅而富有装饰趣味的语言，以及恢弘且简淡的境界。

让我们领略一下在政治与诗意之间徘徊的圣地山水吧。《韶山》（2017年）与其说是圣地，不如说是充满田园诗意的农家景观。群山环伺，峰峦朝揖，树木争让，农家小院静卧于异色苍苍、万萼春深之中。院前水塘植莲藕，水面浮翠流香，堤岸树影婆娑，隐约之间，似见伏脉龙蛇，势通万里之气象。与《韶山》的冲然而澹相比，《井冈山》（2013年）则若黄钟大吕：群峰逶迤绵延，坚硬而峭拔，色若精铁，气象萧森，有贯通天地之气势，仿佛穿越历史烟云奔涌而来。其造型、其结构、其布势、其气象，既是井冈山精神与故事铺排开的史诗，又是井冈山山水云天传奇的写照。在《娄山关》中，陈家泠有意降低了雄关的视点，化险峻为舒缓，当年搏杀的关隘褪去血与火的颜色，转而指向安详和谐的漫天绿意。远处，淡山一线；近观，烟云秀逸，与天地之气自然凑泊，幻出奇诡景象。作于2017年夏的《延安晨韵》亦为煌煌巨构：近山有卧虎之势、藏龙之态，其上嘉树拱碧，袅烟依回；远去的高原则如群驼奔突，似浓又淡，似近而远，势不可遏。晨光熹微，光影游动中，宝塔丰碑般地矗立在山顶，一如历史的诗人，讲述着脚下上演的一幕幕革命正剧。《梁家河可美啦》（2016年）是陈家泠以游观所得而构造出的黄土高原传奇。画面以传记般的手法详尽记录了高原的沟壑、田野、垅原、窑洞、庭院、溪流，以及刀削斧劈般的崖壁、古树、小径。其上，沟壑、崖壁之线条与原野之块面交织而成画面的主旋律，铿锵有声；其下，桃花十里，流水花开。真可谓山形随步履而移，高原依游目而变，俯而悬视见其雄阔，仰而远望见其突兀，精神由此腾挪而去，莹然开朗，一如满月，仿佛万物也在这瞬间化于灵府，归于宇宙……

必须承认，圣地山水创作在陈家泠那里发生了颠覆性的变化——从观念到范式，再到语言的变化。在此前的论述中，我已反复提及了这一点，在这里有必要作一个简单的归纳，以便我们对陈家泠的圣地山水作品有较为理性的认知。正如我们所熟悉的那样，陈家泠的圣地山水之变始于对革命圣地的重释——从人文角度而非纯政治的角度再构"革命圣地"，成为陈家泠创作的起点与基石。圣地山水的属性与形态由此而变：在失去意识形态神圣光环的同时升华为"心灵的风景"；另一个明显的转变在于，圣地山水的画面由"无我之境"转向"有我之境"。所谓"有我之境"，即作品由题材固有意义的表达转换为主体经验与美学趣味的呈现。风格上的明确变化是，写实主义的"实景"开始向写意性的"幻景"的转换，早期圣地山水那种阳刚粗犷的写实性模式逐渐被清新幽雅的意象美学格调所取代。如果说，早期圣地山水更像是厚重的政治教科书的话，那么，在陈家泠手中，它已羽化为以家国情怀为核心的抒情诗。诗意无处不在的画面上，政治主题渐渐褪去其意识形态色彩，升华为更为博大、更为恢弘的家国情怀……

2016年，陈家泠正在创作《梁家河 可美啦》

关于重大题材创作，我曾著专文论述。其中，我以为：重大题材创作"一方面，它以历史研究文本、历史遗存所提供的'历史真实'为起点；另一方面，它又是一种文学式的写作，一种依赖于想象与虚构的审美图像塑造活动。概言之，它永远徘徊于历史实在与审美话语、'真实的'叙事与'虚构的'叙事之间，既是'科学的'历史编叙，又是'诗学的'历史编叙"①。我又以为：重大题材创作"并非对历史实在的写实性再现，而是对历史事件、人物的表现性叙事与图像建构，是烛照过去并使之呈现与返场的隐喻式澄明"②。私下颇为得意地以为，陈家泠的圣地山水作品准确无误地印证了我的观点；反之，我的看法亦可作为他的作品的一个不错的注脚。

2017年，陈家泠在陕西省延川县梁家河写生收集创作素材

众所周知，中国人的家国情怀诞生于西方殖民者的隆隆炮声中。以此为始，这种情怀不断穿越历史，成为一代又一代艺术家创作的精神动力与人文资源。以家国情怀而论，陈家泠与前辈李可染、傅抱石、陆俨少并无区别，他的独特之处在于，超越前辈们给定的美学框架与语言范式，以清新澹然、空灵淡远的体格，开创出圣地山水创作的新格局、新境界，为圣地山水创作建构了一个全新的美学坐标，将圣地山水的表现方法与形态提升到诗学的高度。

陈家泠在太行山写生

## 二、水墨现代性之路：灵变与化境

对艺术史稍具常识的人都会知道，水墨的现代转型，既是20世纪中国美术的核心命题，也是中国美术现代化推进逻辑的主轴。这一宏大史实，与西方现代主义美术体系相互辉映，可谓一时瑜亮，两者共同构成人类现代文明史的奇观。假如有人试图抽掉这一命题的话，那么，结果只有一个，那就是20世纪中国美术史体系的崩溃——水墨现代化的重要性由此可见一斑。事实上，自20世纪以来，不要说在艺术史家的笔下，即便在普通的社会评价中，"现代性"也当仁不让地成为度量每位艺术家功过是非的标准，这也是那些名噪一时却抱残守缺的画家们从历史上消逝的原

---

①张晓凌，《历史的审美叙事与图像建构——重大题材美术创作论纲》，载《历史记忆与民族史诗》，安徽美术出版社2015年版，第8页。
②同上，第11页。

陈家泠在延安写生

陈家泠在太行山写生

因。弄清楚这一点，便可理解，为什么新时期甫始，刘国松、周韶华、陈家泠等人一下子被推向了历史的潮头——作为新水墨的开拓者、奠基者，他们身上所散发出的先知先觉意味，似乎打动了整个时代。

如果陈家泠足以构成一个现象的话，那么我们必须考虑，是什么力量推动他以不断翻新的方式来探索水墨在当下的可能性的？在国家博物馆的研讨会上，我给出了所谓"三种力量"的解释。时至今日，尚未有反驳者，因而，我更加确信这种解释是完全合理的。第一种力量来自于历史的逻辑。自晚明以来，数百年的水墨现代性冲动已沉积为支配性的历史逻辑，由此所发散出的精神感召力，唤醒了每一颗智慧的心灵。对陈家泠而言，洞悉历史的本质，在聆听历史召唤中完成自我的精神洗礼，远比获取知识更为重要；第二种力量来自于时代。陈家泠是和着时代节拍来作画的人，毫不夸张地讲，他对社会进步，对民族的发展，对国家的成长有着高度的、特殊的敏感，在这个基础上形成的时代意识无处不在，几乎覆盖了他所有的创作样式与形态；第三种力量我称之为本质性力量——拥有一颗异乎寻常的美学野心，是陈家泠人生与艺术的本质所在。阅读陈家泠的作品，我突然想到，始终处于创新性欲望中的心理活动，可能是陈家泠保持旺盛创作状态且作品不断翻新的根源，他的每种令人瞠目结舌的新风格，以及由此连贯而成的探索性脉络，皆可以从这里找到终极性解释。由是观之，可以说，陈家泠是为创新而生的艺术家。在这一点上，他与乃师潘天寿、陆俨少、方增先极为相似。

在当代水墨艺术家的评价上，我向来秉持看似平易实则苛刻的标准，那就是对晚明以来水墨现代性诉求无所感知的人，根本算不上真正的艺术家。为了更好地说明这一点，也基于为陈家泠的创作提供一个坚硬厚实背景的愿望，我将对水墨现代性的历史走向作一个简略的交待。数年前，在《中国美术现代性起源》一文中，我曾表述过艺术史上从未有过的观点：晚明水墨的现代性转向，一方面宣告了水墨早期现代性的诞生；一方面坐实了中国美术现代性具有内生性或内源性特征。晚明三大家中，徐渭以"泼墨"的方式摆脱了写实的纠缠，开创了"大写意"语言体系；陈洪绶则醉心于各种线纹的变化与组合；至于董其昌的山水，干脆如清人钱杜所说："有笔墨而无丘壑。"一言以蔽之，水墨的形式主义体系在此已大致确立。与此同时，傅山还创立了以坏、奇、怪为表征的一套新笔法。上述水墨的现代性诉求，在八大、石涛、龚贤那里转而化为以个性为核心的现代水墨形式，其中所内蕴的变革求新的现代性自觉，在20世纪早期已成为普遍的风气，"几至家家石涛，人人八大，连类而及，如石溪、瞿山、半千，均价值连城，而四王吴恽，几无人问津了"。在跨文化语境中，另一重要现象是，以"中体西用"为价值取向，以"中西融合"为方法，徐悲鸿、林风眠在实践领域分别开创出以写实主义、表现主义为旨归的现代水墨形态。跨文化的"中西融合"与传统的"自我优化"双峰并峙，确立了水墨现代化的大体格局与样貌。

写实主义与政治意识形态的结合，构成新中国美术时期水墨现代化的特殊形态。虽然为意识形态所囿，这一时期水墨现代化的成就还是极高的。在新时期，被放逐了半个多世纪的水墨形式主义被时代充分释放出来，多元性成为统治性力量，以至于在这一领域内迷径纷呈，"现代性"几乎成了居无定所的游魂。虽然如此，我还是以为，所谓的多元性，可大致归纳为三种形态：写实主义的写意化、文人画体系的复活，以及实验水墨或曰新水墨的兴起。其中，以剔除文人画意涵，将水墨还原至材料层面，从媒介角度探索水墨材质的自身价值，并寻求水墨跨界融合的实验水墨，成为最具挑战性的先锋形态。它多少表明了这样的企图：在全球化、信息化时代，水墨将在跨文化、跨界的广阔领域中展开。

2011年，陈家泠在黄山写生

2017年，陈家泠在印度尼西亚国会中心为"一带一路"写生（此处是中国国家主席习近平首次提出"一带一路"倡议的地点）

上述描述虽极尽简略，却还是显得繁冗，好处是它差不多实现了我的意图：除了如前所说的为陈家泠创作提供必要的背景外，它还意味着，只有在历史光芒的烛照中，我们才能真正看清楚陈家泠水墨变革的确切轮廓；同时，我们也才能大体寻绎到陈家泠水墨取法的路径与风格的来源。

在水墨创作的取法上，陈家泠更像是一个"杂食主义者"。对此，他自嘲是"胃口好"，无问中西古今，能吞食者皆入我腹，通过"胃"之融合，化入陈氏肌体。如果我们有兴趣为陈家泠的水墨创作画一幅"取法图"的话，那么，我们将惊诧地发现这样的事实：陈家泠与写实主义、文人写意体系、表现主义、新工艺装饰趣味、实验水墨乃至海派艺术皆有攀扯，或在融合中珠胎暗结，或在勾连中相互借力，脉络之繁颐，其图景之复杂，常令研究者不得要领，生出畏惧。然而，在这里，你或许会收获这样的箴言：现代水墨的花朵只能盛开在杂食主义的沃土之上。

在取法丰富繁颐的基础上，陈家泠水墨语言的建构经历了"为道日损"与"取与舍"的复杂的辩证过程。比如，陈家泠有着纯正的写实主义基础，但他却力避写实主义的光影、透视与实景意识；他长期致力于笔墨与材质、媒介关系的研究，却从未像实验水墨那样将水墨从既有的文化谱系中抽离出来，还原为材质本身；百花簇新的海派都市文化向来是陈家泠重要的艺术资源，但他却机智地只取其都市意味与市民趣味，而舍其庸常与洋化；对于民间工艺，陈家泠心怀敬畏而又满心欢喜，但他仅取其质朴工巧的形式感而遗其雕琢与繁复；林风眠是陈家泠的精神导师之一，然而，两者在图式、笔墨上却大相异趣；无论在文化精神上，还是美学取向上，陈家泠都承传了文人写意的清逸雅正气脉，但作品的结构、旨趣、境界却和文人画相去甚远。

2017年，陈家泠在印度尼西亚国会中心为"一带一路"写生

在"取与舍""增与损"的互动过程中，陈家泠既成功地破除了诸多艺术门类之壁垒，又拆解了水墨语言的规范与边界，他意图将"无理和至理、怪绝和至情，明明是绝对的东西，却相互穿插起来"，以达到"化奇为平，平中寓奇"的高度。以这种辩证关系为基础，陈家泠积半个世纪之功，建构出陈氏水墨艺术新体。关于这个新体的认知，虽然还停留在感性阶段，但我还是试图对它作一个简单的描述，以使它的样貌、形态更为明确一些。如果说文人写意传统构成了陈家泠水墨新体的精神内核的话，那么林风眠意图沟通文人写意体系与西方表现主义的策略，便成为陈家泠新体的方法论。其形态与风格，始终周游于具象与抽象之间，在装饰性构成中发散出写意的灵韵，又深得古典美学简约蕴藉之义旨。乍看上去，似变幻无定却又极富秩序感，是妙手偶得与理性预设的辩证统一，从中既可领略到离形得似、舍形悦影的诗性品质，又可体察出质朴而工巧的装饰意味——还有那个在一切形态与结构间徘徊游移的灵韵。不错，正是灵光绰绰，自由往来的东方灵韵，让这个新体弥漫着一切原创艺术所特有的神秘品质，同时拥有了一种令人痴迷的韵律与和谐。

从取法多元到新体的建构，陈家泠的新水墨艺术堪称是兼容并包、遗貌取神、翻新出奇的卓越创变。

读陈家泠的文字，往往有意想不到的理论收获。所以，我坚持以为，陈家泠的创变性实践源于他创变性的理论思考。在这些理论文字中，"灵变"与"化境"作为两个中心词汇，既是陈家泠对自己水墨艺术性质的界定，也准确地表述了他的水墨艺术理念与策略。2007年至2013年，陈家泠分别以"灵变——陈家泠画展""化境——陈家泠水墨艺术展""化境——陈家泠艺术展"为名，连续在中国美术馆、上海美术馆、中国国家博物馆举办大型画展。"变"与"化"，之所以被陈家泠反复拈出并不断推向公众视野，其间的确寄寓了画家包容通变、不受羁绊的艺术理念。借助于陈家泠的夫子自道，或可勘破其中的精神秘蕴。陈家泠认为，"世间万物皆有灵，而人类是其中最具灵性者"，而"灵力促使灵变，从而化平凡为伟大，化腐朽为神奇"，所以，"'化'是艺术家才气、灵气的反映，愈能化，其才气愈高，灵气愈足，成就愈大"。

具体说来，"'化'，是在画家的头脑中对于技巧的运用，即技巧和生活，技巧和内容，继承和发展，借鉴和创造，理和法等等，在错综复杂的关系上达到融会贯通，以至由表及里、由浅入深，由低向高，由生转熟的变化。"为此，陈家泠还按人生历程将"化"的进阶分为三个层境：青年时期的"消化"之境，重在"打基础"，得"化"而成举一反三、事半功倍之功，以求无法到有法；中年时期的"变化"之境，重在"创风格"，得"化"而收博求约取、立论不惑、因势利导、标新立异之效，以求"我有我法"；老年时期的"神化"之境，重在"入化境"，得"化"而避墨守成规、艺术老

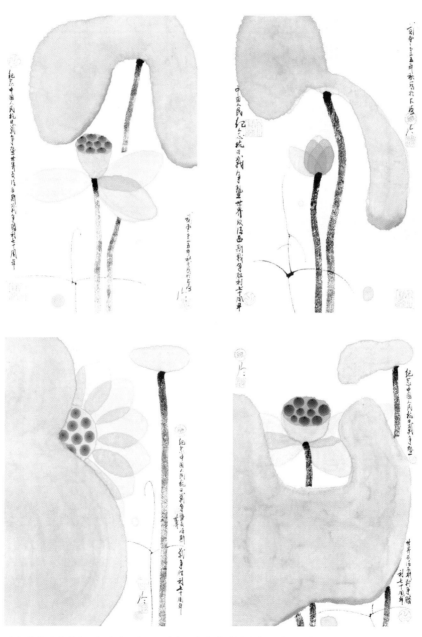

陈家泠为世界反法西斯胜利和中国人民抗日战争胜利70周年活动而创作，其作品图样用于请柬、节目单和菜单的设计之中

化之弊，犹如金蝉脱壳般高翔，地蛇成龙般游云戏海，以臻于"有法至无法"之境。进而，陈家泠还根据取法的高低论"化"：取法于上者知"化"而能另辟蹊径；取法于中者知"化"而可青出于蓝而胜于蓝；取法于下者知"化"则能化腐朽为神奇。出于对"化"的推崇，陈家泠将"化境"设立为艺术生涯中的最高层境，认为它"是自我对物（宇宙、自然、时代、人等）对理法的高度彻悟和这三者巧妙融化的境界"。正是对于"化境"的不舍追求，陈家泠不仅开启了重释宇宙万物、时代生活与人生百态的契机，而且在这一清明圆融境界的营构中，真正重塑了当代水墨语言的文化品位与美学形象，在精神和语言的双重转向中完成了水墨的自我救赎。

诉诸"灵变""化境"之美学途中，陈家泠的新水墨自然地弥散出闳肆通联的精神气象。就我对新水墨的所知而言，还没有一个艺术家像他那样，以超越性智慧与想象力来同时处理山水、人物、花鸟题材，也没有任何一个艺术家像他那样，在寓奇于平、平中见奇的营构中，自由地表现出神韵内敛、清涵万象的东方美学气质。可以非常肯定地说，陈家泠以形简墨约之道，虚实互生之境，墨彩互映之体，全新地诠释了东方美学之灵韵。陈家泠笔下的墨荷，薄霭蒙蒙，清风微漾，数只焦秆挺立，其上，花蕊玲珑透莹，墨叶隐秀，虽简约恬淡，却虚含万象，临读顿觉尘襟爽涤。收藏于中国国家博物馆的《黄山》（2009年），气象萧森，格局渊深而幽长。剪影般的群山孤秀，挺然自立，以微小的色差层层绵延，不粘不滞，空灵渺远，一如冰壶莹澈，简洁之中华光四溢。这是我所见过的最为宏大，也是最具东方诗意的黄山叙事。另一巨构《万顷刀郎花》（2016年）则呈现了鸟迹点高空，流水见花开的盎然景象。观者心随鸟迹由近及远，消遁于寂廖宇宙，又借水汀铺花而返。一远一近，一去一返，生动演绎出宇宙的无限生机，也尽显画家神游远观，不滞一点的行迹与状态。作于2011年的《西岳》是华山传奇的重释之作。近景独峰孤峙，壁垒万仞，烟岚嶂影，在层层叠积、交错铺陈的色彩墨韵中营构出悠远清空的意境；其远山疏麓，林木河川，或混融苍茫，或澄明夐远，境界亦幻亦真。其间乾坤万象，纷至沓来，其神韵幽眇处，宛如清风徐来，又似泠然希音，引人入于浮游天地之玄想。

总体而言，陈家泠的新水墨看似空诸依傍，新意迭出，但细究之，其语言策略，仍不外是传统工笔、工艺装饰趣味、文人写意与西画表现主义的交融合一与灵变互化。故其笔墨技艺，精谨而又不失灵动变幻，放逸而又归于整饬统一。其驰毫骤墨，不求纵横使转、顿挫徐疾之变，却也暗合墨韵浓淡相间、燥润互见、阴阳互根之理，同时辅以色彩的混融渲染，及其冷暖、互补关系的配搭，从而在整体上形成了意象性与装饰性、主观性与客观性、诗意性与现实性高度合一的效果。

我的明确结论是：陈家泠以勘破界囿、拆解藩篱的超越姿态，以写意精神为核心，构建出中西交融、工写结合、墨彩互映的水墨新体，其方法论与价值旨归为当代水墨提供了全新的美学坐标，烛光般地照亮了当代水墨前行的路径。

## 三、跨界的探索

在国家博物馆的那场讨论中，王镛先生以柳亚子在新中国成立前夕所写的诗句来比喻陈家泠的作品："推翻历史三千载，自铸雄奇瑰丽诗。"在这里，诗句不仅指陈家泠以"自铸"为核心的新水墨艺术所呈现出的庙堂气象，也暗喻着陈家泠跨界探索陶瓷、家具、缂丝、服装等领域时所表现出的胆魄与自信。

2016年，陈家泠在陕西延川梁家河对习近平当年的生活环境以及梁家河的自然风貌、民俗民风作深入地了解和资料采集，为创作做充分的准备，这是他几十年来坚持写生、贴近生活的艺术风格

艺术史上，总有些艺术家以其才华的复杂多样，激起人们的广泛兴趣。比如达·芬奇，他的历史既是一部艺术史，也是一部科技发明史，更是一部工具进化史。夸张一点讲，他在各个领域所表现出的天才与思想，超越了那个时代欧洲智慧的总和。再譬如徐渭，一生的创作从诗歌到戏曲，从绘画到书法，览尽人间风烟，成为矗立在中国戏曲史、文学史、美术史深处的灯塔。这类天才，通常会构成艺术史上最难破解的课题。为探索他们思想与智慧的奥秘，艺术史家们往往要穷尽一生的精力。如果给陈家泠的跨界探索提供一个合理的解释的话，那么，我只能说它是上述历史的复活与再兴——陈家泠像先贤们一样，成功地在精神和法理上拆解了艺术门类的形态藩篱，突破了艺术语言的程式壁垒，其全部创作，犹如一篇风情洒落、形散神聚的散文，形态法式奇诡多变，而精神义旨却万元归宗。

时代在这一过程中扮演了重要角色。对当代艺术而言，全球化、信息化、科技化意味着一切画地为牢模式的崩溃。跨界的探索，不仅源于艺术家内心的渴望，还来自于时代所赋予的可能。从这层意义上讲，陈家泠的跨界探索是对大时代的自觉反应，无论在观念上、技术层面上，还是在行为上都是如此。他的才华在与这个时代不期而遇中所撞击出的火花，构成了他人生与艺术的最为瑰丽的篇章；在实践层面，则落实为于陶瓷、家具、缂丝、服装等领域所取得的一系列成就。

陈家泠是上海首座艺术瓷窑"申窑"的创办者，之后，他又在上海半岛艺术中心创办了规模宏大的"泠窑"，着力探索瓷绘与窑变、水墨与瓷塑之间的一系列课题。关于陶瓷与水墨的关系，陈家泠以为："其实陶瓷艺术和我的水墨艺术，虽然一个水一个火，但它们是一脉相承的。"言下之意，水墨在宣纸上的运行变幻与火焰在陶器上所形成的难以预测的窑变，其形迥异，其理一也。水墨瓷化后，斑斓夺目，尽展绚烂之美，较之纸本尤为丰腴多姿；而瓷器得水墨之助，则由俗而雅，由工转逸，多了几分绰约冰雪般的意味。《江南好》《奇峰迭起》《高山仰止》等作品，因清莹而

2013年，陈家泠在湖南韶山对面山上为毛泽东故居写生

2016年，陈家泠在贵州"一渡赤水"

奇谲多变的釉彩铺张而呈现出光影迷离、晦暝幽玄的意韵，其间似有嘘风漱雪之清籁遄飞；其境界，一丘一壑，一草一木，皆灵想所独辟，总非人间所有。静谧地仁立于国家博物馆展厅中的《巨缸之阵》，在温暖而神秘光的照射下，仿佛穿越历史而来，史诗般地展开了东方陶瓷与水墨瓷绘艺术的宏大叙事。巨缸釉彩晶莹透亮，含烟带雨，清涵万象，其神韵风骨，清逸澄澈，沉静内敛，大有秋水为神玉为骨之美，生动地演绎了以清明象天为审美至境的东方美学特质。在国家博物馆每日数万不同种族观者的注目中，它实际上早已超越陶瓷艺术的范畴，卓然地成为东方美学的化身。

历史上，那些卓越的艺术大家大都是某种"时态"的创造者。我的意思是，他们往往会以天才的想象、炫目的事件、令人回味的场景以及某种主题来拼合为一个特殊的时空，让历史的某一时间为其所役，成为打上他个人印记的那个"时态"。毕加索如此，徐悲鸿如此，林风眠如此，陈家泠亦如此。当80余岁的陈家泠身着自创的缂丝长袍，与众多穿戴着他创作的缂丝彩绘旗袍的中国女模特们共同登台时，这一"时态"便形成了。当然，这种"时态"的形成并非一蹴而就，它需要经历常人难以想象的艰辛过程。陈家泠的缂丝服装创作，多选择上好的材料来作画，在精心的布局中，加以小心翼翼的晕染，最后在色墨的交融中，达到宝石般的半透明效果。在另一个领域——家具创作方面，陈家泠也将东方美学推演得有声有色。他以明代家具的简练质朴、典雅大方为底色，又巧妙地吸收了西方现代家具的人体工学原理，在中西互鉴中，打造出既实用，又洋溢着东方美神韵的家具艺术体系。

也许在无意中，陈家泠以一己之力重建了世界历史上最为辉煌的两条道路：丝绸之路和陶瓷之路。当世界各国的官员、文化特使、艺术家们在国家博物馆展览现场发出他们由衷的赞叹时，我们才意识到，陈家泠的国家博物馆艺术大展已非通常意义上的个展——它已在国家与民族复兴的背景中升华为东方文明与美学的时代象征。

在近现代美术大家的评价中，艺术史家、批评家基本上采用社会史或形式史单一的方法与策略。比如，对徐悲鸿的评价往往采用社会史的方式，而对吴冠中，则多取形式史的策略。然而，这种单一的策略在陈家泠的评价中却很难行得通。上述所论虽略嫌冗长，但有一点却是非常明确的，那就是陈家泠的新水墨艺术及跨界探索，只有在社会史与形式史交叉互动的格局中才能得以准确的诠释，舍弃一点，便会低估他的艺术所具有的当代性价值。透过社会史与形式史的双重视野，我们可以比以往更清晰地描述出陈家泠的人格与艺术：他是一位政治抒情诗人，其作品以深沉的家国情怀回应了20世纪以来的社会、政治主题，并将其诗化为清新刚健的新境界；同时，他也是新水墨、新陶瓷、新缂丝、新家具体系的建构者，其圆融无碍艺术创造体系所弥散出的东方美学气息，正在令整个世界迷醉。

# 删繁就简　领异标新
——陈家泠的艺术创造

薛永年

最初见陈家泠的作品，还在 20 世纪 80 年代，他刚刚颖脱而出。走近陈家泠，是最近的事，他已成为上海新水墨画的领军人物。陈家泠的艺术，简洁、新颖、灵动、虚静、飘逸、巧妙，既富于现代感，又与传统脐带相连；陈家泠的为人，聪明、灵敏、文气、潇洒、快活、幽默，办事是大都市的节奏，言谈则三句话不离老庄。作为艺术家，他烧制的"泠窑瓷"，古意今情，神明变化；过去的人物肖像，功力老到，优美传神；往年的山水写生，丰富多姿，不拘一格；近年的黑白摄影，形影结合，曲直横斜，一如水墨抽象画。但最出色的，是他的水墨花鸟画，他画荷花，画芭蕉、竹子、兰草、枫叶、白杨、秋葵。但不管画什么，也无论淡淡的水墨还是窑变式的设色，一律简洁清新。虽然不能说每种都取得了同样的成功，但其中最精彩也最令人难忘的要数荷花了。

20 世纪 80 年代，陈家泠作品《霞光》成为在美国科恩夫人出版的《新中国绘画（1949-1986）》封面

新时期以来，陈家泠的荷花出现过三种面貌。先是 20 世纪 80 年代美国科恩夫人（Joan Lebold Cohen）欣赏的《霞光》，虽与传统的写意画相去不远，但夸大了荷叶与荷梗的对比，强化了水墨肌理。荷叶硕大如盖，酣畅淋漓，荷梗细劲柔秀，如锥画沙，荷花娇艳，湿润模糊。接着是 20 世纪 90 年代第七届全国美展上的《不染》，简洁的构成，奇妙大胆；妙在似与不似之间的意象，经过了解构重组；淡墨的精微层次，唤回了久已失落的宁静，雨润露鲜，如梦如幻。新世纪的作品，无论巨幛还是小幅，都增加了抽象因素，而不失具象细节，细节编织在淡墨线形交错重叠的组合韵律中，呈现了美不可言的穷极变化。观之仿佛是江南花窗中透漏的荷塘，沐浴着超越时空的宇宙灵光；又好像超凡脱俗的清气，滋润的娇美生命。他的荷花，创造出一种简静和美而生机流动的风格，奉献出一种独特的美，既抓住了受众视觉，又滋润着观者心田。

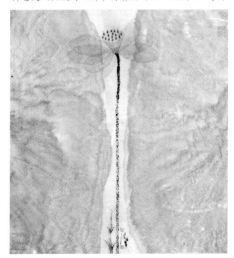

20 世纪 90 年代，陈家泠作品《不染》荣获第七届全国美展银奖

陈家泠的水墨花鸟画，最引人注目之处在于超越了写意花鸟习见的笔墨图式，发挥了神秘奥妙的水墨效能，开拓了用水墨表现中国艺术精神一个方面的新领域。究其原因，我看虽然不无西方现代艺术的启发，但根本在于对传统独特而多层次的领悟，找到了独树一帜的突破口。这一突破口与评论家喜欢讲的笔墨有关，但又超出了时下流行的笔墨论。我曾经指出，笔墨当然是中国画的重要传统，但中国画的传统却并非仅仅笔墨而已。认真考究，就会发现传统其实有三个层面：一是艺术精神层面的传统，比如"载道""畅神""天趣""自然"，这是最深的层面；二是艺术语言图式层面的传统，比如"妙在似与不似之间""笔精墨妙""置阵布势"，这是大家最关注的层面；三是媒材工具层面的传统，比如"文房四宝""水墨丹青"，这是一个按习惯容易忽略的层面。三个层面互为关联，牵一发而动全身，又缺一不可。

仅就语言传统而论，笔墨既是一个不断发展的过程，又得益于不受笔法束缚的水墨语言的补充、丰富和超越。笔墨的形成，大体经过了只讲"骨法用笔"，到出现不受笔法约束的"水晕墨章"，再到综合二者提出的"有笔有墨"和"笔精墨妙"。笔墨的发展，有一半在突破原有的局限性。开始，总是"笔以立其形质，墨以别其阴阳"，后来，笔法形态为适应描绘对象而不断演进，大笔触"泼墨"的流行，笔法与墨法的相互渗透才引起了注意，有了"笔中用墨者巧，墨中用笔者能"的说法。在生宣纸被选择为主要载体之后，纸的落墨即化，不但向纸背穿透，而且向四外扩散，既强化了落笔落墨于纸的敏感度，又增加了控制笔墨形态及其运动的难度。在这种情况下，不善于控制水墨的画家，忽觉"干笔易成，湿笔难好"。而因势利导的画家，则重视了笔墨运动中的应变性，把早期"本乎立意，归于用笔"，"意在笔先"的"胸有成竹"的规定性，发展为"意在笔先"与"趣在法外"、"胸有成竹"与"胸无成竹"统一的随机性。

值得注意的是，笔墨虽是传统中国画的主要语言方式，却并非唯一。在笔墨之外，还有一种不受常规笔法形态束缚的语言方式，比如唐代即已出现的"吹云"和"泼墨"："吹云"者，"点缀轻粉，纵口吹之"；"泼墨"者，或"手摸绢素"，或"以头髻取墨"。至宋代更有画家使用毛笔以外的工具，"或以纸筋，或以蔗渣，或以莲房"，画出了极为生动的雨树云山。晚明大笔头的写意画家，在顺应并控制生宣纸的实践中，开发出"墨之倾泼，势等崩云；墨之凝聚，灿若碎锦"乃至水墨边线的妙用。至清代，更完备了大抵脱离用笔的"指画"，化繁为简，由熟返生，开创了别具表现力的"指头画派"。上述种种"脱去笔墨町畦"的水墨语言，形形色色，但都突破了笔法对实现水墨潜能造成的藩篱，发挥了"水晕墨章"的潜在效能，甚至用半自动的水墨技法实现了"自然天成"的效果。

中国画并非只有讲求笔墨的一种，也还存在着突破用笔但一样重视水墨效能的另外一种。后者不但是前者的补充，而且也不断被前者所吸纳，丰富了水墨画中的笔墨语言，扩大了中国画的艺术表现力。缺乏历史感的人们，总难免静止地看材料，静止地看技法，以为"天不变，道亦不变"，其实一切都在发展变化之中，对水墨精义的开拓，直接关系到材料性能的承载，而老材料的挖潜和新材料的开发，往往提供了表现新感受的空间。明代后期大写意花鸟画的发展，与生宣纸的利用密不可分；近代传统派的大家潘天寿，不但擅长笔画，而且精于以指代笔的"指画"。他的中国式的构成，强化了布局的时代感，"一味霸悍"的作风，更在指画中得到了鲜明的表现。然而这一切都与纸有关，据说他画指画，非常注意材料性能的控制与发挥，所用的宣纸一律是经过特殊加工的。毕业于浙江美术学院的陈家泠，虽然读书时代主攻人物，但亲受潘天寿的言传身教，追溯他开创艺术新风格的渊源，可见离不开潘天寿提供的宝贵启示。

陈家泠毕业之后分配到上海工作，画过人物画，也画过山水画。他在艺术上追求不与人同，为此一直努力寻找突破。在追随陆俨少深造山水画与书法之后，领悟了用笔八面出锋的道理。据此，他一度用陆俨少山水画的笔法画人物，变工笔的线为写意的变化丰富的线，所画一幅西双版纳的有景人物，背景荷花出现了灵动飘洒的特异效果，既跟别家不同，又有自己独特的面貌，自己喜欢，大家也喜欢。本来陈家泠就用心于材料，做过多种尝试，就此他豁然发现，宣纸上的水墨晕化，完全可以搞出独特的效果，进而转入了水墨花鸟画创新的探索，经历艰苦而又有趣的反复实验与思考，终于首先在画荷上颖脱而出。画荷的创新在于水墨效能的别样发挥，而突破口则在材料，在传统材料的挖潜，首先是开发了宣纸的潜能，同时也就为水墨的开拓搭建了新的平台，开始把写意的线变成为自然的线，通过自行发明的"走、守、漏、透"的技法在控制与不控制之间发挥了水墨的潜能。

他发现，生宣纸最大的特点就是得以发挥水墨的晕散作用，水墨干了之后还会在纸上感到水的气韵和灵变。但要使水墨达到预期的微妙效果，与一定的意象图式相匹配，就必须通过改造纸的浸润程度，使水墨的晕散能够随心所欲。为此，他对纸做了大量的研究，曾亲自跑到宣纸厂去看怎么做，而且订购适合于自己用的纸。他使用的宣纸都是存放了二十年以上的旧纸，纸的质量极好，并且经过独特处理，形成了几个特点：一是墨上去，既鲜亮又不失层次丰富，比如画大面积的淡墨荷叶，便能够铺陈得很平很平，又隐约着自然天成的云翳。二是在墨迹的边缘可以形成线条，比如他画莲子的凸起，一圈套一圈很美地"退晕"，就靠这种线条。三是在随机渗化中定型的效果。比如他画荷花的边线，即是水墨渗化的结果，大体在预想之中，又出乎预想之外，自然天趣，他自己称为"水变"。经过"水变"的水墨图式，自然融渗，气走神流，有如光环，淡冶而模糊，滋润而有生命力，作品本身便成了花鸟融入自然的生命体。

陈家泠新水墨个人风格的形成，还得益于极为简化的意象图式与安排图式与空间关系的构成。他的意象图式，处于抽象与具象之间，简而不能再简，似乎还有一定的夸张变形、某种装饰意味甚至符号意味。但区别于工艺美术的装饰与后现代的符号之处，在于他的提炼手法更接近古代的程式，其中不乏顾虎头、陈老莲与海上三任的文化积淀，由之形成了一套突出要领又有程序的法则，还充满了感性的关照和艺术美的呈现。不过他学古人之心而不蹈古人之迹，所以形成了强烈的个性特点。特点之一是，像徐渭一样"舍形悦影"，但画影更淡，像竟陵派诗歌一样，淡远以至于无。第二是影中仍有画龙点睛的形似细节。他的图式在愈益增加抽象成分的过程

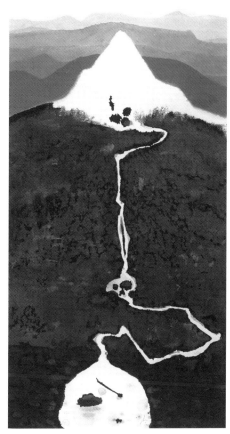

《生命之泉》（局部）

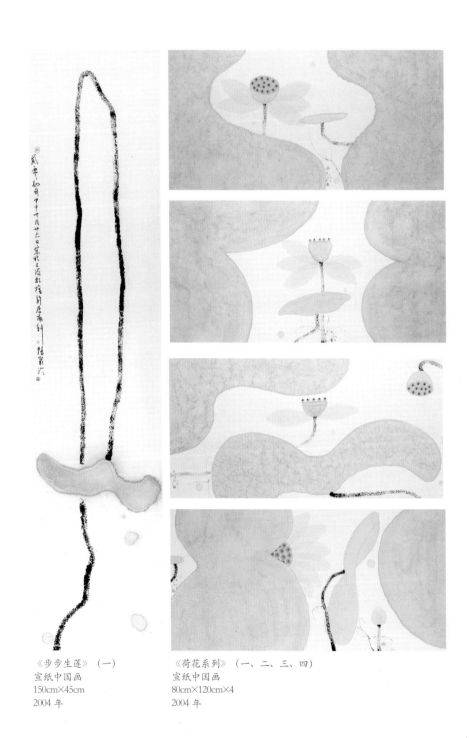

《步步生莲》（一）
宣纸中国画
150cm×45cm
2004年

《荷花系列》（一、二、三、四）
宣纸中国画
80cm×120cm×4
2004年

中,不断强化着按图式与空间关系虚实相生的构成。他的构成可以追溯到潘天寿"三个樱桃"的构图原理,后来又在陆俨少的陶冶下,领悟了灵变的思想方法和作画至理。用他的话说,灵就是"才能、学养、性格、人品、笔性、环境等等的综合体现,是一种虚劲,是一种灵力";变就是"艺术上不老实,调皮⋯⋯,正是艺术家必须具备的心计、灵感"。

艺术的灵变,显然非仅构成,但陈家泠的构成,却得益于灵变。花鸟画习惯上只描写近距离的对象,除去一定的穿插掩映之外,平面空间的处理变成了主要问题。而平面构成本属设计意识,西方现代艺术取而用之,简化了色线形或点线面,强化了组合的秩序,有效地增强了视觉张力。中国画相近的概念,在传统中叫"经营位置",又称"置阵布势",借用作战的道理,强调了在运动中靠修养、灵感和经验而获胜。陈家泠的措置图式与空间的构成手段,恰恰来自这一古老传统的现代转换。他说:"我先画气,先不画实的,先注意空白,位置就出来了。"还说:"下笔之际,时时想到怎样用虚,以实托虚,用虚代实,虚实互用,变化多方。兵法贵虚虚实实,兵不厌诈,才是用兵之人。创作一幅画,也好比打仗,即使堂堂之阵,里面也要有些花巧,一点老实不得。用虚可以出奇,出奇而后制胜。"他的构成不同于西方之处,恰恰在于用虚,在于过程中的灵变。

陈家泠以荷花为代表的出奇制胜的水墨创新,沿袭了传统花鸟画的人文关怀方式。他的独特建树,不在于题材的开拓,也不在于"教化""人伦"或"画谏"立意的当代诠释,而在于表现新的视觉经验,并提升为美的境界。他通过极简的影中带形的意象图式,在重视水墨点线面平面布势的构成中,表现人与自然相和谐的意境和虚静澄明的精神境界,营造了纷扰浮躁中清新静谧的精神家园,顺应了城市化进程中抚慰躁动灵魂的渴望,又与传统哲学的空明境界一脉相承。他对新的视觉经验的表达,既以开放圆通的心态,打通了中西的视觉样式,又通过材料挖潜充分发挥了中国画宣纸媒材与水墨语言的妙用。他继承发扬的中国画语言传统,主要不是作为主流的笔墨传统,而是作为别派的水墨语言传统,并把笔墨传统中的一些基因,比如"屋漏痕""锥画沙"融合到描绘荷梗水墨语汇中来。他始而求墨法从笔法中解放,继之求墨法从固有笔墨形迹中解放,这种解放使他的艺术实现了由材料美到技法美再到意境境界美的统一。

我特别要说的是,尽管表面看来,他的艺术已是传统笔墨图式的透网之鳞,然而了解情况的人知道,他对优良传统的继承发扬已进入了在创作中实现"天人合一"获得由技进道的"天趣"的高层面,这一点作为他探索创新的主导思想,是很有启示意义的。

本文选自《当代中国画》

《异国猎影》
宣纸中国画
196cm×98cm
2013 年
中国国家博物馆藏

# 变革·审视·升华
## ——略谈陈家泠的艺术探索

郎绍君

2013年，陈家泠在中央美术学院校庆95周年期间给学生讲课

2013年，陈家泠给中央美术学院学生现场作画演示

2013年，陈家泠为中央美术学院学生签名画册

在当代上海国画家中，陈家泠是敢于和善于变革者之一。敢变，是说敢超越自己的习惯画法和画坛通行的风格；善变，是说这种变革讲究分寸和度，不抛弃自己的长处和水墨画的基本特色。

陈家泠1963年毕业于浙江美术学院国画系，曾用功学习传统绘画，擅长工笔人物和写意人物。新时期以来，他转而画花鸟景物，追求更加个性化、更具现代感的表现。其特点是：物象极少，平面化，风格幽淡。陈家泠的第一次变革，是借鉴陆俨少画山水的写意笔法画肖像，他自己概括为"从工笔线条到写意线条"；第二次变革是从画人物转向画荷花，并由笔线转向没骨，最后发展成弱化甚至取消用笔，主要靠水色流动、色墨渗透的"走、守、漏、透"画法。他还把这种方法扩展到画其它题材。第一次变革是横向的，第二次变革是纵向的。后者跨越性很大，在很大程度上弱化甚至放弃了传统笔墨方法，借鉴和融进了制作方法，造成整体上的新风格。陈家泠很满意自己的淡墨荷花，认为它们"有个性，有民族性，又有时代感"。

20世纪80年代以来，中国打开大门，中西文化交流空前扩大。画家们解放了思想、破除了禁忌，各种实验、探索和革新层出不穷，以年轻艺术家为骨干、以颠覆传统艺术观念和笔墨规范为指向的"现代水墨"异军突起。"现代水墨"的实验与探索，大多以喷、洒、揉、拓、贴、流等现代制作方法取代传统笔墨方法，由具象造型趋向抽象和半抽象造型，从审美追求转向观念追求。陈家泠的变革显然是在这一背景上出现的，而他的"走、守、漏、透"画法，也接近于现代制作方法。但是，没有哪个批评家、哪个重要展览，把陈家泠的作品看作"现代水墨""实验水墨"。这是为什么呢？

我想，第一，陈家泠虽然用了制作方法，远离了传统笔法，但其作品的意境还是相当传统的。尤其《淡墨荷花系列》，清幽淡远，让人想象到新荷出水、雨洇红渠、风轻香溢，感受到中国艺术的诗意特征。陈家泠说："我的技法并不深奥，有些人也可能在搞，关键是画中的境界。"这表明，他对作品意境的追求是自觉的。第二，作品突出淡墨、淡色在生宣纸上的渗化效果，是对传统没骨法的创造性处理——让画面空前的淡雅、空灵、缥缈。这种追求，与文人艺术家"天然去雕饰"的审美理想有关，更与中国绘画追求的"空兮灵兮，元气絪缊""香消炉中，不火而薰"的境界相一致。第三，陈家泠的淡墨淡色作品虽然做了抽象化处理，但整体上还保持着"弱具象"的特征，即其"不似"造型虽臻于极致，却仍未脱离"不似之似"的边界，与抽象艺术保持着距离。第四，陈家泠的荷花形象，精致、和谐，阴柔之美，与追求非审美的怪异、原始、不和谐的现代水墨不同。

我想，这是对变革之"度"的控制。很多画家特别是年轻画家，以无度的态度对待变革,以为越极端越好,离传统越远越好,离西方现代艺术越近越好,以至完全走出中国画的边界,把中国画变革演绎为纯粹的现代艺术创作。陈家泠能把握"度",与他的传统艺术素养分不开。在浙江美术学院学习期间,他深受潘天寿、陆俨少、陆抑非等老一代艺术家的影响,毕业后,他又多年追随陆俨少先生,对传统艺术有较深的理解与体悟。现代意识使他追求变革,对传统的认同则使他变而有度。把握"度",在相当程度上也是寻找一个属于自己的位置,陈家泠选择的位置临近传统的边缘,却仍然保持着与传统的联系。他一再表示,能有这样的变革,"要感谢潘先生和陆先生"。作品的画法和风格远离了潘天寿和陆俨少,怎么还要感谢这两位老先生呢?我以为陈家泠的感谢是真诚的,因为他知道,没有这些老先生在传统艺术方面的教导和培养,他难以像现在这样把握变革之"度"。中国画随着时代变化,是必然的事,但变到哪里,变的方式如何,会因环境、背景、年龄特别是素养的不同而不同。有"度"的变革,比单纯模仿西方当代艺术、轻易抛弃传统的变革更难,也更有价值。当变革距离传统越来越远,就越需要传统艺术根基的支持,越要讲"度"。这一点,常常被人所忽视。

2013年,陈家泠在清华美术学院演讲

2013年,陈家泠在清华美术学院演讲

从20世纪20年代至30年代的彩墨画,到60年代以来我国台湾、香港、内地先后出现的实验水墨、现代水墨,中国画变革的矛头大都指向了传统的笔法,即以线为主的笔墨系统,而变革选择的途径和重心,几乎都集中在墨色系统方面。这并不奇怪,以书入画的传统笔法自成体系,高度完美,而墨色结合方法尚有较大可开发的余地,也相对较易于与西方艺术相融合(色墨方法宜于表现块面与光色,与西方的光影、光色画法有更多的可融性)。其次,传统笔法具有很高的规范性、很高的难度,画家非下大工夫(主要通过临摹)不能充分把握它,追求快节奏、快成功、快餐式文化的现代艺术家则难以再超越它,避开以笔线为主的笔墨系统而选择以块面为主的墨色系统,并不同程度地应用制作方法,是顺理成章的。陶冷月的月光山水,张大千的泼墨泼彩,林风眠的风景、静物与人物,李可染、石鲁的山水写生与创作,直到近30年以来涌现的一大批探索者,他们的开拓,大都在墨色系统方面。现代

陈家泠在上海大学讲课和人像现场写生

墨色系统的作品丰富多姿,就其形式与表现而言,可分为接近笔墨系统、远离笔墨系统、以墨为主、以色为主、用没骨法、用或兼用制作法等多种。就它们与传统风格的关系而言,可分为传统型、泛传统型和非传统型三大类[①]。对于它们的成败高下,已经不能单纯用笔墨标准衡量,而只能从墨色材料表现的完美程度、形式与精神结合的完善程度去衡量。传统笔墨的高下有历史共识,有"高峰标准"(如范宽、黄公望、董其昌、八大、黄宾虹一类大画家在笔墨上达到的境界);融会了西方艺术的现代墨色画法还没有充分形成这种共识,也缺乏公认的"高峰标准",但这并不意味着

---

[①] 参见拙作《情境与类型》,见《守护与拓进》第10页,中国美术学院出版社,2001年。

完全失去了标准和恰当衡评的可能性。林风眠与吴冠中的彩墨作品，张大千与刘海粟的泼彩作品，他们在境界、格调即艺术品质上的高下差异，是不难辨别的。同一个画家的作品也可以衡量比较，陈家泠就说他的画以淡墨荷花为最成功——这显然是从比较中得出的结论。与《淡墨荷花系列》相比，他的风景作品如《起舞弄清影》等，显然缺乏骨力支撑。在我看来，只用"任其自然""适可而止"的墨色流动方法（即"自动画法"）画风景，难免产生这样的不足。山水画需有必要的结构与骨力，而这种结构与骨力只能靠笔法完成。在当代画家中，所有放弃了笔法、完全用制作法画山水风景的探索，似乎还没有成功的范例，而所有获得成功的探索，如林风眠的彩墨风景、张大千的泼墨泼彩等，或者坚持了用笔，或者将笔法与制作方法不同程度地结合了起来。这一现象，很值得深思。

探索与变革总是在曲折中前行，一切成功的探索，不仅要求画家具有变革与创造的能力，也要求其具有自我审视与调整的能力，唯其如此，才能攀向更高的峰顶。陈家泠是一位执着而清醒的艺术家，相信他的探索会不断深化。

2013年，陈家泠在北京大学演讲

2014年，陈家泠在上海交通大学演讲

2011年，陈家泠在安徽省博物馆的画展研讨会

2013年，陈家泠在湖南岳麓书院演讲

本文选自《中国美术馆》

# 最后的移情
## ——陈家泠画作我见

李超

李超

2010年，陈家泠在西安美术学院演讲

陈家泠演讲现场

一

我相信这样的说法，人们对于艺术家的了解，不仅是一种熟悉，有时甚至是一种陌生。抑或这种陌生恰恰是幸运的契机，至少我对于画家陈家泠的作品是从陌生开始的。

作为日趋卓然的中国画家，第七届全国美展中国画银奖得主陈家泠所能留给观众的确有许多回味，其中一个值得关注的中心是，人们身处这一传统俗成的画种前，却有意无意地产生一种新奇、隔离的未知感觉，直接的反应便是：这是怎样画出来的？陌生的笔墨性，陌生的制作术，陌生的秩序感，陌生的格式塔……当然这种陌生说明了新奇的魅力背后是更多的期待。

"中国画科很容易相互熟悉、相互接近、相互类同。从笔、墨、纸、色到程式方法，都存在着这样的惯性。这就使得国画家只能在熟悉中求陌生。"

我们的对话能以此为缘，使人十分感恩这样的"陌生"，甚至觉得陈家泠是精心设置了这样的陌生，留给他的朋友及观众一个一往情深的"空筐"。当代笔墨探索的个性风格纷呈多样，归结起来，主要集中于两种倾向：一者是以新文人画为主体的风格追求，另者是以抽象笔墨为主体的风格追求。前者的心理定向是感情客体化的移情，后者的心理定向是形式主体化的抽象。在我看来，陈家泠的代表性"荷"之图式，时常源于前后两种心理需要。一方面将"荷"视为大象化境的象征对象，能够唤起作者对于东方传统精神的无尽才情；另一方面"荷"的外形、肌理以及其穿插藏露的组合关系，又可以激起作者对于形式本体的风格需要。这种图式的内在离合，证明了作者的创作活动必定要实施一系列变格手段，以觅求其绘画语言的风格支点。

如果本土固有的造型媒介指代曰笔墨，异域舶来的造型媒介指代曰架上，那么两者的整合互融并非是一种简单的中性结合，它必须割舍各自所熟悉的因素，西学东渐，中体西用的宏观文化形态，并未给每一个艺术家个体以现成的选择答案，抑或人们的陌生正在于此，而其中的艰难求索自有作者深味。当他的荷花、山水等图式出现的时候，预示着作者以一种新的创作方法证明了他的风格变通，而这一切，又是以淡化传统丹青的"移情"思维为初衷的。

中国的现代画史上，不乏多种途径创新国画的成功者，但陈家泠更倾向于"上下求索，左右逢源"，他曾以此篆印，铭其所志，——前者纵系古今，后者横贯中西。那么这素朴的感赋是否意味着他的作品正是经纬交错之后的一种交汇？

2018年，陈家泠在印度恒河的曙光中与海鸥纵情起舞

2018年，陈家泠在印度为佛教僧生们写生

2018年，陈家泠在印度的写生

## 二

一个深谙于传统文化之精深，默契于东方思维之灵性的艺术家，不会忘记逆向互合曾是一种审美的高层品位，也是一种辩证的创作支点，以易制难，以静应动，以体为用，时常赋予感知对象以新的发现和表现。于此，我十分佩服陈家泠，采用一种欲抑故扬、欲克故生、欲反故成的方法，以荷花作为常用的图象样式，造成人们习以为常的表象呼应。虽然花卉草虫在当下往往被视为易落俗套的创作题材，但辩证而言，对题材表象的熟视无睹，恰恰反向促成了人们视觉兴奋点，随着母题衍化而转移到这熟悉背后更多的陌生——崭新的形式感。形、色的重新结构和组合，媒介材料开发运用，视觉讯息的纷呈多样，这样的审美感受的"反弹"效应，得益于作者深邃的艺术洞见与胆识。陈家泠已打破了固有画种的既定界规并予再度反思。工笔与写意、青绿与水墨、气韵与骨法、斌彩与模写，作为传统"假物以托心"的移情方式，不再构成"陌生"的形式意味。然而"陌生"，作为一种新颖的审美刺激，又不可能绝对摆脱传统图式的视觉符号和文化意识，而一味图离求异。只有在保持可解性与新颖度的辩证基础上，它才可能逐步促使绘画形式的更新构建，形成内容和形式、具象与抽象的更新结合。

近十年来的创作探索，证明了陈家泠和许多有为的中国画家一样，经历了由形象的绘画嬗变为绘画的形象，由图式的移情需要转化为图式的本体需要的过程。具体而言，其形式尝试发生了两种重心转移：以纸本的科学的制作处理代替现成的笔墨物化；以笔墨的设计的秩序构成代替直接的勾画运行。由此我们抑或体悟到一些作者所谓"在熟悉中求陌生"的道理。

"优厚的传统固然是极为难得的营养和财富，但它也不失为一种沉重的枷锁，对它神往的同时也有迷茫，明者应是取其之精，破其之固。真正的继承在于发展"。

我们继续彼此间的对话，风格历程的回顾使我感到一位中国画家中年蜕变的苦心孜孜。事实上，陈家泠早年并非学花鸟、山水出身。1963年毕业于浙江美术学院的陈家泠，其学院生涯是在国画系人物科度过的，系统而扎实的笔墨功底，曾使得他早期的人物画为画界所称道。但在近来的丹青生活中，他却另辟蹊径，基本放弃了上述技艺的稳定和固守，而转向更为"陌生"的笔墨形式世界之中。

由此我曾得知如下某些事实：

1984年，陈家泠作品《开放的荷花》入选第六届全国美展，并获佳作奖；

1987年，美国ABPAMS出版科恩夫人所著《新中国绘画(1949—1986)》，陈家泠作品《霞光》被选作封面；

1989年陈家泠作品《不染》入选第七届全国美展,并获银奖……

作者自喻这是一种发现、承认、喜爱三部曲。我认为他的艺术逐渐为专家和群众、前辈和后来者所同时接受和推崇,在今天的画坛确是自有一法,虽然我与陈家泠同处沪上,不比他友留存相见恨晚之叹,但我仍然不禁觉得:陈的作品比之往年,反而以其"年轻"标志其成熟,以其平和显示其力度。人们可以说,早安,"荷花",尽管它的主人已是作别不惑,半百眼下的陈家泠。

## 三

当代美术的多元特质,常常使得优秀的画者及其画作,难归何宗何派,何家何流,陈家泠作品亦不例外。假定其为新风格的彩墨绘画,那么其形态取向和价值取向又何以启获呢?

寄情山水,得娱花草,适意自然,反映了传统而来的中国画者意、象、言的过程,始终伴随着一种特殊的统觉活动:将自我情感转移于客体对象之中,达到客观化的自我享受,其终极是以笔墨程式将悟性掩蔽物性,以诗化图式将心象消融物象,这样终极可显的封闭形态一旦增殖为高度程式化和经验化的状态,那么主体创作的步骤和方式就有失之精微,濒临减殖的可能。文化形态的互为制约,证明了随着文明的进程和科学的发展,人们的视觉形态必须相应调整其内在的语言结构,不断扩充其视觉信息容量,以示其还原物性,平行物象的实证价值和开放特质。同样,中国画的笔墨媒介业已拓展为新型的纸本平面载体,其内在机制也无法摆脱科学的规范和材料的利用,以感应和同构于现代生活的心理节奏和生存方式。

"我现有的这种创作方法,唯其独特,正在于它是现时代科学发展的结果,使得中国画的创作过程脱离一些作坊色彩"。

对话终于打消了我的某种陌生感,画家的尝试是难能可贵的。近年来,中国画的创新成为画界热点,程式变体、笔墨抽象、书画结合等等多种科学选择确是收益非凡,但陈家泠所做的努力却是另有一功。他似乎依然保持着一种清新淡雅的画境幻觉,但不是以笔墨律动、气韵把握去换取人们陈旧的格式塔心理,而是以新型的平面结构秩序和视觉讯息唤醒观众未有的完形意识,在笔墨过程不断精致的同时,不断加强其中物料效能和肌理质感的再生意味,在新材料的再运用、旧材料的新组合等方面,富有一种错觉意识和想象空间互生互容的理性智慧。可以说,传统的文化思维和现代艺术手段,在陈家泠的画作中产生了独特的契合。

这抑或正是笔者的陌生之处。

2017年,陈家泠在斯里兰卡写生

2017年,陈家泠在斯里兰卡写生岩画

2017年,陈家泠在斯里兰卡写生

2018年，陈家泠在印度写生

这抑或正是作者的交汇之点。

终于，荷之图式系列不再全然是移情的象征。人们可以从客观化的自我享受中发现其主观化的客体享受，可以从这一固有画种反科学的科学手段中发现其无科学的科学精神。我们由此将感谢画家，因为他的作品告诉我们这样一个道理——"在艺术中所觅求的是获取幸福的可能，并不在于将自身沉潜到外物中，也不在于从外物中玩味自身，而在于将外在世界的单个事物从其变化无常的偶然性中抽取出来，并用特有的形式使之永恒，通过这种方式，人们便在现象的流逝中寻得了栖息之所"①。

## 四

据说，在佛学典义里，荷花开放意味着世界起源的造就。

然而这样的符号意味，同样也造就了画家前所未有的图式心理，使得画作和观众始终保持着基于"陌生"的间距。

据说，陈家泠曾以"清高静逸，雅俗共赏，简洁奇巧，化衍天成"自题。然而这样的风格面貌，同样也唤起了观众回归自然的心灵补偿，使得画作和观众又始终保持着基于"熟悉"的亲切。

不管怎样，这终将是一次视觉的盛宴。

也许，我的行文本身是接近陈家泠画作的一种方式，其阐释的意义和价值不在于、也不可能等同。区区拙文所旨，仅在于对其风格得以某种发现。然而笔者深信，作为我的同事、朋友和学长的陈家泠，风格永远只能是明天的故事。因此，当我了却了原有的陌生，却不一定能够熟悉真正的陈家泠其人其画，因为所有热忱的观众更期望作者留下更多的"陌生"，而这样的陌生，恰在于人们作别移情的时候。

---

① W. 沃林洛著，王才勇译，《抽象与移情》，辽宁人民出版社，1987年，第17页。

本文选自《美术》

# 从"灵变"到"化境"

**钱晓鸣**

三山五岳、观音罗汉、鱼翔浅底、龙袍工艺,"从'灵变'到'化境'——2013陈家泠国博艺术展"写天、地、人三界,囊括人物、山水、花鸟以及工艺美术,揽中华5000年精华,即将于2013年9月21日至10月20日在中国国家博物馆盛大启幕。

虔诚祈祷、倾心写意、美丽抒情,陈家泠坦荡胸怀,深切地拥抱世界、关爱心灵。展览将分为人、山、花、艺四大部分,分别取名为:万种风情、万水千山、万紫千红、万变为宗。

在他作品中幸福像花儿一样开放,艺术在日常生活中融化、滋养。陈家泠带给北京城梦想花开的海派艺术,传统出新的笔墨源流,人物、山水、花鸟画齐放的中国画意境;陈家泠同时又把国画渗透到传统龙袍的织造工艺"缂丝"和明清家具、瓷器、服装等生活用品上,笃行着"日用即道"的古训。

## 21世纪海派的新辉煌

吴昌硕、黄宾虹、齐白石、潘天寿被誉为20世纪中国画的四位大师,除齐白石外,三位都来自江浙沪,堪称是海派文化艺术的宗师。百年以来,海派文化已成为中国传统文化艺术面向世界的形象和符号。

150年前由于战乱使得江浙大批文化人汇聚上海,在上海向世界开埠通商的大背景下,形成了海派的崛起。江浙人成为海派的中坚骨干,同时海派开放的视野滋养和影响了中国画的现代走向。

进入21世纪以来,毕业于中国美术学院的杭州人陈家泠在传统的承续和传统精神的新语汇、新载体等方面提出了系统完整的新思维,展现了21世纪海派美术的新图景。

这次陈家泠艺术大展共分四个部分,每个部分占一个大厅。

第一部分是万种风情,即人物画:贯休16罗汉(根据贯休石版画再创作成中国画)、观音造像、上海月份牌美女、西藏人物、非洲及中东人物各一组。在宗教题材与世俗画的强烈对比下,在大俗大雅中创造人性美。

第二部分是万水千山,即山水画,包括作品三山五岳、四大名胜、喜马拉雅山,每组都是由5张六尺横排构成。中国的名山是大自然的杰作,也是千百年来一代代往圣前贤踏遍青山、饱游饫看、口吟胸怀、寄情明志的文化高峰。这组作品是陈家泠以向山河壮歌和前贤致敬的敬畏之心创作的中国山水精神图谱。

第三部分是万紫千红,即花鸟画:《鱼》系列等。花鸟画是陈家泠最先被世人

《异国猎影之一》
宣纸中国画
196cm×98cm
2013 年

《异国猎影之二》
宣纸中国画
196cm×98cm
2013 年

承认的艺术领域，由此获得了"敢变、能变"的美誉。陈家泠在花鸟画上继续深化，推出了新作《鱼》系列，自由灵动中透出了调皮和幽默，这套作品的灵感来自他为小孙子创作的册页。

第四部分是万变为宗，取意为万变不离其宗，包括陈家泠陶瓷、家具、缂丝、服装、织锦等作品。10年前，陈家泠在上海市中心创立了艺术家陶瓷工作室"泠窑"，并获得了上海市"非物质文化遗产"的称号。泠窑既使他对瓷和釉质材料及窑变工艺有了深入的了解，打开了一片艺术新天地，同时也为上海艺术同仁提供了最贴心的专业服务。缂丝，是"通经断纬"的独特工艺，自古就是为历代皇帝制造龙袍等御制用品的皇家作坊工艺，陈家泠把自己的创作与缂丝工艺相结合，为拯救、振兴这门古老的优秀传统手工艺做了切实的贡献。在他新近推出的系列服装"俱往矣"中，涉及秦皇、汉武、唐宗、宋祖、成吉思汗、洪武、康熙，既表现了历代杰出帝王文治武功，又体现了泱泱大国气派和深厚的礼仪文化。

展览总体构成了陈家泠在艺术上打通中国画人物画、山水画、花鸟画的界限，在三个领域都取得了卓越的创新成就，进而把中国画的笔墨推广到诸多日常实用器皿，真正融入生活中。

2010年，陈家泠的大型时装秀在浙江美术馆大展开幕式上献演

## 学会感恩　享受　歌颂　珍惜

陈家泠始终着眼于时代，他说："我现在的时代比陆俨少老师那个时代更好了，但是还不是最理想的，还没有达到我理想的程度。但是我要充分利用这个时代。"笔者就此和陈家泠有一番讨论：

问：陈老师，时代是你最大的舞台。上帝其实很厚爱你，你看20世纪80年代以前，当你的技法和艺术个性没有完全成熟之前，还没有开放，可是当你的艺术个性形成了，这个时代也开放了，所以水到渠成。

陈家泠：我喜欢打麻将，人生就是一副麻将，有很多时候，牌就是抓不到，你就不能和，比如陆俨少老师的人生，算命的给他算过，就是万吨轮，但是水不来，这个万吨轮就没什么用，他碰不到这个时代。我们就是在阶级斗争的时代打的基础，那个时候都住校，不能谈恋爱，你谈恋爱就要被开除，没有电视机，而且老师都很好。你老老实实用功念书，这就是时代给你的，所以叫阶段论，那个阶段好好学功夫，你不看电视，不谈恋爱，没什么诱惑干扰你。

2013年，日本西镇子织锦花鸟四条屏

到了改革开放的时候，你有基础了，大量的东西让你去接触，这个时候是创造的好时机。你有一个吸取营养，进行改革，进行创造的大环境，再接下去，中国的

《自游自在》（一）
宣纸中国画
80cm×80cm
2013 年
中国国家博物馆藏

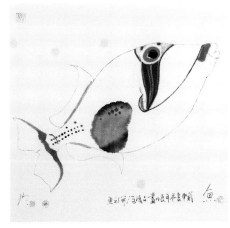

《自游自在》（二）
宣纸中国画
80cm×80cm
2012 年
中国国家博物馆藏

经济也好起来了，美术馆大起来了，我的艺术也成熟起来了，就给你一个平台，让你去发挥了。这就像打麻将摸牌一样，牌摸来都是有用的，其实就是这个概念。像陆老师那个时代牌都摸不到，我这个时代什么牌都摸到了，这就是天助我也。

所以我在一篇文章里面就讲到，要感恩时代，要享受时代，要歌颂时代，要珍惜时代。我就以此为四个标题。为什么要感恩时代，因为我出生于民族斗争时代，那个时候很苦，对我是一种很好的磨炼，对中华民族是一种振奋的精神力量，那个时候我们都学习文天祥这样的榜样，因为民族斗争时代嘛，所以要学习对中华民族有振奋作用的。我的青少年受教于阶级斗争时代，心无旁骛，就是让你好好的念书。接下来又迎来了改革开放的时代，让你去努力，所以要感恩时代。比如说我去年创作的《三山五岳》，我花了三个月去爬山，四个月创作，所以我画出来了。我不是讲嘛，我这个三幅画，如果古人要画，不知要费多大劲，花多少年时间呢。

问：古人讲究"饱游饫看"，您怎么看这个问题？

陈家泠：古人骑着小毛驴能游得了多少地方？现在我一趟飞机，一个电话，问题都解决了，高速公路一下就到了，虽然我 70 岁，实际上和古人比已经活了 200 多岁。这个条件怎么来的？就是时代给你的，就是改革开放给你创造的条件，要感恩时代。

再反过来看，我们要享受这个时代，时代给你这么大的自由，这么好的空间，你要享受它。你要坐缆车去看泰山，你要坐飞机看云海，这个要享受。有好的材料，你就要去买，比如说古代人坐不到飞机，怎么看得到这么好的云海，古代人画的画为什么这么概念化，因为他们没有照相机，哪像我照相机一拍，大量速写，再加上大量的照片，就很生动了，不会概念化，所以我们要享受这个时代。

现在这个时代对我们这么好，我们为什么不歌颂它，有时候人家觉得很奇怪，我不是领导，不是共产党员，也不是民主党派，我怎么总是大谈时代好？是不是拍共产党的马屁，我说你们错了，我不是拍马屁，我尊重事实。我说现在的时代对我们艺术家来说是最好的时代，我们应该努力歌颂它，珍惜它，保护它。现在的领导提出来和谐，是要和谐，不仅仅要和谐，而且要进一步，要和美，和谐还是处于低级状态，我们要做的工作要和而且要美，我们画画就是要和美，达到更高的境界。

## "神"是对理想和人性的提炼升华

陈家泠在大学是人物画专业的。然而他的"泠"式风格却首先显现在花鸟画上，再从花鸟到山水。直到古稀之年，他才开始大规模的人物画创作。他说，人是最难把握的，最丰富精彩的，我走了一条先易后难的路！陈家泠是要把一切的人生经验、理想和美集中表现在人物画的创作中。

陈家泠谈起他创作罗汉画的心得体会道：这是根据唐代著名画僧贯休的 16 罗汉图老画新创。在造型上，我很佩服古代人，它的造型很奇很特，叫骨相清奇。把中国画人物画跟中国的哲学命理结合起来，我认为这一点我们可以发展。罗汉是什么？罗汉是精英，就好像关公一样，关公现在变菩萨了，他本来是人，现在为什么变神了，因为他为人时是大家公认的好汉，是忠义之师，所以死后就变神了，实际上什么是神？人类当中的精英就是神，所以这些罗汉实际上是人类的精英，那么你想想看，精英的像肯定也是与众不同的。你想象一个面相不行的人，能成为一个出类拔萃的人吗？所以面相在中国古代的哲学里是很讲究的，相是很重要的。

贯休石刻画在杭州，原来收藏于孤山孔庙，最著名的就是十六罗汉图。佛经里原有释迦牟尼佛弟子十六罗汉，佛嘱托这十六弟子不去超脱生死轮回成佛，而是在人间普度众生，这是人们的一种美好愿望。我根据他的十六罗汉，把这个石刻画变成国画，这就等于用国画线条翻译石刻人物画，我觉得中国画的线条表现力很丰富，国画线条有一种写意的自由，干湿浓淡粗细，而且有书法的意味，浓淡虚实，艺术性就加强了。我把它加上颜色，丰富多彩。画十六罗汉，我深有体会，每一个相都很奇特，而且很夸张、很变形，当代也有很多画人物画的，但大多都太真实了，太真实就是太平凡。实际上画人物画，我有一个体会，就是要有一种英雄气概，靠外形、造型、骨相来体现人物的气概，因为造型是靠视觉形象来体现，那么这种视觉形象就包括他的气质，这个气质就有他的骨相，这一点，我在画贯休的画时有很大体会。我过去画人物画没有体会这么多，因为过去画人物画，都是画木墩儿，只是考虑造型的正确，还没有体会到造型里面的骨相，更没有体会到造型里面的气质。这次画十六罗汉，我觉得这种由外到内相结合的体会很深。而且我很佩服贯休是从哪里找来这些形象的，每一个形象都是这样奇特、这样夸张、这样有气概，而且都不同，到现在为止我也不大能在真实生活中看得到这些形象。我常常想这些形象可以在哪里看得到，应该就是在 NBA 篮球运动员里面，有一种骨相，造型很像十六罗汉，可见古代画人物画的眼光非常敏锐，有很多形象，胡子非常有装饰性，很美。其实像这种在现实生活中很少看得到的奇相是挺多的，在现在的生活中慢慢也能发现一些，通过画十六罗汉，我有很多体会。

陈家泠曾画过一批十六罗汉，被上海一座寺庙收藏了。为了这次展出，他又重画了一批，他满怀信心地说：这次画的艺术性更强了。这次展出的还有一批观世音菩萨造像和一批善男信女图。因为陈师母正患重病住院，他内心承受着巨大的精神压力和情感煎熬奋力创作，经常一边跑医院联系名医高诊，一边以虔诚悲悯之心潜

上海玉佛禅寺《陈家泠佛教艺术馆》作品

《十六罗汉图》
宣纸中国画
240cm×97cm×16
2013 年
上海玉佛禅寺陈家泠佛教艺术馆藏

心创作观音大士像和一众善男信女，以他精湛的艺术和虔诚的心灵祈祷爱妻的健康，正是这种乐观向上、坚定执着的精神，使他的家庭豁达明通，前不久，重病的妻子竟然还抱病来到他上海的展出现场，老太太镇定自若的神情，深深感动了前来参观的亲朋好友。陈家泠对爱有着深刻的理解，他说：从本质上来看，爱是什么？爱是一种力量，爱是一种生命力，没有爱，哪有生命，没有爱，哪有力量，爱能产生无穷的力量和生命力。正是这种力量，把你的生命不断地推向高峰，不断地新陈代谢，不断地产生新的创作灵感，这就是爱。

与宗教题材相对应，陈家泠创作了具有海派文化典型代表的"上海月份牌美女"，他说：这套画跟画老上海月份牌是异曲同工的，月份牌是水粉画，有点像是照片，所以是很真实的，也没有什么线条，但是我要把它变成国画，这个线条就有艺术性了，原来的月份牌是很写实的，所以它要求"甜糯嗲嫩"，在那个年代，月份牌画出来要符合当时市民的欣赏口味，而现在我给它翻译成21世纪的了，其实我也是温故创新，不光是"甜糯嗲嫩"，而且画的东西要有时代气息。怎么反映时代气息，旗袍，我就把我的花鸟画搬上去，这样更有艺术性、更优雅、更生动活泼了。我的线条多种多样，脸部和手部用的是陈老莲、李公麟那种线条，衣服用的是陆俨少山水画的线条，在表现技法上加强艺术性，这就使得月份牌美女不光光是甜糯嗲嫩了，而且也有书卷气，不仅仅是20世纪二三十年代的陈香，而且很摩登，是21世纪的美女了。

## "明暗"伤在太写实

"明暗"问题即所谓的三维空间造型问题，历来是中西绘画的争论焦点之一，对此陈家泠有自己的独到心得：为什么我们不要明暗呢？就是说，一有明暗，就太正式了，因为画画要装饰性，不能太正式，因为装饰性本身就是一个画家的一个滋味的体现，因为你要变形，你不能像照相机一样画人物，现在照相机已经这么高级了，你画得再真实也比不过它。而且说实在话，照相机达到高级的艺术境界，它也要变形，也要处理，何况我们画国画的。

还有，比如说画人物画，我们为什么要重视线条本身的艺术魅力，而不去搞明暗？我举一个例子，如果一个少女，她本身就很漂亮，很有生命力，你再给她涂脂抹粉，再给她修饰，那就是画蛇添足了，本来挺美的，反而变得不美了，那么到什么时候需要涂脂抹粉呢？年纪大了就需要涂脂抹粉了，因为她本身的生命力不够了，这就像线条一样，你这个线条很青春，很有生命力，你为什么还要明暗，你就不要明暗，为什么要明暗，就因为你本身的线条不过关，生命力不够了，你才要涂脂抹粉，这个

《画老上海摩登美女》（一）
宣纸中国画
196cm×98cm
2013年

2018年，陈家泠在印度灵鹫山写生

道理其实是一样的，所以通过对十六罗汉的描绘，我觉得在画人物画方面，我倒是悟出来一些古为今用的新体会。

## 艺术对人是一种滋养

问：能不能这样讲，你这次的人物画的创新才是你通汇自己灵魂的核心呢？

陈家泠：这次可能是一个转换，从艺术的角度来讲，我认为这只不过是一种内容的转换，从花鸟转到山水，从山水转到人物，但总体来看，艺术就是要让大家换口味，就好像做菜一样的，要做出各种不同的菜让大家享受，目的都是一样的。不管人物、山水、花鸟，要使观众得到享受，这个享受不光光是一种眼界的享受，还是一种心灵的享受，也是对人的滋养，不仅仅是眼睛的滋养，也是心灵和文化修养的滋养，我换了一种颜色之后，让观众有一种新鲜感，好像吃菜一样，总是吃一种菜，营养也是单调的，反过来看，换一种菜吃，就有新鲜感了，会增加人的食欲。画画也是一样，画了山水再画人物，要增加观众的食欲，新的东西能引发好奇心，会增加观众的生命力量，如果一种菜人们吃厌了，生命力就差了，所以转换画人物就是这道理。

对于我自己来说，这也是一种不断创新、不断探索艺术的历程，这个历程很有意思，对自己也是一种享受，我们既要享受过程，也要享受成果。对于观众来说，当然是要享受我的成果。

## 艺术就是好玩

问：画家要形成自己的风格不容易，您的风格早已为世人熟知，现在算是成熟定型了吗？

陈家泠：我永远不会定型，上次到北京去开画展，题目叫作灵变。什么叫灵变，灵变就是经常要变，而且变要变得灵，法无定法，绝对不要墨守成规，要因势利导，要随机应变。

问：不要守成法。

陈家泠：对，石涛也讲过，这话太对了，没有方法的方法是最好的方法，法无定法，佛教里面叫作大法，所以这四套画里面，无法之法乃为之法，没有方法的方法是最好、最高的方法。对于一个画家来说，就要追求这种最高的境界，要没有束缚，达到无疆界、无束缚的灵变，自由王国的境界。

《画老上海摩登美女》（二）
宣纸中国画
196cm×98cm
2013年

2017年，陈家泠在斯里兰卡写生

2014年，陈家泠在瑞士写生

2012年，陈家泠在日本写生

问：这种自由是你在画人物画中开始有的新感悟吗？

陈家泠：我认为这种自由可能是从画花鸟画开始。起先这种感觉是从陆老师那里学习来的，因为我看陆老师画画很自由，笔在他手里就像变魔术一样的，干湿浓淡，而且构图法无定法，从左边画，从上面画，从中间画，从一边到两边到无数边，随便弄弄都是一张好画。所以在当时我是羡慕得不得了，我觉得这样就是艺术。因为那个时候我还在学校里面念书，觉得画人物很受拘束，要打稿子，画素描，要画木墩儿，很不自由，不像陆老师画山水那样自由。当然我的技术也没那么成熟，而且又是画人物，当然达不到这种境界，但是这种理念和感觉对我影响很大，后来我就慢慢朝着这个理念去发展。所以艺术是什么？艺术就要自由；艺术是什么？艺术就是好玩；艺术是什么？艺术就是创造；艺术就是要随机应变，要行云流水，这才是艺术。有的时候实践跟理论相差太多，我看陆老师的实践，虽然知道要行云流水，虽然知道要自由，但是技术不过关，是达不到这种境界的，这还要靠精湛的技术作为基础。后来，为什么我慢慢自由起来，还是因为我多年的积累，像这种境界，不到50岁根本不能体会。这种境界是一种理论境界，也是一种技术境界。所以中国的文化就要靠熟能生巧，三四十岁绝对达不到这种高级、精湛的技术境界。因为技术的本身就是一种生命，一种创造力，一种美感，它有一种力量，而并不单单是一个内容。过去我们在教育当中很注重内容，实际上从艺术本源的角度来看，这种技术是相当重要的，它是基础，离开了精湛的技术，内容再好，也不可能出现好的效果。就好像我们唱一首歌，内容很好，歌唱家唱出来就好听，而我唱出来就没人听，人家不是来听你的歌词，而是来看你的技巧的。

问：这种飞跃，你觉得主要是限制自由？

陈家泠：现实艺术语言当中一个很重要的技术，就是限制自由，画人物还有造型，要很自由相对比较难。还有构图，对于色彩的把握、线的把握、形的把握、构图的把握，是一种综合能力体现，线仅仅是其中非常重要的一部分。

## 艺术当代性就是"象征艺术"的当代性

问：您很少画当代人物，您是如何理解当代性的？

陈家泠：这里还有一个问题是对当代性的理解。实际上从艺术家的角度来看，当代性就是他的艺术，而不是内容。比如毕加索，他有什么当代性？他的当代性就是他艺术的变形，当代哪有这样变形的东西，眼睛一只高，一只低。当代有这个吗？立体主义就是当代性？不是，所谓当代性就是艺术的当代性，而不是艺术内容的当代性。

问：但是毕加索的作品给人们最具代表性的是什么？

陈家泠：实际上是象征。其实艺术当代性就是象征艺术的当代性。

问：你把西藏形象拿来，用你的形式和笔墨线条把艺术形象强化是否就具有当代性了呢？

陈家泠：这个是不受限制的，艺术家的当代性就是他的艺术语言，而不是内容。内容的当代性最好的代表是什么？是照相机，照相机最当代了，所以我认为内容是为艺术语言服务的，而不是艺术语言为它的内容而服务。所以，月份牌内容是为艺术语言服务的，而不是我为它服务。像毕加索，你讲的所有东西都是为他的艺术语言服务，而并不是为他服务，如果为他服务，照相机是最现实的，是最当代的。所以从一个艺术家的角度来说，就是要创造自己的艺术语言，才能达到在艺术领域中的划时代性或当代性。比如当代艺术，它不是内容，它是一种艺术语言，这种艺术语言是与前人不同的，它不是一个内容问题。

## 美的艺术品提升生活品位

问：你对你的哪些实用艺术品比较满意？也就是第四个展厅"万变为宗"的作品。比如说，缂丝、服装、陶瓷和其他的一些小产品，它们跟你的艺术品一样，总有一个对你来讲是比较核心的东西，以前你讲缂丝好像多一点？

陈家泠：从画的角度来看，有一套缂丝的荷花是重头戏。

问：一套是多少？

陈家泠：2米高、5米宽，它一共是5块，根据我的画织的缂丝作品，这不是服装。我还要选几件缂丝的旗袍去展出，我有20件，我现在选了一件，是一条5米长的云锦，上面是荷花和鱼，这一张也挺有意思的。

问：这个有点意思。

陈家泠：还有与日本西阵织合作的四条屏的梅花、兰花、荷花、红叶小鸟，这一套也很有意思。

问：还有什么？

陈家泠：织锦是一部分。还有一部分就是文创中心给我弄的，比如像是茶壶之类的，陈亮那里做的家具，还有就是我画的瓷器。大致就是这样。我还很可能要到景德镇去画几个瓷器出来，画几个缸，有这个想法，这要看时间。

问：你的艺术品强调"日用即道"，是什么意思呢？过去人们常说玩物丧志，但

2012年，陈家泠在日本富士山写生

2012年，陈家泠在日本新干线车站兼程抓紧时间用盒饭午餐

2018年，陈家泠在印度释迦车尼诞生地写生

是中国是礼仪之邦，所以日常使用的物品都是用来规范人的行为和陶冶人的性情的，这就是"日用即道"。什么样的人用什么样的东西，过去孔子讲"肉不方不食，席不正不坐"。前不久，在你创作"俱往矣"系列服装的新闻稿中，我特别讲到了，美好的艺术品提升人的生活品位，同时人的素质和品位又选择了艺术品，这是一种什么关系？

2012年，陈家泠在日本写生

陈家泠：我这样来理解，像这个厅，我前三个展厅展示的平面绘画，仅仅只是一种欣赏，起到陶冶心情，养心养神的作用。这个厅，把我的绘画变成实用品之后就是养生了，平面是养眼养神，实用是养生，因为坐得舒服，不但养心养神，还可以养生。另外把艺术跟生活结合起来，这就代表高等级的享受了。还存在提高跟普及的关系，因为日用品艺术衍生到日用品之后，普通的人也能欣赏你的艺术了。画作如果不展出，或者收藏家给你卖掉了，就只是收藏家等少数人去享受了，而衍生品出来之后，普通的群众也可以感受，我认为这就是提高跟普及的关系。日用艺术品会使人们的文化修养不断地提高。当然，我们还要打破工艺品不是艺术的概念，好的工艺品达到顶级程度，就是艺术品。画作也不都是艺术品，差的绘画品也就是工艺品，很难一概而论。对我来说，为什么弄这些衍生产品呢？就是要打破这个概念，作为一个艺术家，有责任把自己的艺术推向生活、推向群众，要使艺术在人们的生活中无处不在，什么时候都能享受到。

另外，要打开大家的思路，艺术可以支撑衣服，又可以转化成缂丝，这很有趣，使缂丝的工艺、技术从古老的传统转型到一种新的美感或者新的艺术形式当中，对它可能也是一种推动、启发和创造，这样一来，就能全方位地提高国家民族的创造力和对艺术的认识，我认为很有好处。虽然，对我来说这仅仅就是一种尝试。

本文选自《中国文化报》

# 似与不似之间
## ——记陈家泠的艺术之路

宋 颖

他的画展被安排在象征着中国美术最高殿堂的中国美术馆底楼圆形大厅举办，当代绘画大师吴冠中与他对谈艺术，中国美术馆馆长范迪安为他的画展撰写前言，画展举办前由上海飞往北京的一架飞机上，有半数乘客是为一睹这次画展的艺术家……他就是现代海派绘画的代表人物——陈家泠。

## 缘 起

"姆妈，给我画一匹马。""姆妈，给我画一只小狗。"每当小家泠这么说的时候，母亲都会暂时放下手中的工作，满足儿子的愿望。身为小学老师的母亲当时没有想到，正是这些画，为陈家泠打开了通往艺术的大门。

正是受到母亲的影响，陈家泠从小就喜爱绘画。考高中时，他希望进入浙江美院附中学习，可由于家庭成分问题，他失去了这次机会。上了高中以后，两项不同的选择摆在陈家泠面前：要么继续走艺术之路，要么选择上普通大学。此时，陈家泠天性中的活泼好动也显现出来。他参加了美术兴趣小组，同时也是篮球队和乒乓球队的队员。下课之后，他经常在操场活动。每次玩的时间一长，重视他的美术老师就会去操场把他"抓"回来。

50余年后的今天，说起自己中学时的美术老师，陈家泠依然充满感激。正是由于这位老师的督促与关爱，陈家泠终于没有放弃美术，并最终考入了浙江美术学院（即现在的中国美术学院）的国画人物系。

浙江美术学院是蔡元培、林风眠于1928年创建的我国第一所综合性国立高等艺术学府，濒临西子湖。潘天寿、黄宾虹、李苦禅、李可染、艾青等名家都曾在此任教。该校学生也是来自全国各地的精英。有的学生曾长期跟随沪上名家学习，有的学生曾接受过系统的苏式美术训练。同学间既是竞争对手，又是在艺术之路上共同探索的伙伴。在这种环境下，陈家泠感到了前所未有的压力和前进的动力，他彻底收敛了爱玩的天性，"生活像兵营，学习像修道"。他白天和同学一起上课，晚上钻进画室练习。万籁俱寂的晚上，周围越是安静，陈家泠的思维越是活跃，艺术的灵感如同潮水一般呼啸。

在校时期，陈家泠临摹了大量古代名家绘画，比如《天王送子图》《八十七神仙卷》……其中《八十七神仙卷》长达292厘米，是一幅白描手卷。画面描绘道教两帝君（东华、南极）带领真人、仙官、玉女、神将等80余人和仪仗去朝谒元始天尊的宏大场面。陈家泠一笔一画地临摹这繁复的长卷。正是学生时期的刻苦练习，为他打下了坚实的基础。

2010年，陈家泠在浙江省美术馆举办个人画展，开幕式上100岁的母亲上台为儿子（陈家泠）的画展开幕式剪彩

20世纪70年代,陈家泠在恩师陆俨少家向老师求教

2010年,陈家泠在浙江美术馆画展开幕式上作感恩发言

## 师 恩

从浙江美院毕业之后,由于陈家泠成绩优秀,技法全面,人又开朗热情,他被调往上海美专任教,这一教就是30多年。30多年中,他经历了上海美专的辉煌时期,陈逸飞、夏葆元、魏景山……这些响彻中国画坛的名字都曾是他的学生。但谈起他的执教生涯,他却深情地谈起自己的老师陆俨少,并深感师恩。

陈家泠早在浙江美院学习的时候,就与陆俨少先生有师生之缘。当时陈家泠是国画人物系的学生,陆先生是山水系的老师。陈家泠一直对这位著名的"右派"老师很好奇,他明白院长潘天寿能够破格将一个"右派"请到学校任教,一定是因为陆先生有着别人无法比拟的才华。一天,他特意跑到陆先生的办公室,向他请教风景画法。陆先生丝毫不介意他不是自己的学生,反而从风景基础给他讲起。一来二去,两人就熟识了。

到上海美专任教之后,陈家泠听说陆俨少先生来沪上定居,就带了自己的写生作品去拜访。从那时开始,陈家泠一有空就跑到陆先生家,看他如何作画。

与"夜猫子"型的陈家泠不同,陆先生作画都是早晨,于是陈家泠就起大早去陆先生家,等着看陆先生落笔。这一看就是七八年。陆先生作画时时而从容不迫,云烟落纸,随意点染;时而揎拳卷袖,狂呼惊叫,顷刻而就。用笔"四面出锋,八面玲珑",将毛笔的笔尖、笔肚甚至笔根全部用到。这使陈家泠大开眼界,这种灵动的用笔技法与他的天性不谋而合。从此,他将山水画的线条用在了自己的人物画中。1979年,他的一幅水墨作品《鲁迅先生像》参加了华东六省一市美术作品展,获得众多美术界同仁的好评,这是对陈家泠笔墨探索的肯定。

然而,对陈家泠而言,陆俨少先生对他影响最大的是精神上。陆先生在治学上刻苦,严谨,曾提出"要成为艺术的殉道者"。在处世上,陆先生随和、宽厚、心胸博大。他经常说:"一个成功的艺术家不仅要有天分,还必须有开通和宽容的心态。""文革"中,陆俨少先生吃尽苦头。后来,一个曾整过他的人向他求画,陆先生不记前嫌,送画给他。

这件事对陈家泠触动很大,他一方面为陆先生的宽容而感动,一方面悟出身教大于言教的道理。陈家泠说:"陆老师的画风和他的老师不像,我的画风和陆老师也不像,可相似的是绘画的精髓。陆老师说过,'画者要灵变',灵是思想,变是技法。这个思想是陆老师的老师传给他的,我也必将传给我的学生。"

陈家泠自己教学也是以身作则,在写生时鼓励学生多跑多画。早上要求学生7点到校,他自己早在校门口等着。

## 灵 变

1987年，美国ABRAMA出版了评论家科恩夫人所著的《新中国绘画（1949—1986）》。该书相当于介绍中国绘画的艺术辞典。其中专文介绍了陈家泠的绘画，认为他的作品是现代海派的代表，并以他的《霞光》作为该书封面。此时的陈家泠，画风已日臻成熟，他独特的"走、守、漏、透"的技法与宣纸的绝妙结合，在似与不似之间、有意无意之中，展开一幅幅神奇的画卷。陈家泠画风的形成正来源于"灵变"二字。

《鲁迅先生像》的成功，使陈家泠坚定了在笔墨上的探索之路。他一心打破线条对绘画的束缚，寻找更随意、生动的绘画语言。对于他的创新，有的大师不理解，连陆俨少先生也为他放弃传统笔墨而惋惜。可陈家泠认为自己应该寻找一条适合自己性格、与别人不同的道路。用山水线条画人物，是一种创新，但他还要再有突破。当年陈家泠每天去陆先生家学习，求"似"，正是为了以后的"不似"。

灵感来自一件意想不到的事情。1985年，陈家泠从云南瑞丽写生归来，凭着大量的写生素材，他创作了一幅大画，画面由4幅6尺整张的条幅组成，背景是抽象的荷花，主题是一位正在洗头的傣族少女。不久，一位美国的艺术评论家来上海买画，他一眼相中了这幅画，但他提出了一个陈家泠从来没想到过的要求：只要有荷花的两幅条屏，而不要有人物的两幅。从传统绘画来讲，人物才是这幅画的主体，可对于美国艺术评论家来说，主体的人物依然是传统水墨的窠臼，作为背景的荷花倒是陈家泠的独创。这件事情让陈家泠大受启发，如同从一扇窗中窥到了外面的世界——原来还可以这样作画。

从此，陈家泠的绘画进入了一个新的境界。为了更好地表现晕染效果。他曾尝试各种作画材料，从各种纸张到丝、绢、皮纸，甚至是当时纤维厂刚发明的绝缘材料。不过，最后他发现只有宣纸，而且是放了20年以上的宣纸，才能更好地表达他的绘画语言。

东方文化的博大精深、神秘莫测，在水墨的渗透、晕染中淋漓尽致地表现出来。通过一次次尝试，陈家泠的画形成了自己独特的艺术张力。在作画过程中，他原本的构思会生发、溢泻、超越，直至到达天人合一的境界。

《画老上海摩登美女》（三）
宣纸中国画
196cm×98cm
2013年

## 养 性

如今陈家泠已到了"随心所欲"的年龄，但是他旺盛的精力和"爱玩"的天性不改当年。在艺术圈内，陈家泠爱搓麻将是出了名的。他经常会邀上三五知己搓个通宵达旦。第二天早晨，当别的牌友满脸倦意地回家补觉时，陈先生依然精神抖擞，扎入画室开始创作。

熟悉陈家泠的人都知道，他对新生事物有很强的好奇心。当数码相机刚开始流行时，他早先于别人买了一台。如果和陈家泠侃一侃市面上最 in（流行）的事物，会发现没有什么是他不晓得的。

功成名就后的陈家泠本可以继续画他的荷花，因为他的作品无论在学术上还是在市场上都得到了肯定。但是他却迷恋起了烧窑，而且还成立了自己的泠窑。"我觉得瓷器是真正代表中国文化的精髓，你看 china 就是 China。当一堆平常的泥土烧制成艺术品时，你自然会惊奇于这个过程。"现在，陈家泠认为人生最大的享受莫过于用自己烧的茶具喝上一杯清茶。

从工笔人物到写意花鸟再到烧窑画瓷，陈家泠在艺术之路上越走越远，却依然保持着他独有的空灵高雅之气。许多年来，他一直强调"灵变"这个始终贯穿他艺术生命的主题。"似与不似之间，有意无意之中"正是最能概括他的艺术追求，他的有意与自然的无意交相辉映，而他在艺术上的探索依然在继续。

《画老上海摩登美女》（四）
宣纸中国画
196cm×98cm
2013 年

本文选自《北京记事》

# 艺术年表

| | |
|---|---|
| 1937 年 | 出生于浙江杭州。 |
| 1963 年 | 毕业于浙江美术学院中国画系（现中国美术学院）。 |
| 1963—1966 年 | 任教于上海美术专科学校。 |
| 1966—1983 年 | 任教于上海美术学校。 |
| 1970 年 | 师从陆俨少习山水画及书法。 |
| 1983 年 | 上海大学美术学院（现上海美术学院）中国画系教授。<br>20 世纪 80 年代在江西景德镇开始接触瓷器艺术并进行创作。<br>作品《堆金》入选"上海—横滨友好城市联展（日本）"。<br>作品《粉红色的桃花》展出于美国三城市。<br>作品《开放的荷花》入选美中艺术交流中心主办的"中国当代画展"。 |
| 1986 年 | 联展，"中国当代画展"，美中艺术交流中心主办，巡展于美国纽约等地。<br>应邀西柏林高等艺术学院讲学并展出作品。 |
| 1987 年 | 美国 ABRAMS 出版《新中国绘画（1949—1986）》（科恩夫人著）对其进行专文介绍，并以荷花作品《霞光》作为该书封面。<br>作品《晨韵》《清气》等展于香港艺术中心之"上海绘画展"并进行艺术演讲。<br>作品《荷花》《桂林》展于香港万玉堂"中国画展"。 |
| 1988 年 | 联展，展出于西柏林"GALERIE OBERLICHT"。<br>联展，展出于联邦德国"现代中国画展"。<br>联展，展出于纽约"57 国际画廊"。 |

|  |  |
|---|---|
|  | 联展，展出于联邦德国"EAST AND WEST GALLERY"。<br>于西柏林高等艺术学院做学术演讲。 |
| 1989 年 | 个展，香港万玉堂画廊主办。<br>参加第七届全国美展，作品《不染》获银奖。 |
| 1990 年 | 联展，"中国艺术新生代"，展出于美国史密斯美术博物馆。<br>个展，"化境——陈家泠精选作品展"，香港万玉堂画廊主办，展出于中国香港和新加坡。<br>个展，"陈家泠画展"，台湾皇冠艺文中心主办，展出于中国台北。 |
| 1991 年 | 联展，"中国当代绘画展"，韩国经济新闻主办，展出于韩国。<br>联展，"亚洲美学——中国现代绘画"，展出于美国本德艺术中心博物馆。<br>联展，"中国绘画优秀作品展"，展出于韩国 Waiker Hill 美术馆。<br>个展，"灵变——陈家泠作品展"，Art Venture 主办，展出于新加坡博物馆。 |
| 1992 年 | 个展，"陈家泠新作展"，香港万玉堂画廊主办，展出于中国香港特区和新加坡。<br>联展，"韩中真景山水特别展""扬子江画派特别展"，韩国东山房画廊主办，展出于汉城（今首尔）。 |
| 1993 年 | 个展，"陈家泠作品展"，台湾蟠龙艺术中心主办，展出于中国台北。<br>个展，"93 韩国画廊美术节"，韩国玄画廊主办，展出于汉城（今首尔）。<br>联展，"上海现代艺术展"，上海美术馆主办，展出于日本东京。<br>联展，"上海、台湾现代水墨画展"，巡回展览于海峡两岸。 |

|      |      |
|------|------|
|      | 联展，"第一届东亚运动会东方艺术之光展"，上海东亚运动会主办，展出于上海美术馆。 |
| 1994年 | 联展，"中国现代水墨画大展"，展出于台中省立美术馆（中国台湾地区），并应邀参加"现代中国水墨画学术研讨会"。<br>联展，"中国、日本、韩国美术交流邀请展"，香港武陵庄美术学会主办。<br>应邀出席在法国巴黎举办的"第八届国际艺术学术会议"，欧洲华人学会主办。<br>联展，作品参加"上海12家中国画展精品展"，上海中国画院、新加坡豪珍画廊合办，展出于新加坡。 |
| 1995年 | 应邀出席"中德文化月活动"，德国汉堡。<br>联展，"东西相遇"，展出于美国康涅狄格州布裹波特发现博物馆。 |
| 1996年 | 联展，"上海水墨画展"，展出于美国亚利桑那州立大学艺术博物馆。<br>联展，"当代中国绘画和雕塑"，展出于英国伦敦Michael Coedhuis画廊。<br>联展，"上海三人画展"，展出于上海华粹艺术中心。 |
| 1997年 | 由上海大学美术学院组织赴美国教学考察。 |
| 1998年 | 作品入选"上海百家精品展"，上海文化基金会举办。<br>应邀参加上海十大画家赴加拿大写生活动，上海建国慈善公益基金会主办。<br>作品参加"上海美术双年展"。<br>参加"在中国画家眼中的加拿大"活动。<br>联展，"第一届国际水墨双年展"，深圳。<br>应邀参加"国际陶瓷节"，荷兰阿姆斯特丹主办，并于法国、比利时、意大利、希腊进行艺术考察活动。 |

| | |
|---|---|
| 2000 年 | 创立火艺沙龙"上海申窑"。<br>作品参加"新中国画大展"。<br>联展,"第八届亚洲艺术家联展",美国纽约。其间游历迈阿密、明尼苏达、洛杉矶等地进行写生。 |
| 2001 年 | 联展,"亚洲和平美术展",美术世界株式会社主办,展出于日本大阪。 |
| 2002 年 | 联展,"当代国画优秀作品展——上海作品展",展出于北京政协礼堂。<br>创建上海半岛艺术中心,创立上海第一家民间美术馆半岛美术馆。 |
| 2003 年 | 创立半岛瓷艺馆,成立陶瓷艺术工作室及泠窑。 |
| 2004 年 | 个展,"和为贵",美术世界画廊举办,展出于日本东京。 |
| 2005 年 | 联展,"天地人和——刘国松、陈家泠、仇德树上海新水墨艺术展",展出于上海多伦现代美术馆。 |
| 2006 年 | 应邀参加上海著名画家赴印度绘画交流展览。 |
| 2007 年 | 5月27日,大型个展,"和美"、研讨会,展出于上海中国画院。<br>8月19日,大型个展,"灵变"、研讨会,展出于中国美术馆。<br>9月18日,大型个展,"化境"、研讨会,展出于上海美术馆。 |
| 2008 年 | 7月31日至8月31日,联展,"2008艺术中国,当代水墨画展",展出于西班牙巴伦西亚现代艺术博物馆。 |

| | |
|---|---|
| 2009 年 | 12 月 25 日，大型个展，"神游"，展出于广东美术馆。 |
| 2010 年 | 3 月 20 日，大型个展，"神游"、研讨会，展出于陕西省博物馆。<br>3 月 29 日，于西安美术学院作大型艺术演讲。<br>6 月 2 日，《西湖十景》创作完成。<br>6 月，《陈家泠——东方的坐标》出版，尹舒拉著。<br>6 月 18 日，大型个展，"和美——陈家泠作品展"、研讨会，展出于浙江美术馆。 |
| 2011 年 | 3 月—7 月，行走三山五岳、佛教四大名圣共 12 座大山创作写生，为安徽省博物馆陈家泠"神游"大展做准备。<br>11 月 11 日，大型个展，"神游三山五岳四圣地大型山水画展"、研讨会，展出于安徽省博物馆。<br>12 月 22 日，于上海大学美术学院做艺术演讲。 |
| 2012 年 | 6 月—7 月，在西藏参与为期一个月的纪录片拍摄和写生。<br>7 月 31 日，"中国名家艺术作品联展"，展出于英国伦敦国立艺术学院。<br>11 月 5 日，"中国名家艺术作品联展"，展出于奥地利维也纳联合国圆厅。 |
| 2013 年 | 6 月 27 日，"'海上风情'和'俱往矣'亚洲艺术博览会作品展"，展出于上海展览中心。<br>9 月 21 日，大型个展，"化境"，展出于中国国家博物馆，其中 24 件作品被收为馆藏。<br>7 月，《艺术是生命的密码》出版，陈家泠著。<br>9 月，于中国美术学院做"艺术跨界"的主旨演讲。<br>10 月，于清华大学做"笔墨自由"的主旨演讲。<br>10 月，于北京大学做"艺术三通"的主旨演讲。<br>10 月 27 日，为纪念毛泽东诞辰 120 周年，再次重走 50 年前井冈山和韶山之路进行创作写生。 |

| | 11月2日，于湖南岳麓书院做"文化心源与中国绘画"主旨演讲。 |
| --- | --- |
| 2014年 | 1月25日，于台湾师范大学做"二十一世纪新彩墨美学与艺术风格学术"主旨演讲。<br>3月，《人民日报》刊登《构建东方艺术新坐标》（罗明标署名文章）。<br>10月20日，《陈家泠》彩色宽银幕电影纪录片在意大利罗马第9届国际电影节荣誉首映，著名导演贾樟柯为该部纪录片监制。<br>11月，于上海大学美术学院东方大讲坛、上海交通大学艺术专修班、中国美术学院做艺术演讲。<br>12月23日，《花》《鸟》《鱼》《虫》四本册页，参加"第三届杭州中国画（册页）双年展"。 |
| 2015年 | 1月6日，《陈家泠》彩色宽银幕电影纪录片在上海首映。<br>2月11日，陈家泠佛教艺术馆在上海玉佛禅寺揭牌。<br>作品《和美》用于中国人民抗日战争胜利70周年和世界反法西斯70周年胜利纪念活动的邀请函、节目单和菜单背景画面。<br>10月、11月、12月，《陈家泠》彩色宽银幕电影纪录片分别荣获澳大利亚布里斯班第2届电影节最佳纪录片大奖、第11届洛杉矶国际电影节年度中国最佳纪录片大奖、夏威夷第35届国际电影节最佳纪录片奖。<br>获夏威夷第35届国际电影节"文化大使"称号。<br>于美国夏威夷佛光山道场做学术演讲。<br>个展，"陈家泠美术作品展"，展出于美国夏威夷。 |
| 2016年 | 9月4日，作品《西湖景色》一号成为2016中国杭州G20峰会上，中国国家主席习近平、夫人彭丽媛欢迎会见世界35个国家元首和地区领导人合影的背景画，作品《柳浪闻莺》《平湖秋月》为此次会见等候厅的环境作品。 |

| | |
|---|---|
| 2016 年 | 9月4日，作品《清荷》成为 2016 中国杭州 G20 峰会上，中国国家主席习近平会见金砖五国和美国总统奥巴马活动的背景画。<br>9月5日，受邀参加《人民日报》（人民网）现场直播，谈 G20 作品的创作过程和创作体会。<br>11月，为中国国家博物馆大展在江西景德镇开始了近一年的巨缸瓷艺创作（每个缸约高 1.45 米、直径 1.5 米，重达一吨半，共 40 余只）。 |
| 2017 年 | 5月，于上海理工大学做艺术演讲。<br>6月23日，参加上海美术学院"上美讲堂——共话美术教育与传承"的开讲仪式。<br>9月16日，"陈家泠艺术大展"第二次在中国国家博物馆隆重举行。其中15件作品被国家博物馆收为馆藏并常年展示。<br>9月16日，参加中国国家博物馆"陈家泠艺术大展"研讨会。<br>《人民日报》（人民网）现场直播，谈陈家泠艺术大展的创作过程和创作体会。<br>美国中文电视台 SINOVISION 播放《陈家泠的艺术》，从山水、花鸟、人物，到家具、瓷器、服装等主题对其进行系列报道，全面介绍了他的艺术人生。<br>11月22日，联展，"丝绸之路文化行——中国当代女性艺术画展世界巡展"，中国国家对外文化交流研究基地主办，于斯里兰卡、泰国等国展出交流。<br>11月26日，《人民日报》刊登《"东方化境——陈家泠"艺术大展侧记》（徐红梅署名文章）。 |
| 2018 年 | 1月7日，随上海玉佛寺艺术家代表团到印度、尼泊尔等释迦牟尼十大遗址的朝圣并写生。<br>4月8日，出席中国美术学院校庆 90 周年，并在校庆的 |

交流中发言。

5月26日，随代表团出访欧洲八国，并参加"向邬达克致敬"美术活动。

12月17日，《中国美术报》以"时代人物"陈家泠为封面，对其进行八个整版专题报道，系统宣传介绍了陈家泠的艺术成就。

12月28日，中国国家博物馆艺术系列丛书"陈家泠艺术"由安徽美术出版社正式出版。

| | |
|---|---|
| 2019年 | 1月13日，上海玉佛禅寺陈家泠佛教艺术馆举行隆重开馆仪式并正式开馆。 |

# 艺术作品图录
# 山水

《延安晨韵》
宣纸中国画
196cm×96cm×5
2017年
中国国家博物馆藏

《井冈主峰》
宣纸中国画
196cm×96cm×5
2013 年

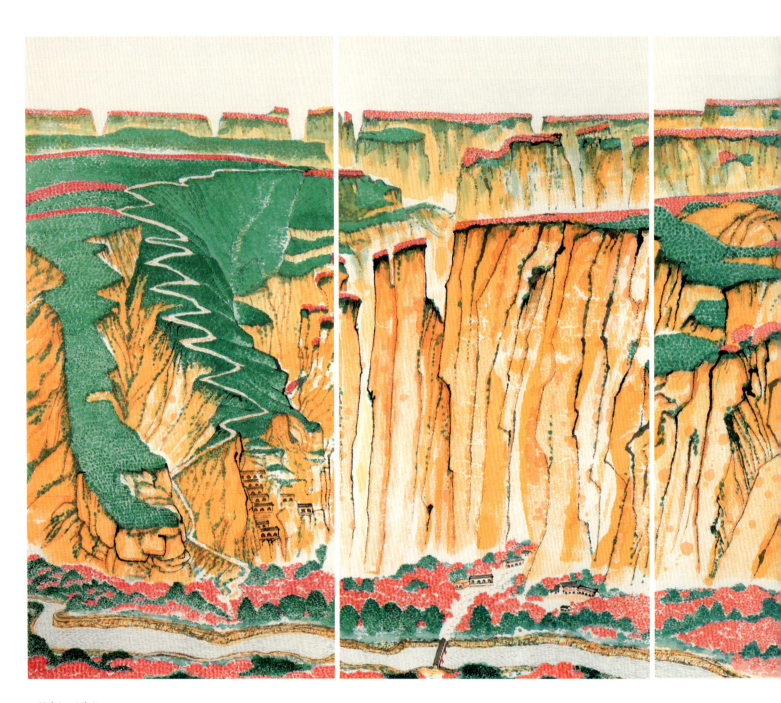

《梁家河 可美啦》
宣纸中国画
196cm×96cm×5
2016年
中国国家博物馆藏

《娄山关》
宣纸中国画
196cm×96cm×5
2017 年
中国国家博物馆藏

《亿万年的对话》
宣纸中国画
196cm×96cm×5
2005 年
中国国家博物馆藏

《万顷刀郎花》
宣纸中国画
196cm×96cm×5
2016 年
中国国家博物馆藏

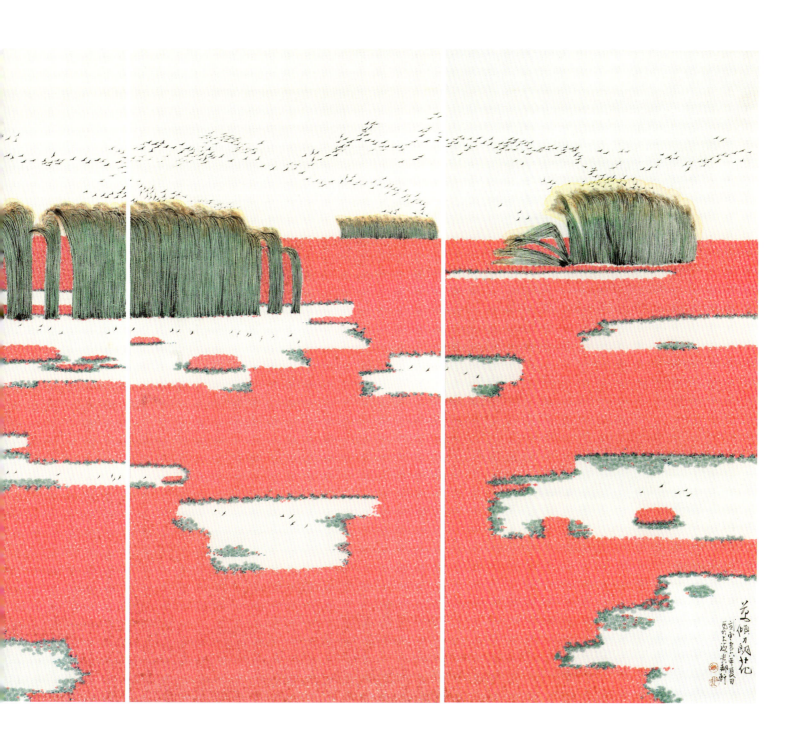

《千年胡杨树》
宣纸中国画
196cm×96cm×5
2016年
中国国家博物馆藏

《西湖景色》(二号)
宣纸中国画
196cm×96cm×5
2016年
中国国家博物馆藏
注:《西湖景色》(一号)为中国杭州G20峰会中国国家主席习近平、夫人彭丽媛会见35个国家地区领导人合影背景主题画

《黄山》
宣纸中国画
196cm×96cm×5
2009年
中国国家博物馆藏

《西湖十景之平湖秋月》
宣纸中国画
196cm×96cm×5
2017年
中国国家博物馆藏

《西湖十景之柳浪闻莺》
宣纸中国画
196cm×96cm×5
2017 年
中国国家博物馆藏

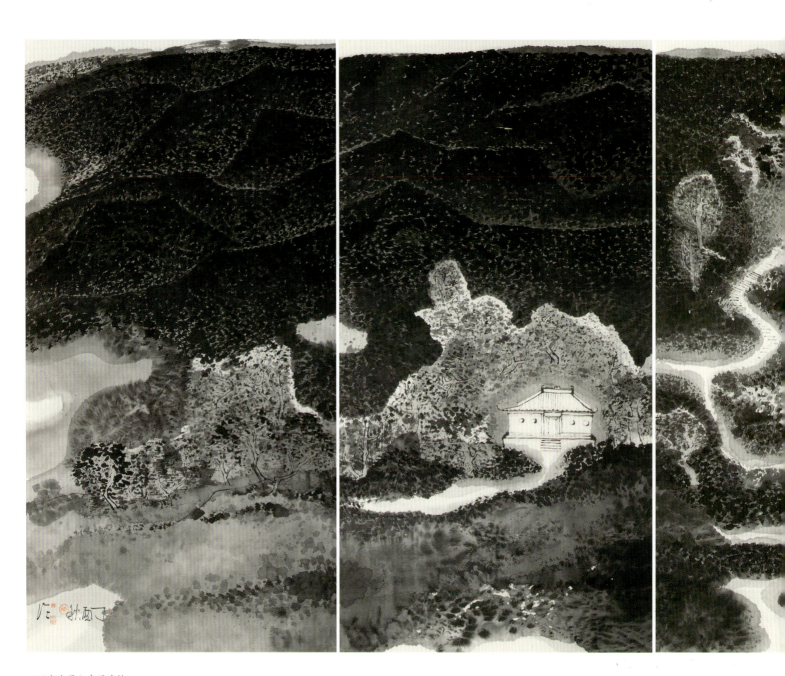

《西湖十景之南屏晚钟》
宣纸中国画
196cm×96cm×5
2017 年
中国国家博物馆藏

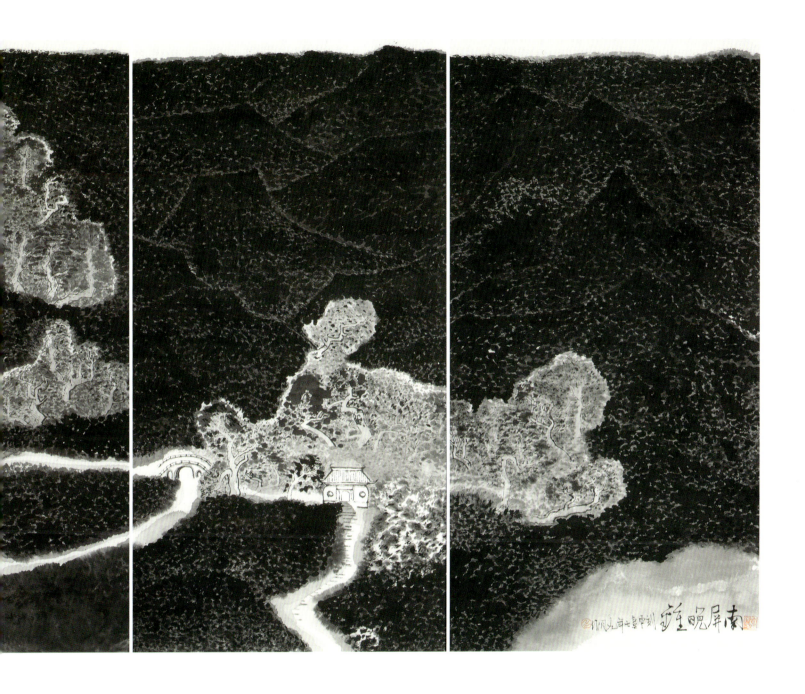

《黄岳凌云》(三山之一)
宣纸中国画
196cm×96cm×5
2011年

《雁荡金秋》(三山之二)
宣纸中国画
196cm×96cm×5
2011年

《匡庐银河》（三山之三）
宣纸中国画
196cm×96cm×5
2011 年

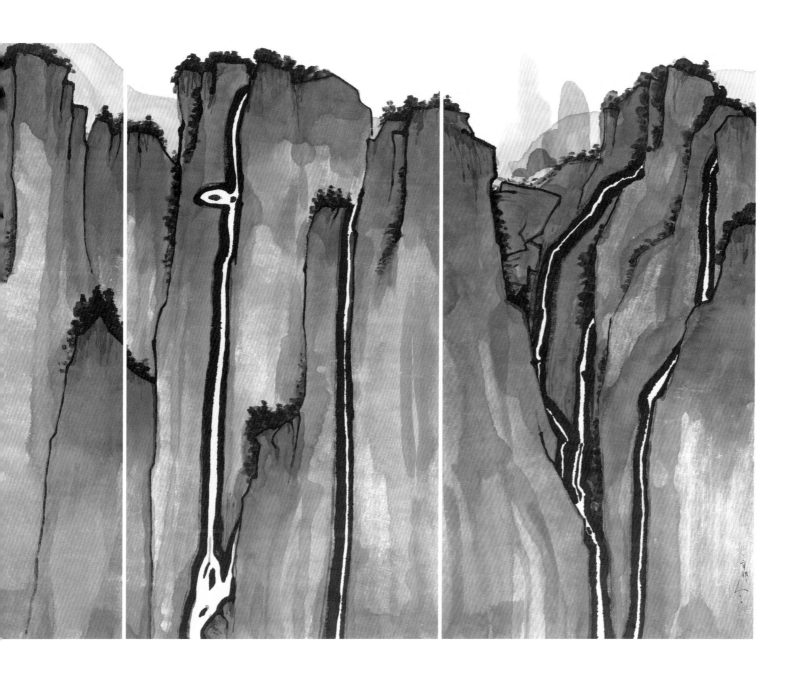

《东岳》(五岳之泰山)
宣纸中国画
196cm×96cm×5
2011 年

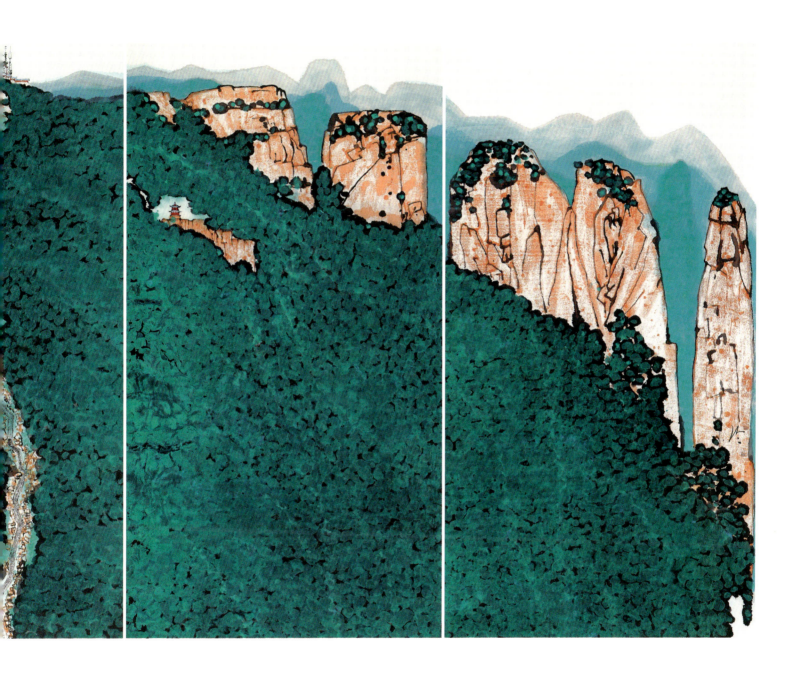

《西岳》（五岳之华山）
宣纸中国画
196cm×96cm×5
2011 年

《南岳》(五岳之衡山)
宣纸中国画
196cm×96cm×5
2011 年

《北岳》（五岳之恒山）
宣纸中国画
196cm×96cm×5
2011 年

《中岳》（五岳之嵩山）
宣纸中国画
196cm×96cm×5
2011 年

《五台山》（佛教圣地之一）
宣纸中国画
196cm×96cm×5
2011 年

《普陀山》（佛教圣地之二）
宣纸中国画
196cm×96cm×5
2011年

《峨眉山》（佛教圣地之三）
宣纸中国画
196cm×96cm×5
2011 年

《九华山》（佛教圣地之四）
宣纸中国画
196cm×96cm×5
2011 年

《青岩白石》
宣纸中国画
196cm×96cm×4
2009 年

《飞流》
宣纸中国画
196cm×96cm×4
2007 年

《天姥连天向天横 势拔五岳掩赤城》
宣纸中国画
196cm×96cm×5
2015 年
中国国家博物馆收藏

# 花鸟

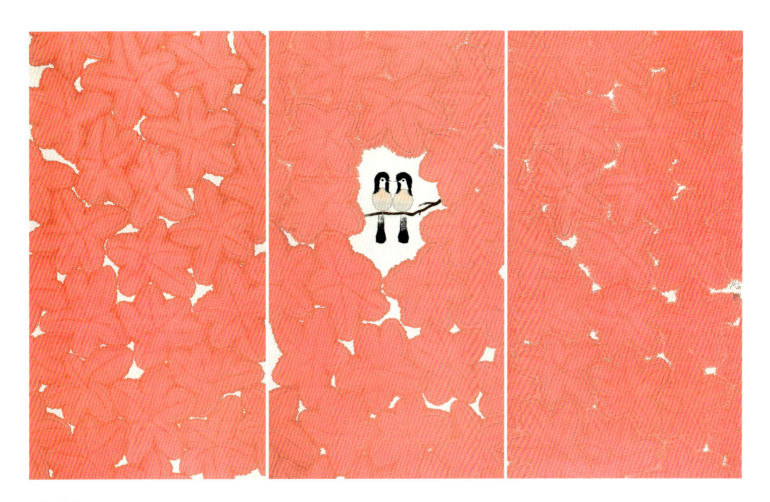

《红叶小鸟》
宣纸中国画
196cm×96cm×3
2013年
中国国家博物馆藏

《真气流衍好惬意》
宣纸中国画
196cm×96cm×4
2007年

《自游自在》（鱼趣册页系列一）
宣纸中国画
80cm×80cm
2012 年
中国国家博物馆藏

《自游自在》（鱼趣册页系列二）
宣纸中国画
80cm×80cm
2012 年
中国国家博物馆藏

册页系列（一、二、三、四）
宣纸中国画
50cm×50cm×4
2005 年

册页系列（五）
宣纸中国画
50cm×50cm
2007年

册页系列（六）
宣纸中国画
50cm×50cm
2007 年

册页系列（七）
宣纸中国画
50cm×50cm
2007年

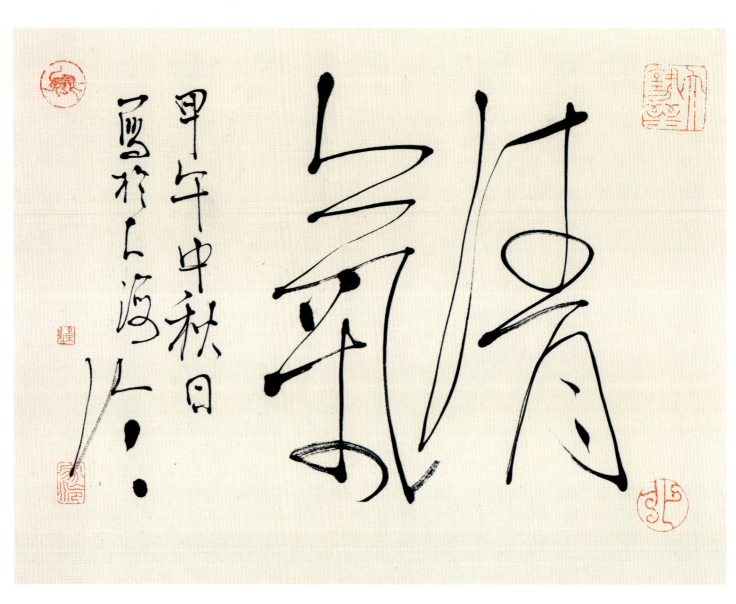

花、鸟、虫、鱼册页——花系列（首引）
宣纸中国画
35cm×46cm
2014 年

花、鸟、虫、鱼册页——花系列（一、二、三、四）
宣纸中国画
35cm×46cm×4
2014年

花、鸟、虫、鱼册页——花系列（五、六、七、八）
宣纸中国画
35cm×46cm×4
2014 年

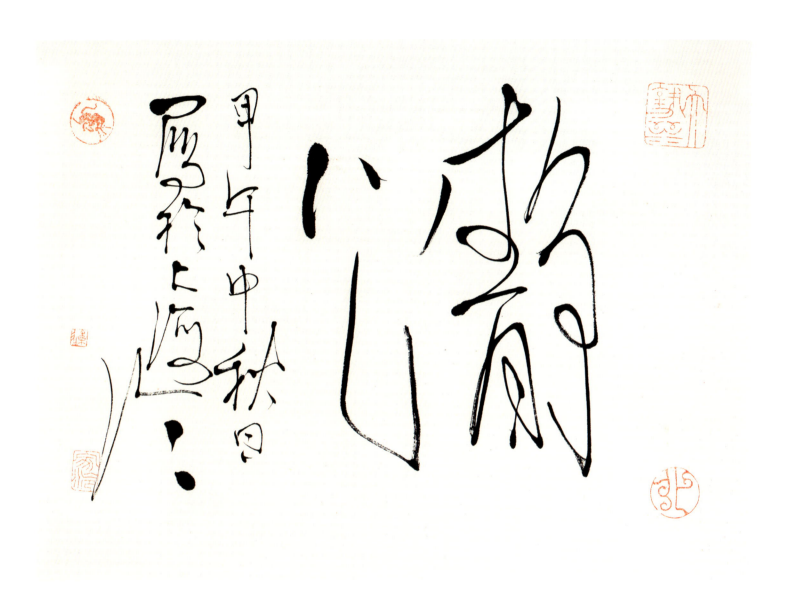

花、鸟、虫、鱼册页——鸟系列（首引）
宣纸中国画
35cm×46cm
2014 年

花、鸟、虫、鱼册页——鸟系列（一、二、三、四）
宣纸中国画
35cm×46cm×4
2014年

花、鸟、虫、鱼册页——鸟系列（五、六、七、八）
宣纸中国画
35cm×46 cm ×4
2014 年

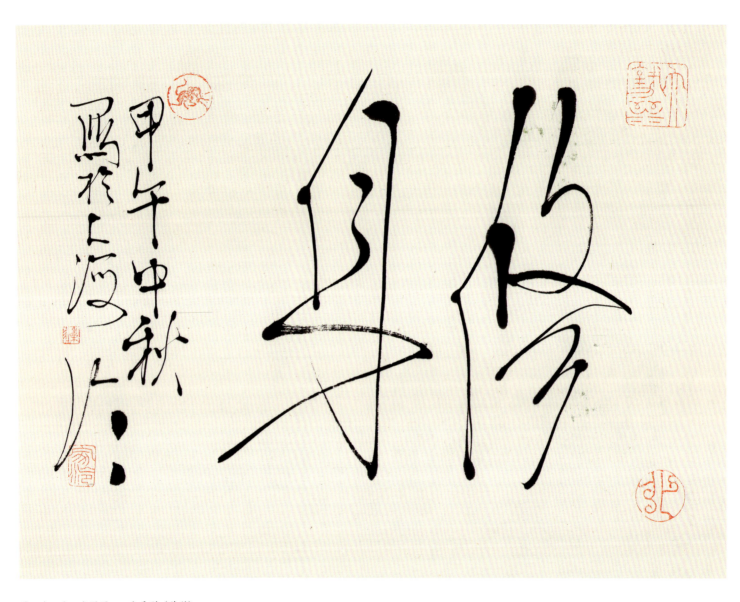

花、鸟、虫、鱼册页——虫系列（首引）
宣纸中国画
35cm×46cm
2014 年

花、鸟、虫、鱼册页——虫系列（一、二、三、四）
宣纸中国画
35cm×46cm×4
2014年

花、鸟、虫、鱼册页——虫系列（五、六、七、八）
宣纸中国画
35cm×46cm×4
2014年

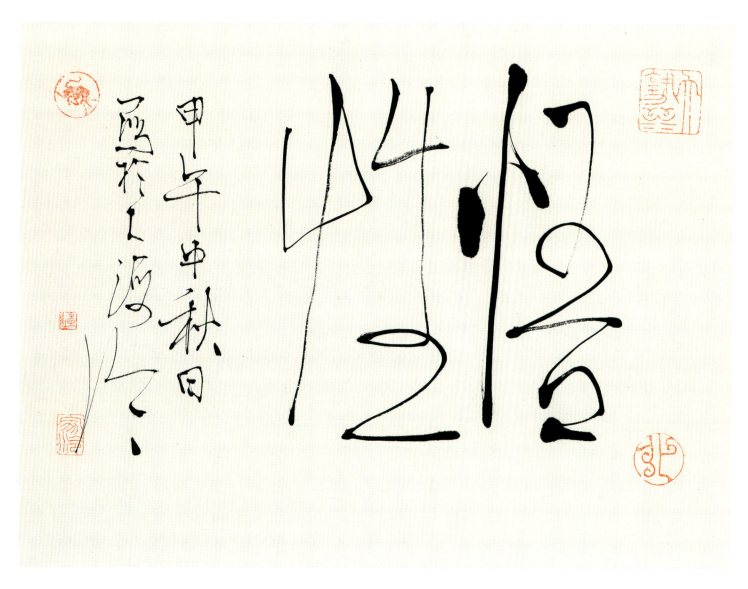

花、鸟、虫、鱼册页——鱼系列（首引）
宣纸中国画
35cm×46cm
2014 年

花、鸟、虫、鱼册页——鱼系列(一、二、三、四)
宣纸中国画
35cm×46cm×4
2014年

花、鸟、虫、鱼册页——鱼系列（五、六、七、八）
宣纸中国画
35cm×46cm ×4
2014 年

《清荷》
宣纸中国画
96cm×96cm
2016 年
注：存于中国杭州西湖国宾馆 G20 峰会金砖五国会见厅

人物

《怀素书蕉》
宣纸中国画
196cm×96cm×5
2013 年
中国国家博物馆藏

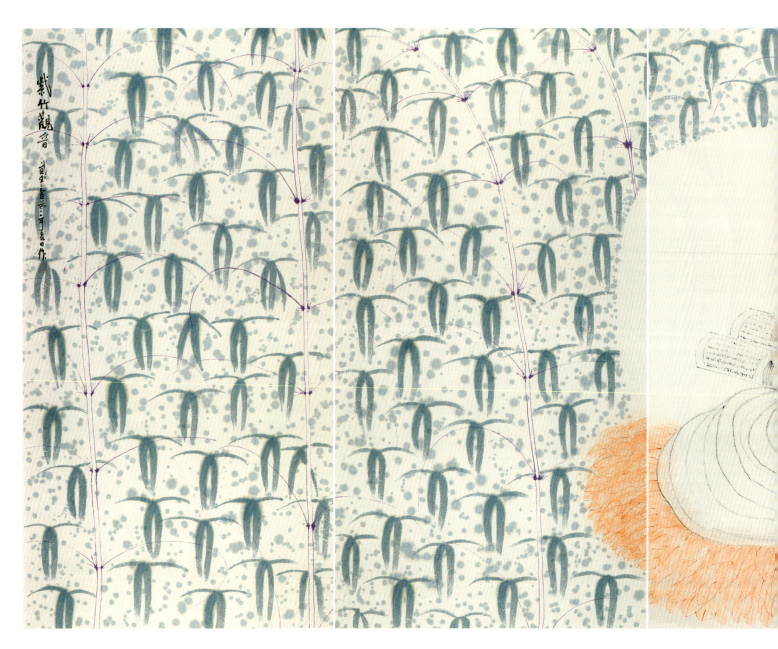

《紫竹观音》（2号）
宣纸中国画
196cm×96cm×5
2013年
注：《紫竹观音》（1号）上海玉佛寺陈家泠佛教艺术馆藏

《慈航观音》（1号）
宣纸 中国画
196cm×96cm×5
2013年
中国国家博物馆藏
注：《慈航观音》（2号），上海玉佛寺陈家泠佛教艺术馆藏

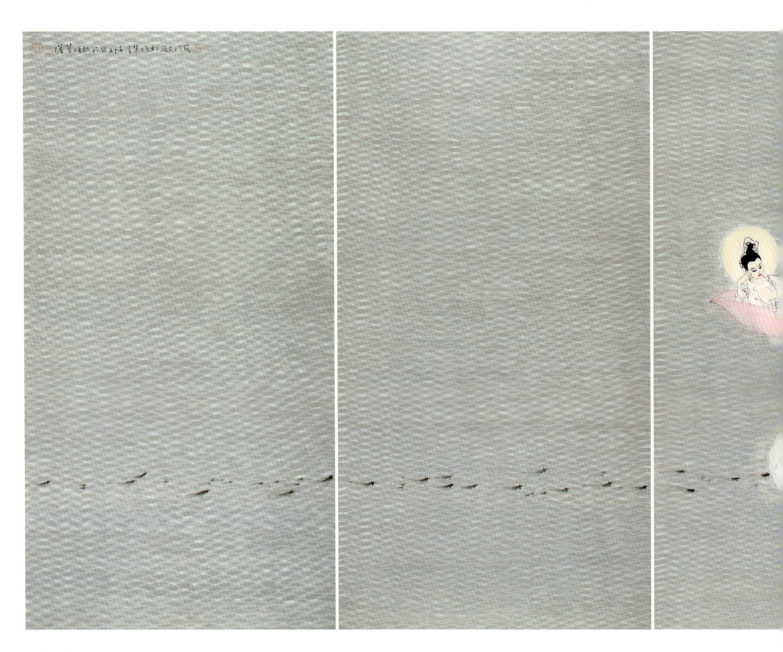

《水月观音》
宣纸 中国画
198cm×96cm×5
2013 年
上海玉佛寺陈家泠佛教艺术馆藏

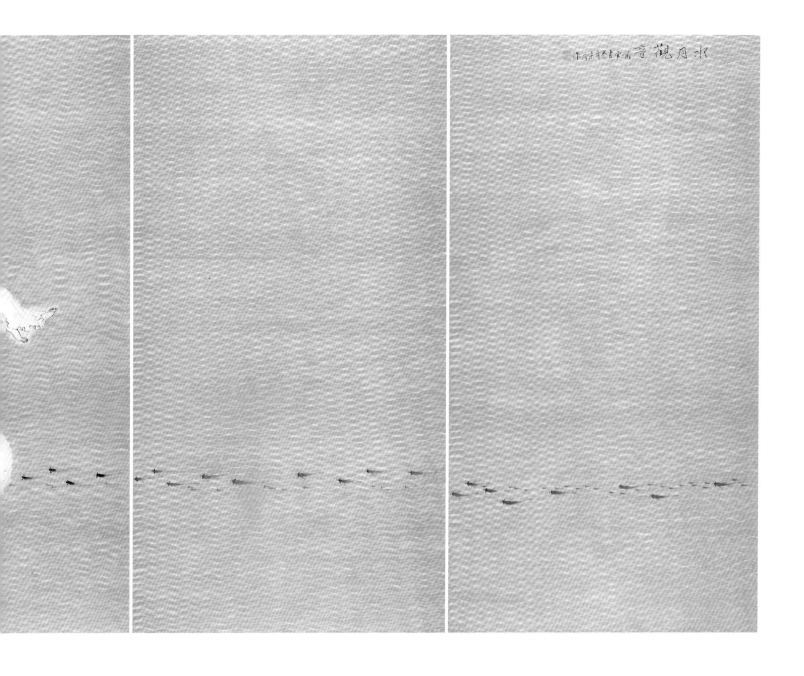

《荷美观音》
宣纸 中国画
198cm×96cm×5
2013 年
上海玉佛寺陈家泠佛教艺术馆藏

《十六罗汉图》（一、二、三、四）
宣纸 中国画
240cm×97cm×4
2013 年
上海玉佛寺陈家泠佛教艺术馆藏

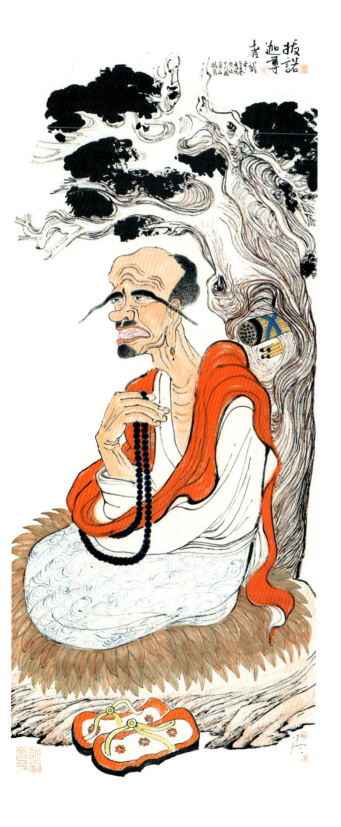

《十六罗汉图》(五、六、七、八)
宣纸 中国画
240cm×97cm×4
2013年
上海玉佛寺陈家泠佛教艺术馆藏

《十六罗汉图》（九、十、十一、十二）
宣纸 中国画
240cm×97cm×4
2013年
上海玉佛寺陈家泠佛教艺术馆藏

《十六罗汉图》（十三、十四、十五、十六）
宣纸 中国画
240cm×97cm×4
2013 年
上海玉佛寺陈家泠佛教艺术馆藏

《画老上海摩登美女》之一
宣纸 中国画
196cm×96cm
2013 年

# 陶瓷

《高山流水》
釉里红釉下彩窑变 瓷瓶
高 97.5cm 直径 20.5cm
2012 年
中国国家博物馆藏

《荷美》
釉里红釉下彩窑变 瓷缸
高 60cm 直径 60cm
2005 年

《和美世界》系列组缸(一)
陈家泠 陈亮
釉里红釉下彩窑变 瓷缸
高 130cm 直径 140cm
2017 年
中国国家博物馆藏

《和美世界》系列组缸（二）
陈家泠 陈亮
釉里红釉下彩窑变 瓷缸
高 130cm 直径 140cm
2017 年
中国国家博物馆藏

《和美世界》系列组缸（三）
陈家泠 陈亮
釉里红釉下彩窑变 瓷缸
高 130cm 直径 140cm
2017 年
中国国家博物馆藏

《小憩》
釉里红釉下彩窑变 瓷瓶
高 45cm 直径 23.5cm
2005 年

《碧玉》
釉里红釉下彩窑变 瓷瓶
高 50cm 直径 14cm
2009 年

《硕果》系列组缸（一）
陈家泠 陈亮
瓷缸
高 130cm 直径 140cm
2017 年
中国国家博物馆藏

《硕果》系列组缸（二）
陈家泠 陈亮
瓷缸
高 130cm 直径 140cm
2017 年
中国国家博物馆藏

《相依》
釉里红釉下彩窑变 瓷缸
高 60cm 直径 60cm
2005 年

《香兰》
釉里红釉下彩窑变 瓷瓶
高 45.5cm 直径 25.5cm
2004 年

# 家具

麻将系列（家具）
檀香木
2013年
中国国家博物馆藏

雅韵系列（家具）
陈家泠 陈亮
紫光檀木
2013年
中国国家博物馆藏

官帽椅系列
陈家泠、陈亮
红酸枝、紫光檀木、黑紫檀木
2013年

禅修茶系列
陈家泠 陈亮
紫光檀木、黑紫檀木
2017年

拈花安台（家具）
陈家泠 陈亮
紫光檀木、红酸枝、黑檀木
2017 年

行云书房（家具）
陈家泠 陈亮
紫光檀木、黑檀木、鸡翅木
2017 年

莲花系列家具
陈家泠 陈亮
白蜡木
2013 年

# 服装

荷花服装系列
缂丝
2012 年
中国国家博物馆藏

红叶小鸟服装系列（正面）
缂丝
2012 年
中国国家博物馆藏

红叶小鸟服装系列（背面）
缂丝
2012 年
中国国家博物馆藏

书籍出版

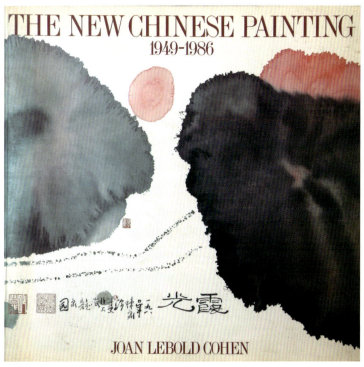

《新中国绘画（1949—1986）》
[美]科恩夫人（著）
ABRAMS 出版社
1987年版

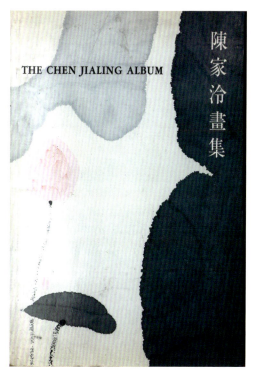

《陈家泠画集》
香港万玉堂
1988年版

《化境—陈家泠》
香港万玉堂
1990年版

《陈家泠水墨画集》
皇冠出版社
1990年版

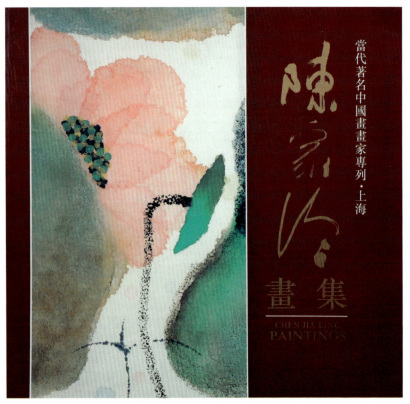

《陈家泠画集》
上海教育出版社
1996 年版

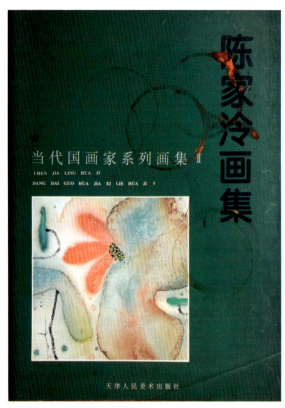

《陈家泠画集》
天津人民美术出版社
1997 年版

《陈家泠画集》
美术世界株式会社
2004 年版

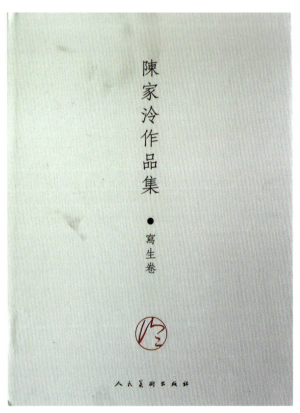

《陈家泠作品集·写生卷》
人民美术出版社
2007 年版

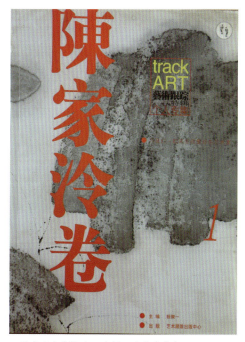

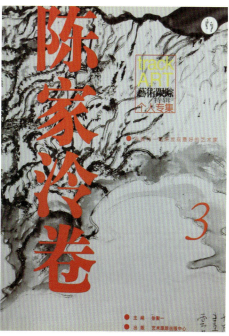

《艺术跟踪特辑·个人专辑：陈家泠卷1》
徐建一（主编）
艺术跟踪出版中心
2007年版

《艺术跟踪特辑·个人专辑：陈家泠卷2》
徐建一（主编）
艺术跟踪出版中心
2007年版

《艺术跟踪特辑·个人专辑：陈家泠卷3》
徐建一（主编）
艺术跟踪出版中心
2007年版

《陈家泠》
上海人民美术出版社
2007年版

《陈家泠作品集·绘画卷》
人民美术出版社
2007年版

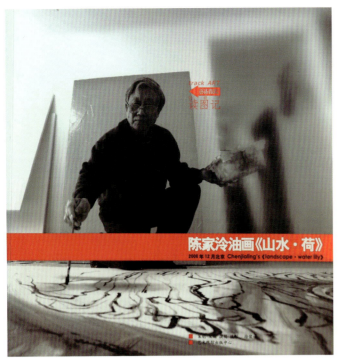

《读图记·陈家泠油画〈山水·荷〉》
艺术跟踪出版中心
2008年版

《温故卷》
2008年版

《陈家泠》
陈履生（著）
澳门出版社有限公司
2009年版

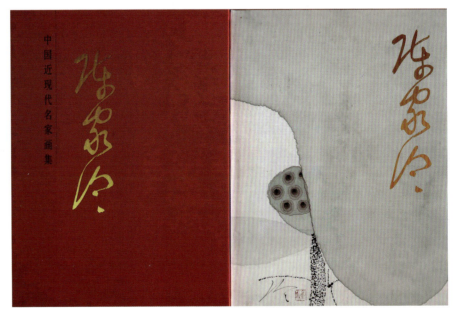

《中国近现代名家画集·陈家泠》
北京人民美术出版社
2009年版

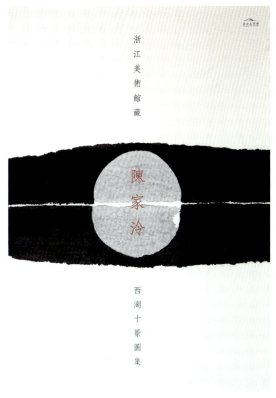

《浙江省美术馆藏·陈家泠西湖十景图集》
浙江省美术馆
2010年版

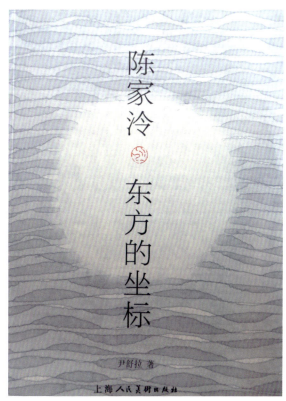

《陈家泠——东方的坐标》
尹舒拉（著）
上海人民美术出版社
2010年版

《神游》（上、下册）
上海雅昌
2011年版

《艺林般若·陈家泠画集》
天津人民美术出版社
2012年版

《艺术是生命的密码》
上海锦绣文章出版社
2013 年版

《金刚般若波罗蜜经》
《十六罗汉图册》（写唐末贯休十六罗汉石刻像）
陈家泠（书、画）
上海雅昌
2013 年版

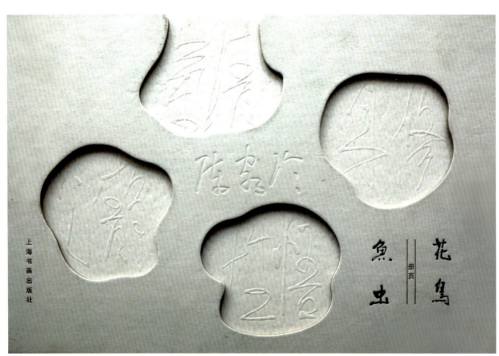

《花鸟鱼虫册页》
上海书画出版社
2015 年版

《纪录陈家泠》
徐杰（主编）
上海书画出版社
2017年版

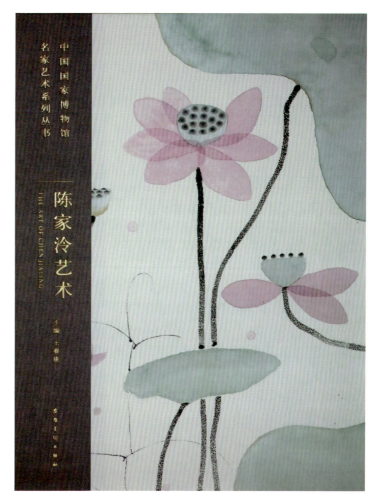

《陈家泠艺术》
中国国家博物馆名家艺术系列丛书
王春法（主编）
安徽美术出版社出版
2018年版

# 后记

"上美·足迹"系列丛书采用个案研究的方式，通过对代表性美术教育家的访谈采写，记载留存上海美术教育中鲜活的一手史料，同时搜集整理教育家的作品图像与文字资料，总结美术教育家们的艺术教育经历。2014年，这套丛书经上海大学美术学院学术委员会以及学院领导班子的集体讨论，决定予以立项，并获得了上海高校"美术学"高峰学科建设项目的经费资助。美院史论系、设计系的师生们予以本项目大力支持。史论系李超教授和设计系的董卫星教授、杜士英教授都亲自给予了各种指导与帮助。

该系列丛书通过回顾20世纪下半叶美术教育的历史，展望上海美术教育前景，为上海老一辈美术教育者著书立传，梳理前辈教育理念，以继承传统、前瞻未来。该丛书的意义，在于光大海派美术教育理念，服务上海美术教育的学科建设，为后来者建立可资借鉴的精神风范，树立从艺与治学的典范楷模。

《上美·足迹——陈家泠》一书汇集了本书主编许根顺老师几十年来追随陈家泠老师的艺术旅程，走过三山五岳、佛教四圣地，在中国革命圣地的每一个地方、在新疆和西藏海拔5 000多米的无人区。从祖国宝岛台湾到丝绸之路，许根顺老师都始终陪伴着陈家泠老师，细心认真地记录了陈家泠老师艺术人生的大量珍贵资料，其中有完整的视频、图片、录音和文字，系统地保留和记载了陈家泠老师艺术人生的点点滴滴。如果说陈家泠老师近十年来走过了二十多座大山，按陈家泠与自然对话的习惯以及他写生的特点，每一座山都需要登上两次甚至于三次计算，其实他至少可以登五十多座大山的。而许根顺老师身背两台相机、摄像机、摄影包、三脚架，从不同的角度不辞辛劳地用摄影、摄像和录音手段，记录陈家泠老师为艺术而义无反顾、一路前行的感人画面，其倾注的大量心血和攀登了无数座大山的辛劳是无法用言语来表述的。今天许根顺老师无私地将相关资料奉献于此书，既是让我们全面地认识陈家泠老师对艺术执着追求的人格魅力，也是呈献给我们的一本精彩的艺术教科书。

陈亮老师是陈家泠老师的儿子，在陈老师的大量创作和采风过程中，以及在国家博物馆举办的两次国家级大型展览期间默默付出，为保证展览的成功做出了巨大的贡献。

本书在编辑过程中，承蒙史论系李超等老师的大力支持，他们带领学生在前期作了深入调研，访谈了陈家泠老师和专家、学者。

李璠是排版团队成员，负责书籍的整体装帧设计与版面编排等工作，并不厌其烦地多次与艺术家面对面沟通、修改。感谢她为力求本书尽善尽美所付出的辛苦努力。

本套丛书在编写过程中还引用了诸多专家学者对于艺术家的研究文章和图片资料，在此一并致以最诚挚的感谢。

参与此书的每一位成员都孜孜矻矻、勤勤恳恳地对待此书编排中的每一个细节，使得本书能顺利付梓。这套书籍对于保存20世纪以来上海美术教育的历史，传承与发扬上海美术教育的成果，具有非常重要的意义。

图书在版编目（CIP）数据

上美足迹.陈家泠/许根顺主编. — 上海：上海大学出版社，2019.12
ISBN 978-7-5671-3777-6

Ⅰ.①上… Ⅱ.①许… Ⅲ.①陈家泠—生平事迹②陈家泠—中国画—绘画评论—文集 Ⅳ.①K825.72②J-53

中国版本图书馆CIP数据核字（2019）第291585号

总　策　划　汪大伟
图版作者　陈家泠
主　　编　许根顺
装帧设计　杜士英　李　璠
版面编排　李　璠
项目统筹　李　薇

责任编辑　柯国富
技术编辑　金　鑫　钱宇坤

书　　名　上美·足迹　陈家泠
主　　编　许根顺
出版发行　上海大学出版社
社　　址　上海市上大路99号
邮政编码　200444
网　　址　www.shupress.cn
发行热线　021-66135112
出 版 人　戴骏豪

印　　刷　上海新艺印刷有限公司
经　　销　各地新华书店
开　　本　635mm×965mm　1/8
印　　张　43
字　　数　860千
版　　次　2019年12月第1版
印　　次　2019年12月第1次
书　　号　ISBN 978-7-5671-3777-6/K·206
定　　价　220.00元